もくじ

教科書ぴったりトレーニング

▶ 3分でまとめ動画

JN102183

ぴったり1 じゅんび

想像したことを音読で表そう
もしも、こんなことができるなら
こわれた千の楽器
漢字を使おう1

野呂（のろ） 昶（さかん）

めあて
★友だちの考えを聞いて、自分の考えとくらべながら話してみよう。
★人物の気持ちを想像して、音読の仕方を考えよう。

学習日
月　日
教科書
上14～27ページ
答え
2ページ

かきトリ　新しい漢字

教科書18ページ	器	キ	15画
18ページ	倉	ソウ・くら	10画
18ページ	巣	す	11画
18ページ	覚	カク・おぼえる・さます・さめる	12画
18ページ	働	ドウ・はたらく	13画
19ページ	失	シツ・うしなう	5画
19ページ	包	ホウ・つつむ	5画
20ページ	例	レイ・たとえる	8画
21ページ	案	アン	10画
22ページ	続	ゾク・つづく・つづける	13画
24ページ	変	ヘン・かわる・かえる	9画
25ページ	伝	デン・つたわる・つたえる・つたう	6画
27ページ	借	シャク・かりる	10画
27ページ	求	キュウ・もとめる	7画
27ページ	録	ロク	16画
27ページ	努	ド・つとめる	7画
27ページ	然	ゼン・ネン	12画

1 （　）に読みがなを書きましょう。

① ●直ちに向かう。（　）
② 楽器がこわれる。（　）
③ くもが巣をはる。（　）
④ ●自ら名乗り出る。（　）
⑤ 町の倉庫。（　）
⑥ ●起立する。（　）

●読み方が新しい字

2 □に漢字を、（　）に漢字と送りがなを書きましょう。

① 右手の□□（かんかく）。

② 練習を□□（ぞっこう）する

③ 外で（　　　）（はたらく）。

④ 天気が（　　　）（かわる）。

3 正しい意味に○をつけましょう。

① きまり悪そうに言う。
ア（　）申しわけなさそうに。
イ（　）気はずかしそうに。

② 遠くのけしきがかすむ。
ア（　）ぼんやりと見える。
イ（　）かがやいて見える。

③ 音楽にうっとりと聞きほれる。
ア（　）心をうばわれて。
イ（　）こうふんしながら。

④ はずんだ声で答える。
ア（　）うちしずんだ。
イ（　）うきうきとした。

3分でワンポイント

登場人物の気持ちの変化を読み取ろう。

★①〜③の（　）に合う言葉を□の中からえらんで、記号を書きましょう。

場面	内容	楽器たちの気持ち
一	チェロがせなかのひびわれをかくす。	（①　）気持ち。
二	演奏（えんそう）したいのにできない。	あきらめる気持ち。
三	ビオラの提案（ていあん）に「やろう。」「やろう。」	（②　）気持ち。
四	練習して、音が出る。	希望（きぼう）を持つ気持ち。
五	足りないところをおぎない合って、演奏していた。	演奏に（③　）気持ち。

ア 期待する　イ はずかしい　ウ 夢中（むちゅう）な

ぴったり2 練習

想像したことを音読で表そう

こわれた千の楽器

文章を読んで、答えましょう。


月が行ってしまうと、チェロは、しょんぼりとして言いました。

「わたしは、うそを言ってしまった。こわれているのに、こわれていないなんて。」

すると、すぐ横のハープが、半分しかないげんをふるわせて言いました。

「自分がこわれた楽器だなんて、だれが思いたいものですか。わたしだって、ゆめの中では、いつもすてきなえんそうをしているわ。」

「ああ、もう一度えんそうがしたいなあ。」

ホルンが、すみの方から言いました。

「えんそうがしたい。」

1 「しょんぼりと」とありますが、チェロはなぜ「しょんぼりと」していたのですか。一つに○をつけましょう。

ア（　）月が行ってしまって、さびしくなったから。

イ（　）自分はこわれていないとうそをついてしまったから。

ウ（　）ほかの楽器に、こわれているとからかわれたから。

2 「いつもすてきなえんそうをしている」とありますが、ハープが「いつもすてきなえんそうをしている」のは、どこですか。四字で書きぬきましょう。

□□□□

3 「でも、できないなあ。」について、答えましょう。

① たいこは、何が「できない」と言っているのですか。

□□□□をすること。

② なぜ「できない」のですか。

（　　　　）から。

ヒント すぐ後の言葉に注目しよう。

学習日　月　日
教科書 上16〜26ページ
答え 2ページ

トランペットも横から言いました。

「でも、できないなあ。こんなにこわれてしまっていて、できるはずがないよ。」

やぶれたたいこが言いました。

「いや、できるかもしれない。いやいや、きっとできる。例えば、こわれた十の楽器で、一つの楽器になろう。十がだめなら十五で、十五がだめなら二十で、一つの楽器になるんだ。」

ビオラが言いました。

「それは名案だわ。」

ピッコロが言いました。

「それならぼくにもできるかもしれない。」

もっきんがはずんだ声で言いました。

野呂　昶「こわれた千の楽器」より

4 「名案」について、答えましょう。

① だれが、だれの意見を「名案」と言ったのですか。

だれが（　　　　）

だれの（　　　　）

② 「名案」とは、どんな案ですか。

こわれた楽器が集まって、

（　　　　）

という案。

5 「もっきんがはずんだ声で言いました。」とありますが、なぜですか。一つに○をつけましょう。

ア（　）みんなが目をさまして元気に話し出したことが、うれしかったから。

イ（　）ほんとうにえんそうができるかもしれないと思って、うれしくなったから。

ウ（　）きっと自分がいちばん上手にできると思ってじまんしたくなったから。

ヒント　直前のもっきんの言葉に注目しよう。

ぴったり1 じゅんび

3分でまとめ

図書館へ行こう
話を聞いて質問（しつ）しよう

◎めあて
★図書館へ行って、分類をもとに本をさがそう。
★話の中心に気をつけて聞きながらメモを取ろう。
★メモを読み返しながら質問しよう。

学習日 月 日

教科書 上28〜37ページ

答え 3ページ

かきトリ 新しい漢字

漢字	教科書	読み	画数
類	28ページ	ルイ・たぐい	18画
法	28ページ	ホウ	8画
料	28ページ	リョウ	10画
別	34ページ	ベツ・わかれる	7画
参	35ページ	サン・まいる	8画
加	35ページ	カ・くわえる・くわわる	5画
芽	35ページ	ガ・め	8画
司	37ページ	シ	5画

1 （　）に読みがなを書きましょう。

① 生物を分類（　）する。

② さとうを加（　）える。

③ 司会（　）をする。

④ 集まりに参加（　）する。

2 □に漢字を、（　）に漢字と送りがなを書きましょう。

① 土から□（め）が出る。

② □□（りょうり）をする。

③ □□（ほうほう）を考える。

④ □（べつ）の本を読む。

⑤ 友だちと（　　）（わかれる）。

⑥ 寺に（　　）（まいる）。

図書館へ行こう

3 次の文の（　）に合う言葉を［　］からえらんで、記号を書きましょう。

図書館の本は、「日本十進分類法」という方法で、本を分類しています。本に書かれている①（　）から、十のなかまに分けられています。

本の後ろにはおくづけがあり、本の②（　）がまとめられています。図書館の本の「せ」には、本を仕分けるためのラベルがついていて、その分類を表す③（　）や、作者や筆者の名前を表す記号などがしめされています。

ア　数字　イ　内容　ウ　題名　エ　じょうほう

話を聞いて質問しよう

4 正しい意味に○をつけましょう。

① かじょう書きを使ってまとめる。
ア（　）長い文章でだん落を分けながら書く書き方。
イ（　）短い言葉で一つずつならべて書く書き方。

② 相手の話を聞き落とす。
ア（　）聞くべきことを聞かないでしまうこと。
イ（　）聞かなくてよいことまで聞くこと。

5 メモを取るときの注意点として、正しくないもの一つに×をつけましょう。

ア（　）線や記号、かじょう書きなどを使いながら、分かりやすく書く。
イ（　）話を聞いた日や、聞いた人、聞いた内容などに分けて、整理して書く。
ウ（　）だいじな言葉はメモに取らず、自分の頭でしっかりと覚えるようにする。

6 質問のしかたを説明した次の文の（　）に合う言葉を［　］からえらんで、記号を書きましょう。

話を聞きながら取った①（　）を見返して、話を思い出しながら、②（　）したいことを考える。聞き落としたことや③（　）こと、もっと知りたいと思ったことなどを質問するとよいでしょう。

ア　分からなかった　イ　説明
ウ　知っていた　エ　メモ
オ　質問

3分でまとめ

漢字辞典の使い方

めあて
★さく引を使って漢字を調べる方法を学ぼう。

学習日　　月　　日
教科書　上38〜41ページ
答え　3ページ

がきトリ　新しい漢字

38ページ	辞	ジ	13画
38ページ	典	テン	8画
38ページ	成	セイ　なる・なす	6画
38ページ	説	セツ　とく	14画
38ページ	連	レン　つらなる・つらねる・つれる	10画
38ページ	順	ジュン	12画
39ページ	訓	クン	10画
39ページ	種	シュ　たね	14画
41ページ	便	ベン・ビン　たより	9画
41ページ	利	リ	7画
41ページ	治	ジ・チ　おさめる・おさまる・なおる・なおす	8画

1 （　）に読みがなを書きましょう。

① 辞典（　）で調べる。
② 大きく成長（　）する。
③ くわしく説明（　）する。
④ 順番（　）を守る。
⑤ 訓（　）読みの漢字。
⑥ 種（　）をまく。

2 □に漢字を、（　）に漢字と送りがなを書きましょう。

① □□（べんり）な道具。
② □□（しゅるい）が多い。
③ 山が（　　）（つらなる）。
④ けがを（　　）（なおす）。

3 正しい意味に○をつけましょう。

① 一人をのぞいてみんながさん成した。
ア（　）加えないこと。
イ（　）ふくむこと。

② 早起きに努める。
ア（　）くろうする。
イ（　）力をつくす。

③ 国を治める。
ア（　）せいじを行う。
イ（　）ほろぼす。

④ 全治に一か月かかる。
ア（　）すっかりなおること。
イ（　）びょういんに行くこと。

⑤ 例をしめす。
ア（　）じっくりと考えること。
イ（　）わかるように見せること。

4 次のような場合、漢字辞典のどのさく引からさがすのがよいですか。［　］からえらんで、記号を書きましょう。

①（　）調べたい字の読み方しか分からない場合。
②（　）調べたい字の部首しか分からない場合。
③（　）調べたい字の読み方も部首も分からない場合。

ア 総画さく引　イ 音訓さく引　ウ 部首さく引

5 「葉」という字を漢字辞典で引くときの方法をまとめた次の文の（　）に合う言葉を書きましょう。

・「総画さく引」の（①　　）画の漢字の中から「葉」が出ているページをさがす。
・「音訓さく引」の「ヨウ」、または「（②　　）」と読む漢字の中から、「葉」が出ているページをさがす。
・「部首さく引」の三画の部首から「（③　　）」のページをさがし、そこに出ている（④　　）画の漢字の中から「葉」をさがす。

ぴったり3 たしかめのテスト①

想像したことを音読で表そう

もしも、こんなことができるなら
～漢字辞典の使い方

時間 20分

／100

ごうかく 80点

学習日　月　日

教科書 上14～41ページ

答え 4ページ

文章を読んで、答えましょう。　思考・判断・表現

楽器たちは、それぞれ集まって練習を始めました。

「もっとやさしい音を！」

「レとソは鳴ったぞ。」

「げんをもうちょっとしめて……。うん、いい音だ。」

「ぼくはミの音をひく。君はファの音を出してくれないか。」

毎日毎日練習が続けられました。

そして、やっと音が出ると、

「できた。」

「できた。」

おどり上がってよろこびました。

ある夜のこと、月は、楽器倉庫の上を通りかかりました。すると、どこからか音楽が流れてきました。

「なんときれいな音。だれがえん

1 「練習を始めました。」とありますが、楽器たちはどのように練習していますか。一つに○をつけましょう。　10点

ア（　）ほかの楽器にえんりょしながら練習している。

イ（　）いい音が出せるように助け合って練習している。

ウ（　）むずかしいことはしないように練習している。

2 「うん、いい音だ。」とありますが、どんな気持ちで言っていますか。一つに○をつけましょう。　10点

ア（　）げんをしめて出した音に、まんぞくする気持ち。

イ（　）げんのしめ具合いが分からず、自信がない気持ち。

ウ（　）思ってもいなかった音が出て、おどろく気持ち。

よく出る

3 「できた。」「できた。」とありますが、そう言ったときの楽器たちの様子を書きぬきましょう。　10点

（　　　　　　　　）

4 「なんときれいな音。だれがえんそうしているんだろう。」とありますが、月はどんな気持ちで言っていますか。一つに○をつけましょう。　10点

ア（　）夜中に大きな音がしたので、あやしく思う気持ち。

イ（　）楽器たちがえんそうに夢中でうれしく思う気持

そうしているんだろう。」

　月は、音のする方へ近づいていきました。それは、前にのぞいたことのある楽器倉庫からでした。そこでは、千の楽器がいきいきと、えんそうに夢中でした。こわれた楽器は、一つもありません。一つ一つがみんなりっぱな楽器です。おたがいに足りないところをおぎない合って、音楽をつくっているのです。

　月は、音楽におし上げられるように、空高く上っていきました。

「ああ、いいなあ。」

　月は、うっとりと聞きほれました。そして、ときどき思い出しては、光の糸を大空いっぱいにふき上げました。

野呂　昶「こわれた千の楽器」より

ち。

ウ（　）きれいな音楽が流れてきて、ふしぎに思う気持ち。

5 「いきいきと」とありますが、これはどんな様子ですか。一つに〇をつけましょう。　10点

ア（　）落ち着いている様子。

イ（　）活気がある様子。

ウ（　）おこっている様子。


できたらスゴイ！

6 「こわれた楽器は、一つもありません。」とありますが、これは、楽器たちがおたがいにどのようにしていることを表していますか。一つに〇をつけましょう。　20点

ア（　）足りない音をおぎないあっていること。

イ（　）こわれたところをしゅうりしたこと。

ウ（　）すきかってに楽器をえんそうしていること。

7 この文章は、二つの場面に分けることができます。二つ目の場面のはじめの五字を書きぬきましょう。　10点

考えを書こう

8 「ああ、いいなあ。」とありますが、この部分を読むとき、どのように読むとよいですか。文章の言葉を使って書きましょう。　20点

想像（ぞう）したことを音読で表そう

もしも、こんなことができるなら

～漢字辞典の使い方

時間 20分

/100

ごうかく 80点

学習日 月 日

教科書 上14～41ページ

答え 5ページ

1 読みがなを書きましょう。 一つ2点(20点)

① 明治 時代（　　）

② とく点を 記録 する。（　　）

③ 漢字の 筆順。（　　）

④ 山々が 連 なる。（　　）

⑤ 努力 を重ねる。（　　）

⑥ 国語 辞典 を買う。（　　）

⑦ 借金 を返す。（　　）

⑧ よい 案 がある。（　　）

⑨ 自然 ゆたか。（　　）

⑩ 漢字の 訓 読み。（　　）

2 □に漢字を、〔　〕に漢字と送りがなを書きましょう。 一つ2点(20点)

① 白い□（ほう）たい。

② 子どもの□□（せいちょう）。

③ 物をふん□（しつ）する。

④ 分類の□□（ほうほう）。

⑤ 書き方の□（れい）。

⑥ 植物の□□（しゅるい）。

⑦ かい決に〔　　〕（つとめる）。

⑧ 水を〔　　〕（もとめる）。

⑨ 友だちに〔　　〕（つたえる）。

⑩ ものを〔　　〕（うしなう）。

3 ——線の漢字の読み方を、音はかたかなで、訓はひらがなで書きましょう。 一つ2点(12点)

①覚
ア（　　）役目を自覚する。
イ（　　）朝に目が覚める。
ウ（　　）言葉を覚える。

②治
ア（　　）治水を行う。
イ（　　）虫歯を治す。
ウ（　　）自国を治める。

4 話を聞いて質問するときの注意点として正しいものには○を、正しくないものには×をつけましょう。 一つ4点(16点)

①（　）分からないところやもっと知りたいことはないかに気をつけて話を聞く。
②（　）話を聞きながらメモを取り、かじょう書きなどを使って分かりやすくまとめる。
③（　）メモを見返しながら、もっと知りたいと思ったことについて質問する。
④（　）話を聞いて分からなかったことは、質問しないで自分で考える。

5 次の漢字を漢字辞典でさがします。（　）に合う言葉を、それぞれ書きましょう。 一つ4点(16点)

様

部首は（①　　）で、
総画数は（②　　）画です。
音読みは（③　　）で、
訓読みは（④　　）です。

6 漢字辞典の引き方の例をしめした次の文の（　）に合う言葉をそれぞれ書きましょう。 一つ4点(16点)

・「章」を（①　　）さく引でさがす場合は、「（②　　）」と読む漢字の中からさがす。
・「安」を部首さく引でさがす場合は、まず（③　　）画の部首から「（④　　）」をさがし、そのページを見て、三画の「安」という字をさがす。

文章の組み立てをとらえよう
ヤドカリとイソギンチャク
漢字を使おう2

武田（たけだ）正倫（まさつね）

めあて
★文章をまとまりに分けてみよう。
★だん落どうしのまとまりや結びつきを考えて、図や表に整理してみよう。

学習日　月　日
教科書　上42〜53ページ
答え　5ページ

がくトリ　新しい漢字

教科書	漢字	音読み	訓読み	画数
44ページ	観	カン		18画
44ページ	察	サツ		14画
44ページ	験	ケン		18画
45ページ	好	コウ	このむ・すく	6画
46ページ	飛	ヒ	とぶ・とばす	9画
46ページ	関	カン	せき・かかわる	14画
46ページ	博	ハク		12画
49ページ	結	ケツ	むすぶ	12画
49ページ	果	カ	はたす・はてる・はて	8画
49ページ	機	キ		16画
53ページ	量	リョウ	はかる	12画
53ページ	熱	ネツ	あつい	15画
53ページ	清	セイ	きよい・きよまる・きよめる	11画
53ページ	漁	ギョ・リョウ		14画
53ページ	害	ガイ		10画

1 ［　］に読みがなを書きましょう。

① 生き物を観察する。
② 魚が好物だ。
③ ●明朝は休みだ。
④ 体を清める。
⑤ 父は博学だ。
⑥ おもしろい体験。
⑦ 熱心に取り組む。
⑧ テストの結果。

●読み方が新しい字

2 □に漢字を、（　）に漢字と送りがなを書きましょう。

① □□（ぎょぎょう）をする。　② 人に会う□□（きかい）がある。

③ 生活に（　　）（かかわる）。　④ 体重を（　　）（はかる）。

3 正しい意味に○をつけましょう。

① いかにもかんたんそうに見える。
ア（　）よく考えると。
イ（　）どう考えても。

② しきりにまどの外を見る。
ア（　）ずっと動かずに。
イ（　）何度もくり返して。

③ 手あらな方法はよくない。
ア（　）とりあつかいがらんぼうな。
イ（　）とりあつかいがかんたんな。

④ たくさんの利益（りえき）がある。
ア（　）とくをするようなこと。
イ（　）利用（りよう）できる方法。

3分でワンポイント

だん落どうしのまとまりをとらえよう。

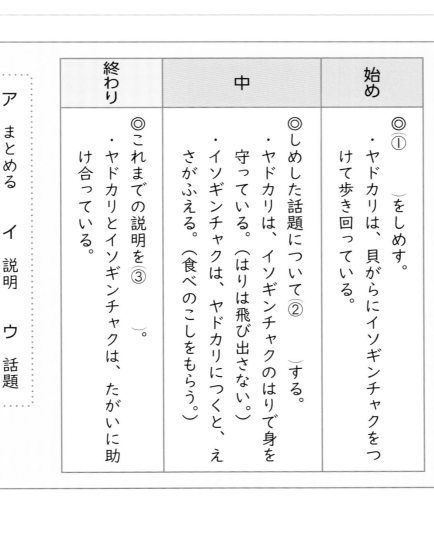

★①～③の（　）に合う言葉を□の中からえらんで、記号を書きましょう。

始め	◎①（　　）をしめす。 ・ヤドカリは、貝がらにイソギンチャクをつけて歩き回っている。
中	◎しめした話題について②（　　）する。 ・ヤドカリは、イソギンチャクのはりで身を守っている。（はりは飛び出さない。） ・イソギンチャクは、ヤドカリにつくと、えさがふえる。（食べのこしをもらう。）
終わり	◎これまでの説明を③（　　）。 ・ヤドカリとイソギンチャクは、たがいに助け合っている。

ア まとめる　イ 説明　ウ 話題

文章の組み立てをとらえよう

ヤドカリとイソギンチャク

学習日 月 日
教科書 上42～52ページ
答え 6ページ

文章を読んで、答えましょう。

なぜ、ヤドカリは、いくつものイソギンチャクを貝がらにつけているのでしょうか。

このことを調べるために、次のような実験をしました。

まず、おなかをすかせたタコのいる水そうに、イソギンチャクをつけていないヤドカリを放します。タコはヤドカリが大好物なので、長いあしですぐヤドカリをつかまえ、貝がらをかみくだいて食べてしまいます。

次に、イソギンチャクをつけているヤドカリを入れてみます。タコは、ヤドカリをとらえようとしてしきりにあしをのばしますが、イソギンチャクにふれそう

1 「実験をしました。」とありますが、どんなことを調べるために実験をしたのですか。一つに○をつけましょう。

ア（　）ヤドカリがタコの大好物かどうかということ。

イ（　）なぜ、ヤドカリがいくつものイソギンチャクを貝がらにつけるのかということ。

ウ（　）イソギンチャクが、どのようにしてえさをとるのかということ。

2 「イソギンチャクをつけていないヤドカリを放します。」とありますが、そのようなことをするのはなぜですか。（　）に合う言葉を、書きぬきましょう。

（　　　　　）を放した場合と、結果をくらべるため。

3 「イソギンチャクのしょく手」は、どんな仕組みになっていますか。（　）に合う言葉を、書きぬきましょう。

（　　　　　）仕組み。

ヒント イソギンチャクのしょく手の仕組みをよく読もう。

になると、あわててあしを引っこめてしまいます。ヤドカリが近づくと、タコは後ずさりしたり、水そうの中をにげ回ったりします。

　実は、イソギンチャクのしょく手は、何かがふれるとはりが飛び出す仕組みになっています。そのはりで、魚やエビをしびれさせて、えさにするのです。タコや魚はこのことをよく知っていて、イソギンチャクに近づこうとはしません。それで、ヤドカリは、イソギンチャクを自分の貝がらにつけることで、てきから身を守ることができるのです。

武田　正倫「ヤドカリとイソギンチャク」より

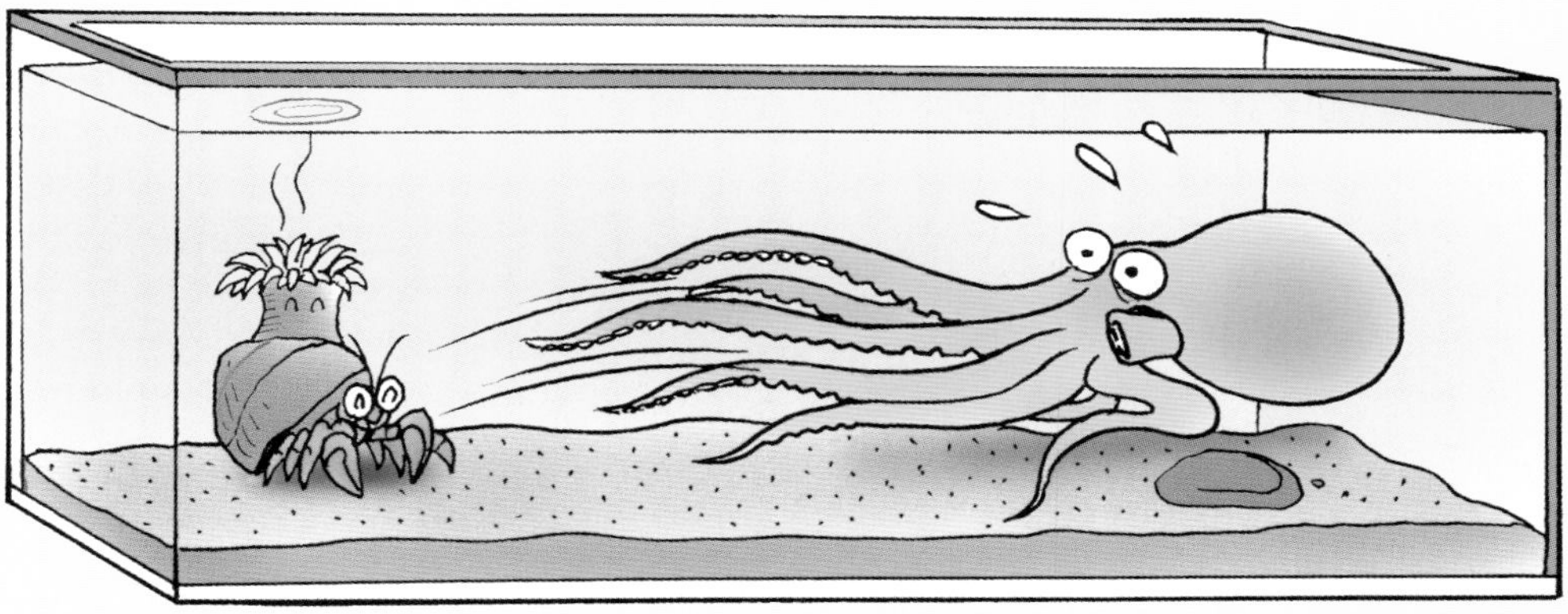

4 「てき」とありますが、ヤドカリにとっての「てき」とは、何ですか。四字で書きぬきましょう。

5 五つあるだん落のうち、ヤドカリがイソギンチャクを貝がらにつける理由を説明しているのは、どのだん落ですか。だん落のはじめの五字を書きぬきましょう。

ヒント　全体のまとめが書かれているだん落をさがそう。

6 次の文が、文章の内容と合っていれば○を、合っていなければ×をつけましょう。

①（　）イソギンチャクは、タコを見つけるとすぐにはりを出してにげ回る。

②（　）タコは、イソギンチャクのはりにふれるとしびれることを知っている。

③（　）イソギンチャクは、エビやヤドカリをしびれさせて、えさにする。

ぴったり1 じゅんび

3分でまとめ

引用する
わたしのクラスの「生き物図かん」

めあて
★だん落の内容と、だん落どうしのまとまりをあわせて考えよう。
★文章全体の組み立てをくふうしよう。

学習日
月　日
教科書
上54～61ページ
答え
6ページ

かきトリ 新しい漢字

教科書56ページ
材（ザイ） 7画

60ページ
完（カン） 7画

1 （　）に読みがなを書きましょう。

① 材料（　　）をそろえる。

② 出典（　　）を書く。

③ 取材（　　）する。

④ きれいな写真（　　）。

2 □に漢字を書きましょう。

① 絵が［かんせい］する。

② ［しょくぶつ］ずかん。

引用する

3 正しい意味に○をつけましょう。

① 好き勝手に言う。
ア（　）自分の好きなようにふるまうこと。
イ（　）自分の好きなものについて話すこと。

② 自分の持ち物と区別する。
ア（　）ほかのものと分けてあつかうこと。
イ（　）ほかのものとまとめてあつかうこと。

③ 細かなルールがある。
ア（　）決まりごと。
イ（　）かいけつ方法。

④ はじめの部分だけ読み上げる。
ア（　）分かりやすく言いかえたものの一つ。
イ（　）全体をいくつかに分けたものの一つ。

4 引用のしかたを説明した次の文の（　）に合う言葉を、［　］からえらんで記号を書きましょう。

引用する部分は、自分の言葉と①（　）しましょう。また、文章全体ではなく、②（　）だけを引用します。そのさい、③（　）を変えてはいけません。筆者名などの出典についても正しく書きましょう。

ア　元の言葉　イ　ひつような部分　ウ　区別

5 次の〈メモ〉を読んで、それぞれの文の内容を表したものを、［　］の中からえらんで記号を書きましょう。

〈メモ〉

・なぜ、キリンの首は長いのか。（　）
↓高いところにある葉っぱを食べたり、遠くを見たりするため。（　）
・キリンの生きるちえを感じた。（　）

ア　自分の考え　イ　問い　ウ　答え

6 調べものをするときの注意点として、正しくないもの一つに×をつけましょう。

ア（　）気になることや知りたいことを書き出してから調べる。

イ（　）知りたいことについて書かれている本や、インターネットを使って調べる。

ウ（　）くわしく話を知っている人に会って、直せつ話を聞く。

エ（　）調べて分かったことは、メモに書かずに、自分の頭の中でしっかりと覚えておく。

7 リーフレットを作るときの順番になるようにならべましょう。

（　）→（　）→（　）→（　）

ア　伝えたいことを考えながら、組み立てメモを作る。
イ　文章にまちがいがないか見直して、清書する。
ウ　題材にするものをえらんで、材料を集める。
エ　題名や、のせる絵や写真を考えて、下書きを作る。

文章の組み立てをとらえよう

ヤドカリとイソギンチャク ～ わたしのクラスの「生き物図かん」

時間 20分

／100

ごうかく 80点

学習日

月　日

教科書 上42～61ページ

答え 7ページ

文章を読んで、答えましょう。

思考・判断・表現

では、ヤドカリは、石についたイソギンチャクを、どうやって自分の貝がらにうつすのでしょうか。ヤドカリが、イソギンチャクのはりでさされることはないのでしょうか。

　ヤドカリとイソギンチャクの関係を研究しているカナダのロス博士は、ヤドカリとイソギンチャクがどのようにしていっしょになるのか、水そうで観察しました。

　ソメンヤドカリをかっている水そうに、石などについたベニヒモイソギンチャ

できたらスゴイ!

1 この文章で、筆者はどのようななぎ問を投げかけていますか。（　）に合う言葉をそれぞれ書きぬきましょう。 一つ10点(30点)

・ヤドカリは、（　　　）を、
どうやって（　　　）のか。

・ヤドカリが、（　　　）ことはないのか。

2 「観察しました。」とありますが、ロス博士はどんなことを知るために観察をしたのですか。（　）に合う言葉をそれぞれ書きぬきましょう。 一つ10点(20点)

（　　　）が
どのようにして（　　　）ということ。

クを入れます。ヤドカリは、自分の貝がらにイソギンチャクをつけていても、イソギンチャクを見れば、いくつでもほしくなるようです。すぐ近づいてきて、あしを使ってイソギンチャクの体をつついたり、両方のはさみで引っぱったりして、イソギンチャクをはがしてしまいます。そして、かかえるようにして自分の貝がらの上におしつけるのです。ずいぶん手あらな方法に見えますが、イソギンチャクはしょく手をのばしたままで、いかにも気持ちよさそうに見えます。はりも飛び出しません。

武田　正倫「ヤドカリとイソギンチャク」より

よく出る

3 ヤドカリは、どのようにして石についたイソギンチャクをはがすのですか。文章の言葉を使って書きましょう。 15点

4 ヤドカリは、石についたイソギンチャクをはがしたあとにどんなことをしますか。文章の言葉を使って書きましょう。 15点

5 「手あらな方法」とありますが、「手あらな」とは、どんな様子を表していますか。一つに○をつけましょう。 5点

ア（　）てきぱきと手ぎわのよい様子。

イ（　）らんぼうにあつかっている様子。

ウ（　）やさしくあつかっている様子。

考えを書こう

6 ヤドカリがイソギンチャクを石からはがして貝がらにつけるとき、イソギンチャクはどんな様子ですか。文章の言葉を使って書きましょう。 15点

ふりかえり　6が分からないときは、15ページの 3分でワンポイント にもどってかくにんしてみよう。

たしかめのテスト②

文章の組み立てをとらえよう

ヤドカリとイソギンチャク
～わたしのクラスの「生き物図かん」

時間 20分

／100

ごうかく 80点

学習日　月　日

教科書 上42～61ページ

答え 8ページ

1 読みがなを書きましょう。　一つ2点（20点）

① 実験（　）をする。

② 空を飛（　）ぶ。

③ 大関（　）になる。

④ おかしが好（　）きだ。

⑤ 熱（　）が出る。

⑥ 努力の成果（　）が出る。

⑦ 大量（　）のあせをかく。

⑧ 害虫（　）をおいはらう。

⑨ 清流（　）をながめる。

⑩ 関（　）わりをもつ。

2 □に漢字を、（　）に漢字と送りがなを書きましょう。　一つ2点（20点）

① □□（しゅざい）に向かう。

② □□（かんぜん）に勝利する。

③ □□□（はくぶつかん）に行く。

④ □□（ぎょこう）でつりをする。

⑤ □□□（ひこうき）に乗る。

⑥ 重さを（　　）（はかる）。

⑦ 運動を（　　）（このむ）。

⑧ （　　）（あつい）お湯。

⑨ 力が（　　）（はてる）。

⑩ （　　）（きよらか）な水。

3 □に同じ読み方の漢字を書き分けましょう。

一つ3点（12点）

① □（ケツ）着をつける。

② チームを□（ケツ）成する。

③ 音楽に□（カン）心をもつ。

④ 長い時□（カン）がたつ。

4 次の文の（　）に合う言葉を、□からえらんで記号を書きましょう。

一つ4点（16点）

① 一ぴきの犬が（　　）ほえている。

② 兄が（　　）重そうな荷物をかついでいる。

③ （　　）やり方はさけるべきだ。

④ 友だちと（　　）助け合って学習する。

ア 手あらい　イ たがいに
ウ いかにも　エ しきりに

5 引用するときの注意点として正しいものには○を、正しくないものには×をつけましょう。

一つ3点（12点）

①（　）引用する部分を自分の言葉に書きかえて、かぎ（「　」）をつけてしめす。

②（　）文章の中のひつような部分だけを引用する。

③（　）元の言葉を変えずにそのまま引用する。

④（　）筆者名（作者名）や書名などの出典は書かないようにする。

6 リーフレットを作るときの注意点として正しいものには○を、正しくないものには×をつけましょう。

一つ4点（20点）

①（　）材料を集めるときには、本やインターネットを使って調べる。

②（　）何を伝えるかを考えて、組み立てメモを作る。

③（　）下書きを作ってから、のせる絵や写真を考える。

④（　）文章がまちがっていないかたしかめながら、清書をする。

⑤（　）下書きを書いてから、リーフレットの題名を決める。

ぴったり1 じゅんび

物語が変化する場面をとらえよう
走れ
漢字を使おう3

村中（むらなか）李衣（りえ）

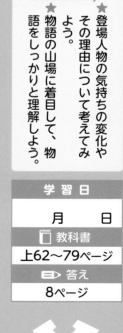

めあて
★登場人物の気持ちの変化やその理由について考えてみよう。
★物語の山場に着目して、物語をしっかりと理解しよう。

学習日
月　日
教科書
上62〜79ページ
答え
8ページ

かきトリ 新しい漢字

66ページ	約	ヤク	9画
66ページ	束	ソク・たば	7画
67ページ	席	セキ	10画
67ページ	位	イ・くらい	7画
68ページ	笑	わらう	10画
68ページ	特	トク	10画
68ページ	焼	やく・やける	12画
70ページ	競	キョウ・ケイ	20画
74ページ	初	ショ・はじめ・はじめて・はつ	7画
74ページ	旗	キ・はた	14画
76ページ	最	サイ・もっとも	12画
79ページ	健	ケン	11画
79ページ	康	コウ	11画
79ページ	達	タツ	12画

1 （　）に読みがなを書きましょう。

① 母親を手伝（　）う。
② 自分の席（　）につく。
③ 特（　）製（せい）のおすし。
④ 旗（　）をあげる。

●読み方が新しい字

2 □に漢字を、（　）に漢字と送りがなを書きましょう。

① □□（いちい）でゴールする。
② 連休の□□（しょにち）。
③ □□（さいこう）の思い出。
④ □□（けんこう）な体。
⑤ おかしくて（わらう）。
⑥ 肉を（やく）。

3 正しい意味に○をつけましょう。

① 今日は一日ゆううつだった。
ア（　）はら立たしく思うこと。
イ（　）気分が晴れないこと。

② この服はとびきりのお気に入りだ。
ア（　）ずばぬけていること。
イ（　）一つしかないこと。

③ 転んでべそをかく。
ア（　）きげんを悪くする。
イ（　）なきそうな顔になる。

④ うまくいかずにむきになる。
ア（　）ちょっとしたことにはらを立てる。
イ（　）すぐにあきらめて気力をなくす。

⑤ 先生にほめられて、むねをはる。
ア（　）とく意げになる。
イ（　）てれくさくなる。

3分でワンポイント

のぶよの気持ちの変化を読み取ろう。

★それぞれの場面にあうのぶよの気持ちを□の中からえらんで①～③に記号を書きましょう。

家での場面	去年の運動会、短きょり走のことで、心の中がぐしょぐしょだったことを思い出す。	①（　）
お昼休みの場面	けんじを追いかけて、母ちゃんの文字が書かれたわりばしを見せる。	②（　）
のぶよが走る場面	母ちゃんとけんじの声が聞こえて、体が軽くなりどこまでも走れる気がした。	③（　）
退場門の場面	大きな声で「おなか、へったよう。」と言ってわらいながらけんじと二人で走った。	たのしい

ア　がんばろう
イ　こまった
ウ　いやだな

学習日　月　日
教科書 上62〜78ページ
答え 9ページ

文章を読んで、答えましょう。

朝の日ざしがベランダからさしこむ。のぶよは、のそのそと三人分のふとんをたたむ。今日は、春の運動会。足のおそいのぶよには、ゆううつな日だ。

「ね、ね、今日はお母ちゃん、ぼくが走るまでに来てくれるよね。」

歯みがきのとちゅうで、けんじが顔をのぞかせる。

「ん……たぶんね。」

のぶよは、お母ちゃんのしわしわのまくらを、パンッとはたいて、おし入れに放りこんだ。

のぶよたちのお母ちゃんは、駅前で、弁当(べん)の仕出し屋さんをしている。お父ちゃんがなくなってから、お母ちゃんが一人でがんばっているお店だ。遠足や運動会など、行事のある日は大いそがしで、朝まだ暗いうちから仕事に出かける。

去年の運動会には、お母ちゃんの代わりに、お店の手伝いの

1 「のそのそと三人分のふとんをたたむ。」とありますが、のぶよが「のそのそと」しているのはなぜですか。一つに○をつけましょう。

ア（　）三人分のふとんをたたむのは、四年生ののぶよにとっては大変な作業だから。

イ（　）走ることがとく意ではないのぶよにとって、今日の運動会はゆううつだから。

ウ（　）お母ちゃんは今年も運動会に来られないだろうとあきらめているから。

2 「去年の運動会」は、のぶよにとってどんな思い出になっていますか。八字で書きぬきましょう。

□□□□□□□□ 思い出。

3 「大べそをかいた。」とありますが、けんじが「大べそをかいた」のはなぜですか。（　）に合う言葉を書きぬきましょう。

（一等だったのに、　　　　）

おばさんがお昼の弁当をとどけてくれた。一年生だったけんじは、とびきりの一等を走った後、お母ちゃんが来ていないことを知って、大べそをかいた。まだ三年生だったのぶよは、けんじをなぐさめるのと、その後始まる、びりまちがいなしの自分の短きょり走のことで、心の中がぐしょぐしょだった。思い出したくない思い出だ。

「絶対に来るさ！　きのうの夜、ちゃんと約束したもん！」

　けんじが、むきになって歯ブラシをふり回した。

　パッ、パパッ、パーンと、空をつきやぶるように、花火があがった。

村中　李衣「走れ」より

ことを知ったから。

4 「心の中がぐしょぐしょだった。」とありますが、のぶよのどんな気持ちを表していますか。一つに○をつけましょう。

ア（　）けんじが一等を走ったので、自分も短きょり走をがんばろうと、ふるい立っている気持ち。

イ（　）けんじが一等を走ったのに、自分はびりまちがいなしなので、くやしくてたまらない気持ち。

ウ（　）けんじをなぐさめる大変さと、短きょり走でびりになりそうな不安で、なきだしたい気持ち。

ヒント　直前に書かれている内容に注目しよう。

5 「きのうの夜、ちゃんと約束したもん！」について、答えましょう。

① だれが、だれと約束したと言っているのですか。（　）に合う言葉を、それぞれ書きぬきましょう。

だれが＝（　　　）　だれと＝（　　　）

② どんな内容の約束ですか。

（　　　）

ヒント　けんじの言葉に注目しよう。

ぴったり1 じゅんび

人物の気持ちと行動を表す言葉
山場のある物語を書こう

めあて
★人物の行動から気持ちを想像しよう。
★組み立てを考えながら物語を書こう。

学習日 月 日
教科書 上80〜85ページ
答え 9ページ

がきトリ 新しい漢字

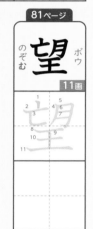

教科書81ページ 功 コウ 5画
81ページ 敗 ハイ やぶれる 11画
81ページ 望 ボウ のぞむ 11画

1 （　）に読みがなを書きましょう。

①（　）絵画を見る。
②（　）失敗して落ちこむ。
③（　）友達と遊ぶ。
④（　）望遠きょうをのぞく。
⑤（　）歌の練習。
⑥（　）今日の出来事。

● 読み方が新しい字　◆ とくべつな読み方の言葉

2 □に漢字を、（　）に漢字と送りがなを書きましょう。

① □□（せいこう）してよろこぶ。
② □□（じみ）ながら。
③ □□（どりょく）が実る。
④ 相手に（やぶれる）。
⑤ 平和を（のぞむ）。

人物の気持ちと行動を表す言葉

3 正しい意味に○をつけましょう。

① はなやかな生活にあこがれる。
ア（　）強く心がひかれる。
イ（　）きょうみをなくす。

② ゆだんして負ける。
ア（　）必死に努力して。
イ（　）注意をおこたって。

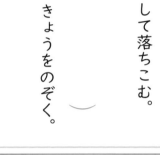

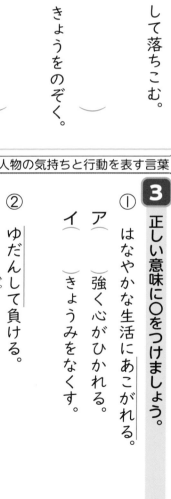

4 次の絵と□の言葉を手がかりにして、人物の行動と気持ちを表す言葉を使った文を書きましょう。

① 遠足の前日

期待する
楽しみにする
ねがう

（　　　　　　）

② 遠足の当日に雨になる

悲しむ
落ちこむ
ゆううつになる

（　　　　　　）

5 物語を書くときのくふうとして、正しいもの二つに○をつけましょう。

ア（　）物語の時や場所、人物は、はじめに決めずに物語を書きながら考える。

イ（　）山場の場面では、きっかけとなる出来事によって、物語に大きな変化を起こす。

ウ（　）物語を読む人が、場面や人物の様子を想像しやすいようにする。

エ（　）物語のとちゅうで、人物の名前やせいかくを変化させるようにする。

6 山場のある物語を書くときの順番になるようにならべましょう。

（　）→（　）→（　）→（　）

ア 物語の中でいちばん大きな変化が起こる、山場の場面を考える。

イ 起こる出来事を場面ごとに書き出して、物語の組み立てを考える。

ウ 組み立てメモにもとづいて、物語を書く。

エ 時や場所、人物など、物語の設定を考える。

ぴったり1 じゅんび

漢字を使おう4 ローマ字の書き方

めあて
★ローマ字を読んだり書いたりしよう。

学習日 月 日
教科書 上86〜89ページ
答え 10ページ

かきトリ 新しい漢字

教科書86ページ	86ページ	86ページ	86ページ	86ページ	86ページ
共 キョウ とも 6画	英 エイ 8画	末 マツ すえ 5画	愛 アイ 13画	候 コウ 10画	折 セツ おる・おり おれる 7画

「候」の三画めをわすれないように気をつけよう！

1 （　）に読みがなを書きましょう。
●読み方が新しい字

①分（　）が悪い。
②風車（　）を持つ。
③色紙（　）をわたす。
④二人（　）で歩く。

2 □に漢字を、（　）に漢字と送りがなを書きましょう。

①□（とも）に生きる。
②□□（えいご）を話す。
③□□（ねんまつ）をむかえる。
④□□（あいよう）のペン。
⑤□□（てんこう）が悪い。
⑥えだが（　　）（おれる）。

ローマ字の書き方

3 ローマ字について説明した次の文の(　)に入る言葉を、[　]の中からえらんで、記号を書きましょう。

ローマ字は、「k」や「s」など、それぞれの行をつくる(①　　)と、「a」や「i」など、段(だん)をつくる(②　　)との組み合わせでできている。ただし、「あ・い・う・え・お」は(③　　)だけで、「ん」は(④　　)だけでできている。

ア　子音(しいん)　　イ　母音(ぼいん)

4 ローマ字をひらがなで書きましょう。

① sakura (　　　　)　② ziten (　　　　)

③ tyûgakkô (　　　　)　④ kyôkasyo (　　　　)

5 ひらがなをローマ字で書きましょう。

① ともだち

② きんぎょ

③ つうがくろ

④ がっきゅうかい

6 次の名前と地名をローマ字で書きましょう。

① たなか　しょうた

② とうきょう

③ とっとり

物語が変化する場面をとらえよう

走れ ～ ローマ字の書き方

時間 20分 ／100 ごうかく80点

学習日 月 日

教科書 上62〜89ページ

答え 11ページ

文章を読んで、答えましょう。 思考・判断・表現

お昼ぬきで、午後の競技が始まった。

つな引きと、六年生のフォークダンスが終わって、四年生の短きょり走になった。一列スタートするたびに、ぱっ、とすなぼこりが上がる。次の列が、ざわざわと前進する。

（あと一列。）

のぶよの心ぞうの音が、だんだん高くなる。

ザクッという音とすなぼこりの後、のぶよの目の前が急に広くなった。深こきゅうして、体を前にたおす。頭の中が真っ白になっていく。

「用意！」

耳のおくで、かすかにピストルの音を聞いた。両わきからいちどきに風が起こる。ひとつおくれて、のぶよも体を前におし出した。

（がんばって走らなきゃ。）

体が重い。

（お母ちゃん、ショックだっただろうな。でも、けんじ

1 「のぶよの心ぞうの音が、だんだん高くなる。」とありますが、なぜですか。 15点

自分の走る順番が近づいてきて、

（　　　　　　）から。

2 「のぶよの目の前が急に広くなった。」とありますが、どういうことですか。四字で書きぬきましょう。 15点

のぶよの前の列が□□□□したということ。

3 「両わきからいちどきに風が起こる。」とありますが、どんな場面を表していますか。一つに○をつけましょう。 10点

ア（　）ピストルの音と同時に、前の列の走者がいっせいに走り出した場面。

イ（　）ピストルの合図に合わせて、おうえんの旗がふられた場面。

ウ（　）両どなりの走者が、ピストルの合図とともに走り出した場面。

もさみしくて……。わたしだって本当は……。）

体がどんどん重くなる。一生けん命走ろうとすればするほど、体が後ろへ下がっていく。

（あ、もう走れない。）

そのとき、ふいにせなかに、二つの声がかぶさった。

「姉ちゃん、行けっ！」

「のぶよ、行け！」

思わず、ぎゅんと足が出た。

「走れ！　そのまんま、走れ！」

おしりが、すわっと軽くなる。次のしゅん間、体にからみついていたいろんな思いが、するするとほどけていった。

走った。どこまでも走れる気がした。とう明な空気の中に、体ごと飛びこんだ。

「はい、君がラストね。」

とつぜん、係の声がした。

体の中は、まだ、どくどく波打って走り続けている感じだ。

ラストという言葉が、こんなにほこらしく聞こえたことは、初めてだった。

村中　李衣「走れ」より

よく出る

4　「わたしだって本当は……。」とありますが、これは、のぶよが心の中で言った言葉です。「……」に入る言葉を、五字で書きぬきましょう。　15点

5　「二つの声がかぶさった。」とありますが、だれとだれの声ですか。書きぬきましょう。　二つともできて10点

（　　　）（　　　）

できたらスゴイ！

6　のぶよの走る様子に変化が表れたのは、どの場面からですか。一つに○をつけましょう。　15点

ア（　）「体がどんどん重くなる。」

イ（　）「思わず、ぎゅんと足が出た。」

ウ（　）「おしりが、すわっと軽くなる。」

エ（　）「どこまでも走れる気がした。」

オ（　）「とつぜん、係の声がした。」

考えを書こう

7　「ラストという言葉が、こんなにほこらしく聞こえた」とありますが、ほこらしく聞こえたのはなぜですか。考えて書きましょう。　20点

順位はラストでも、

ふりかえり　6が分からないときは、25ページの 3分でワンポイント をかくにんしてみよう。

物語が変化する場面をとらえよう
走れ ～ ローマ字の書き方

時間 20分

／100

ごうかく 80点

学習日　月　日

教科書 上62～89ページ

答え 12ページ

1 読みがなを書きましょう。　一つ2点(20点)

① 約束（　）を守る。

② （　）と競走（　）が始まる。

③ 最（　）も新しい作品。

④ 野球が上達（　）する。

⑤ 令和（れい）元年（　）

⑥ 絵画（　）コンクール

⑦ 物語の結末（　）。

⑧ 天候（　）が変わる。

⑨ 成功（　）する。

⑩ 平和を望（　）む。

2 □に漢字を、〔　〕に漢字と送りがなを書きましょう。　一つ2点(20点)

① 道を□□（させつ）する。

② □□（しょうはい）が決まる。

③ □□（えいご）を話す。

④ 地球の□□（せきどう）。

⑤ 兄と□（とも）に歩く。

⑥ □（とく）に問題はない。

⑦ □□（こっき）をかかげる。

⑧ 自然を〔　　〕（あいする）。

⑨ 〔　　〕（はじめて）読む本。

⑩ チームを〔　　〕（たばねる）。

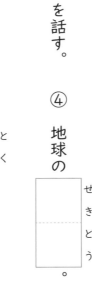

3 次の文の（　）に合う言葉を［　］からえらんで、記号で書きましょう。 一つ2点(8点)

① ほしかった本が手に入って、（　　）。
② 待ち合わせにおくれそうで、（　　）。
③ 大切に育てていた花がかれて、（　　）。
④ 後ろから急に声をかけられて、（　　）。

ア よろこぶ　イ かなしい　ウ あせる　エ おどろく

4 次のそれぞれの場面を、始まり、山場での変化、終わりの順番にならべましょう。 一つ5点(20点)

ア ゆう子さんが学校から帰ろうとすると、かさをわすれてこまっている女の子を見つける。
イ ここ何日か雨の日がつづいているので、ゆう子さんはたいくつしている。
ウ すてきな友だちができたので、ゆう子さんは雨の日が好きになる。
エ ゆう子さんは、女の子を自分のかさに入れてあげて、楽しくおしゃべりをしながら帰る。

始まり		山場	終わり
（　）	（　）	（　）	（　）

5 次のローマ字をひらがなに直して書きましょう。 一つ4点(16点)

① syakaika
（　　　　）

② syôbôsyo
（　　　　）

③ kin'yôbi
（　　　　）

④ happyôkai
（　　　　）

6 次のローマ字を別の書き方のローマ字に直して書きましょう。 一つ4点(16点)

① hurui（ふるい）

② atui（あつい）

③ tikara（ちから）

④ ninzya（にんじゃ）

ぴったり1 じゅんび

広告を読みくらべよう

表し方のくふうを考えよう

3分でまとめ

めあて
★表し方のくふうに注意しながら、広告を読んでみよう。

学習日 月 日
教科書 上90～100ページ
答え 12ページ

かきトリ 新しい漢字

教科書90ページ 的 テキ まと 8画	92ページ 必 ヒツ かならず 5画	92ページ 要 ヨウ かなめ 9画
92ページ 印 イン しるし 6画	92ページ 刷 サツ する 8画	92ページ 選 セン えらぶ 15画

1 □に読みがなを書きましょう。

① ●広大 な空。（　）
② 必 ず持っていく。（　）
③ 的 に当たる。（　）
④ チームの 要。（　）
⑤ 印 をつける。（　）
⑥ 目的 の場所につく。（　）

●読み方が新しい字

2 □に漢字を、（　）に漢字と送りがなを書きましょう。

① 注意が □□（ひつよう） だ。
② 紙に □□（いんさつ） する。
③ 新聞を（する）。
④ 本を（えらぶ）。

広告を読みくらべよう

3 正しい意味に○をつけましょう。

① 相手の意図を察する。
ア（　）あることをしようとして考えていること。
イ（　）ある目的をはたすための方法。

② 特ちょうをつかむ。
ア（　）ほかのものとくらべて目立っているところ。
イ（　）周りのものとよくにているところ。

4 文章を読んで、答えましょう。

広告は、できるだけ多くの人にその商品を買ってもらうために、商品の特ちょうやすぐれているところを伝える必要があります。そのため、特に、印刷されたポスターやちらしなどのような動かない広告は、キャッチコピー、写真の選び方や使い方、色やデザインなどにくふうがこらされています。

また、同じ商品であっても、その商品を売ろうとする相手によって、ちがう広告が作られることもあります。より買いたいと思ってもらうためには、相手に合わせたメッセージを伝えることが大切になるからです。

このように、広告には目的があり、作り手の意図がこめられています。つまり、広告は、その意図に合わせて、表し方がくふうされているのです。身の回りの広告を見るときには、その広告の目的や作り手の意図を考えるようにしましょう。

「広告を読みくらべよう」より

ふだん私たちが目にする広告にも、どのような作り手の意図がこめられているか考えてみよう。

(1) 商品を買ってもらうために、広告はどのように作られているのですか。（　）に合う言葉を、書きぬきましょう。

商品の（①　　　　）やすぐれているところが、できるだけ（②　　　　）の人に伝わるように、表現をくふうして作られている。

(2) 「同じ商品であっても、その商品を売ろうとする相手によって、ちがう広告が作られることもあります。」とありますが、なぜですか。一つに○をつけましょう。

ア（　）どんな伝え方をすれば商品を買う気になってもらえるかは、相手によって変わってくるから。

イ（　）広告を作る人の見方や感じ方によって、商品のどこをアピールするのかがちがうから。

ウ（　）広告は商品を買ってもらうよりも、見た人に楽しいと思ってもらうように作られるから。

(3) わたしたちが広告を見るときは、どんなことに注意して見るとよいですか。（　）に合う言葉を書きぬきましょう。

広告の作り手が、どんな（①　　　　）や（②　　　　）で、その広告を作ったのかということ。

ぴったり1 じゅんび

述語(じゅつ)の形、だいじょうぶ？
本は楽しむもの

めあて
★述語の形に気をつけながら文章を書こう。
★本を読む楽しさについて考えよう。

学習日 月 日
教科書 上102～109ページ
答え 13ページ

1 次の文の述語に線を引きましょう。

① 好きな ことは、サッカーを することです。

② なぜなら わたしは 運動が 好きだからです。

③ 友だちの いいところは やさしいところです。

④ わたしは、明日 図書館に 行きたいです。

2 正しい述語の形になっている文二つに、○をつけましょう。

ア（　）わたしの苦手なことは、朝早く起きることです。

イ（　）わたしの目標(ひょう)は、朝早く起きます。

ウ（　）なぜなら、朝早く起きると気持ちがいいです。

エ（　）弟の悪いところは、宿題をよくわすれます。

オ（　）妹のゆめは、お医者さんになることです。

3 次の文の――線の述語を、正しい形に直しましょう。

① わたしの好きなことは、本を読みます。（　　　）

② なぜなら、本を読むことはおもしろいです。（　　　）

4 次の文が正しい述語になるように、（　）に合う言葉を書きましょう。

① わたしのゆめは、歌手になる（　　　）です。

② なぜなら、わたしは歌うことが好きだ（　　　）です。

③ 歌のいいところは、楽しい気持ちになれる（　　　）です。

5 文章を読んで、答えましょう。

わたしたちの住んでいるこの世界は、「ハリー・ポッター」の魔法の世界と変わらないぐらい、本当はふしぎなことだらけです。ほうきで空を飛ぶことはできないけれど、飛行機でどこへでも行けます。テレパシーがなくても、インターネットやけいたい電話で世界中と結ばれています。科学は、そのふしぎな世界の皮をむいて、ふしぎさをはっきりと見せてくれます。

「科学って何だろう。」と考えると、それは音楽とか物語とかえい画などと同じ、人間の作り上げてきた文化の一つだと思います。大人になると、この世界のことはあたりまえ、ふしぎなことなどどこにもないような気になってしまいます。でも、子どもには、いろいろなことにふしぎさを感じる力があります。そのふしぎさを楽しんだほうがいいと思います。科学の本は、人間が長い時間をかけて発見してきたいろいろなこと、好奇心をみたしてくれるふしぎなことを、分かりやすくとき明かして、楽しませてくれます。

米村 でんじろう「本は楽しむもの」より

(1) 「ふしぎなこと」について、答えましょう。

① 「ふしぎ」と反対の意味の言葉を、後のだん落から五字で書きぬきましょう。

□□□□□

② 「ふしぎなこと」の例を二つ、文章の言葉を使って書きましょう。

・（　　　　）

・（　　　　）

(2) 「好奇心」とは、どんな心のことですか。「心」につながるように書きぬきましょう。

（　　　　）心

(3) この文章の筆者は、どんなことをのべていますか。一つに○をつけましょう。

ア（　）科学を学ぶことは、このふしぎな世界を、より進歩させていくことにつながる。

イ（　）科学の本は、この世界のふしぎなことをとき明かして、読む人を楽しませてくれる。

ウ（　）科学の本はおもしろくはないが、さまざまなふしぎなことを、とき明かしてくれる。

表し方のくふうを考えよう

広告を読みくらべよう ～本は楽しむもの

時間 20分

/100

ごうかく 80点

学習日 月 日

教科書 上90～109ページ

答え 14ページ

教科書の「広告を読みくらべよう」を読んで、答えましょう。

思考・判断・表現

教科書94～95ページ【広告1】から
教科書96～97ページ【広告2】まで

1 【広告1】と、【広告2】は、どんな商品の広告ですか。 10点

広告から三字で書きぬきましょう。

[　　　]

よく出る

2 【広告2】と【広告2】は、ともにどんなことを目的として、作られたものですか。 一つ5点(10点)

広告を見た人に、「（①　　　）」という名前の商品を（②　　　）と思ってもらうこと。

3 【広告1】と【広告2】の意図のちがいは、どんなところに表れていますか。正しくないもの一つに×をつけましょう。 10点

ア（　）商品名
イ（　）キャッチコピー
ウ（　）商品の特長の説明の内容
エ（　）取り上げた商品の特長のならべ方
オ（　）写真の使い方

4 【広告1】と【広告2】のどちらにも取り上げられている商品の特長として、正しくないもの一つに×をつけましょう。 10点

ア（　）検温がすばやくできること。
イ（　）お年よりでもかんたんに使えること。
ウ（　）つねに清けつさをたもつことができること。
エ（　）検温が終わったことが音と光で分かること。

5 【広告1】と【広告2】は、それぞれ商品のどんな特長を、最も強く取り上げていますか。（　）に合う言葉を、それぞれの広告から書きぬきましょう。 一つ5点(10点)

① 【広告1】…だれにでも（　　　　）ところ。

② 【広告2】…体温を（　　　　）ところ。

6 広告の写真の意図や目的について、【広告1】に合うものには1、【広告2】に合うものには2を書きましょう。 一つ5点(20点)

ア（　）健康に生活しているときにも使える商品であることを印象づけている。

イ（　）きん急のときに役に立つ商品であることを印象づけている。

ウ（　）さまざまな年れいの人が使う商品であることを印象づけている。

エ（　）特定の年れいの人に特に役に立つ商品であることを印象づけている。

できたらスゴイ！

7 【広告1】と【広告2】は、それぞれどんな意図で作られていると考えられますか。（　）に合う言葉を、それぞれの広告から書きぬきましょう。 一つ5点(20点)

【広告1】は、（①　　　　）や子どものいる家庭に向けて、ふだんの（②　　　　）に使えることを伝えて、商品を買ってもらおうとしている。

一方、【広告2】は、（③　　　　）を持つ人に向けて、家族が（④　　　　）をしたときなどに使えることを伝えて、商品を買ってもらおうとしている。

考えを書こう

8 【広告1】と【広告2】をくらべてみることで、どんなことが分かりますか。 10点

同じ商品であっても、

（　　　　　　　　）

によって、広告の表現の仕方がちがってくるということ。

ぴったり3

たしかめのテスト②

表し方のくふうを考えよう

広告（こく）を読みくらべよう ～ 本は楽しむもの

時間 20 分

／100

ごうかく 80 点

学習日　月　日

教科書 上90～109ページ

答え 15ページ

1 読みがなを書きましょう。　一つ2点（20点）

① 必死（　　）で追いかける。

② 広大（　　）な世界。

③ 商品（　　）を買う。

④ 仕様（　　）が変わる。

⑤ 手紙を 印刷（　　）する。

⑥ 意図（　　）を読み取る。

⑦ 文章を 要約（　　）する。

⑧ 本を 選（　　）ぶ。

⑨ 大会に 参加（　　）する。

⑩ ちらしを 刷（　　）る。

2 □に漢字を、（　）に漢字と送りがなを書きましょう。　一つ2点（20点）

① 予想が □□（てきちゅう） する。

② □□（しゃしん） をとる。

③ □□（せんこう） を受ける。

④ チームの □（かなめ）。

⑤ □（まと） 外れな意見。

⑥ □（や） に注意する。

⑦ □□（ほしじるし） をかく。

⑧ 荷物を （　　　）（はこぶ）。

⑨ （　　　）（かならず） 守る。

⑩ 考えを （　　　）（つたえる）。

3 次の言葉を使って短い文を書きましょう。 一つ5点(10点)

① できるだけ

(　　　　)

② ～であっても

(　　　　)

4 (　)に合う言葉を、[　]から選んで書きましょう。 一つ5点(20点)

① ポスターが人々の目に(　　　　)。

② 表現にさまざまなくふうを(　　　　)。

③ 相手の申し出に(　　　　)。

④ 本を読んで好奇心を(　　　　)。

[おうじる　みたす　こらす　とまる]

5 (　)に合う言葉を、[　]から選んで、記号を書きましょう。 一つ5点(15点)

① わたしは、水族館に行き(　　)です。

② なぜなら、魚が好きだ(　　)です。

③ 魚のいいところは、ゆったりと泳ぐ(　　)です。

[ア ところ　イ たい　ウ から]

6 次の文の述語を、正しい形に直して書きましょう。 一つ5点(15点)

① わたしのゆめは、学校の先生になりたいです。

(　　　　)

② なぜなら、勉強が好きです。

(　　　　)

③ 勉強のいいところは、ちしきがふえます。

(　　　　)

この本の終わりにある「夏のチャレンジテスト」をやってみよう！

ぴったり じゅんび 1

詩を読もう

ふしぎ よかったなあ

めあて
★くり返されている言葉に注目しながら詩を読んでみよう。

学習日　　月　　日

教科書 上112～115ページ

答え 15ページ

1 （　）に読みがなを書きましょう。

① 銀色（　　）のテープ。

② 種（　　）を植える。

③ 連日（　　）雨がふる。

④ 笑（　　）いがたえない。

⑤ 順調（　　）に進む。

⑥ 大空を飛（　　）ぶ。

2 □に漢字を、（　）に漢字と送りがなを書きましょう。

① □□（たいよう）がまぶしい。

② □（くも）ひとつない青空。

③ 目が（　　）（さめる）。

④ （　　）（はじめて）会う。

ふしぎ／よかったなあ

3 正しい意味に○をつけましょう。

① わたしはうれしくてたまらない。
ア（　）とてもうれしい。
イ（　）あまりうれしくない。

② かぐわしいうめのかおり。
ア（　）かおりがとてもよいこと。
イ（　）かおりがとても強いこと。

③ 問題点は数かぎりなくある。
ア（　）かた手で数えられるくらい。
イ（　）数えられないほど多く。

④ めいめいに料理を取り分ける。
ア（　）ひとりひとりに。
イ（　）みんなでいっせいに。

4 詩を読んで、答えましょう。

ふしぎ

金子　みすゞ

わたしはふしぎでたまらない、
黒い雲からふる雨が、
銀にひかっていることが。

わたしはふしぎでたまらない、
青いくわの葉たべている、
かいこが白くなることが。

わたしはふしぎでたまらない、
たれもいじらぬ夕顔が、
ひとりでぱらりと開くのが。

わたしはふしぎでたまらない、
たれにきいてもわらってて、
あたりまえだ、ということが。

「くわの葉」は、「かいこ」のえさになる植物です。
「かいこ」は、ガの仲間(なかま)で、よう虫はくわの葉を食べ、大きくなると糸を出してまゆを作ります。

---

(1) 詩の中で何度もくり返されている行を書きぬきましょう。

（　　　　　　　　　　　　　　　　　　　　）

(2) 「たれもいじらぬ夕顔が、／ひとりでぱらりと開くのが。」とありますが、どういうことですか。一つに○をつけましょう。

ア（　）だれもさわらなければ、花がきれいにさくこと。
イ（　）人が世話をしなければ、花がさかないこと。
ウ（　）人がふれていないのに、花が自然にさくこと。

(3) 「たれにきいてもわらってて、／あたりまえだ、ということが。」に表れている作者の思いに○をつけましょう。

ア（　）まわりの人びとのやさしさを感じる。
イ（　）まわりの人びとに物足りなさを感じる。
ウ（　）まわりの人びとに調子のよさを感じる。

(4) この詩はどのように音読すればよいですか。一つに○をつけましょう。

ア（　）「かいこ」の気持ちが分かるように、大きな声で元気に読む。
イ（　）「わたし」の気持ちを考えながら、くり返しに気をつけて読む。
ウ（　）場面のもり上がりが目にうかぶように、一気に続けて読む。

お願いやお礼の手紙を書こう
ことわざ・故事成語を使おう

3分でまとめ

めあて
★相手や目的を考えながら、お願いやお礼の手紙を書く方法を学ぼう。
★ことわざ・故事成語の意味を知ろう。

学習日　月　日
教科書 上116〜123ページ
答え 16ページ

かきトリ 新しい漢字

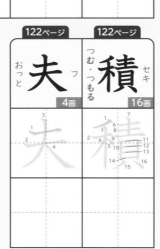

教科書116ページ	117ページ	117ページ	122ページ	122ページ
願 ガン ねがう 19画	付 フ つける・つく 5画	協 キョウ 8画	積 セキ つむ・つもる 16画	夫 フ おっと 4画

1 □に読みがなを書きましょう。

① 願望（　　）がかなう。
② 協力（　　）する。
③ 子どもが ●交（　　）じる。
④ 面積（　　）を求める。
⑤ よごれが 付（　　）く。
⑥ 夫（　　）と話す。

●読み方が新しい字

2 □に漢字を、（　）に漢字と送りがなを書きましょう。

① □（ねが）いごとをする。
② □□（ふきん）で待つ。
③ 荷物を（つむ）。
④ 人と ●（まじわる）。

●読み方が新しい字

お願いやお礼の手紙を書こう

3 正しい意味に○をつけましょう。

① 用件（けん）を聞く。
ア（　）伝えるべきことがら。
イ（　）考えていることがら。

② 結びのあいさつ。
ア（　）最初。
イ（　）最後。

4 手紙を書くとき、次の（　）の部分に書くことを、［　］から選んで、記号を書きましょう。

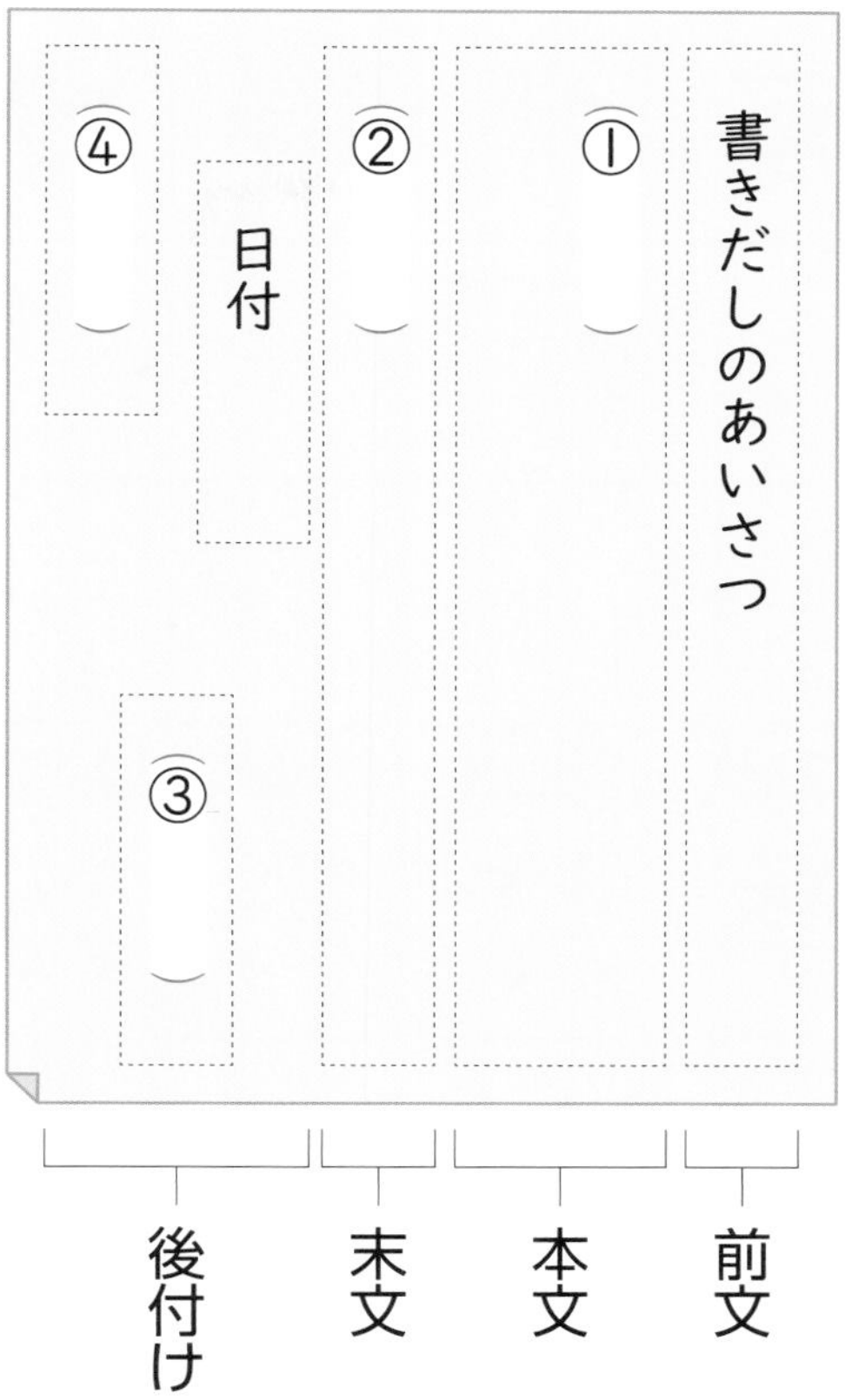

ア　自分の名前　　イ　相手の名前
ウ　用件　　エ　結びのあいさつ

5 お願いの手紙を書くときの注意点として、正しいものに○をつけましょう。

ア（　）お願いの内容だけを書き、その理由は書かない。

イ（　）会ったことのない人に手紙を書く場合も、友達に書くときと同じような言葉づかいで書く。

ウ（　）書き終えたら、まちがいや相手に対する失礼がないかをたしかめるのをわすれない。

6 （　）に合う言葉を［　］から選んで、記号を書きましょう。

ことわざとは、（①　）や、教えなどをふくんだ短い言葉のことです。調子がよくて（②　）言い方や、おもしろい言い方のものが多くあります。

故事成語とは、（③　）がもとになってできた言葉のことです。中国の話がもとになったものが多くあります。

ア　生活に役立つちえ　　イ　昔あったこと
ウ　むずかしい　　エ　覚えやすい

7 次の意味を表すことわざ・故事成語を、［　］から選んで、記号を書きましょう。

①（　）取り返しがつかないこと。

②（　）どちらもにたりよったりであること。

ア　後の祭り　　イ　五十歩百歩

クラスで話し合って決めよう
漢字を使おう5
文の組み立てと修飾語（しゅうしょくご）

3分でまとめ

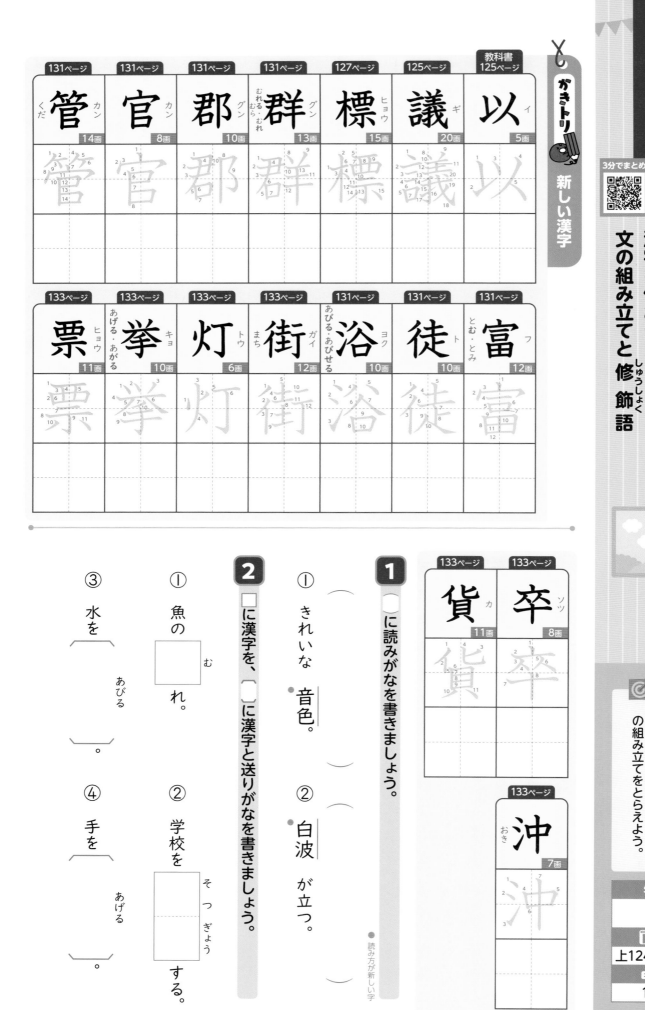

めあて
★話し合う時の役わりや注意することを考えよう。
★修飾語に注目しながら、文の組み立てをとらえよう。

学習日 月 日
教科書 上124～133ページ
答え 16ページ

かきトリ 新しい漢字

教科書	漢字	読み	画数
125ページ	以	イ	5画
125ページ	議	ギ	20画
127ページ	標	ヒョウ	15画
131ページ	群	グン・むれる・むれ・むら	13画
131ページ	郡	グン	10画
131ページ	官	カン	8画
131ページ	管	カン・くだ	14画
131ページ	富	フ・とむ・とみ	12画
131ページ	徒	ト	10画
131ページ	浴	ヨク・あびる・あびせる	10画
133ページ	街	ガイ・まち	12画
133ページ	灯	トウ	6画
133ページ	挙	キョ・あげる・あがる	10画
133ページ	票	ヒョウ	11画
133ページ	卒	ソツ	8画
133ページ	貨	カ	11画
133ページ	沖	おき	7画

1 （　）に読みがなを書きましょう。

① きれいな●音色。（　）
② ●白波が立つ。（　）

●読み方が新しい字

2 □に漢字を、（　）に漢字と送りがなを書きましょう。

① 魚の□（む）れ。
② 学校を□□（そつぎょう）する。
③ 水を（　あびる　）。
④ 手を（　あげる　）。

3 次の説明に合う話し合いのための役わりを、□から選んで、記号を書きましょう。

① 意見や質問を出す。（　）
② 議題にそって話し合いを進める。（　）
③ 議題に関する提案を行う。（　）

ア 司会　イ 提案者　ウ 参加者

4 話し合いを進めるときに注意することとして、正しいものに○をつけましょう。

①（　）話し合いが始まってから、議題と進め方を決める。
②（　）話し合いで出た意見は、書記が頭の中で覚えておく。
③（　）話し合いを進めて話が議題からそれたときは、議題を変える。
④（　）話し合いで出てきた意見をくらべて、同じところやちがうところを見つける。

5 次の文の修飾語に——線を引きましょう。

① 風船が 空に 飛んだ。
② 大きな 犬が ほえる。
③ ボールが ころころと 転がる。
④ わたしの 弟が 来た。
⑤ 花が とても きれいだ。

6 ‖線の言葉が修飾している言葉を選んで、記号を書きましょう。

① 鳥が 大きな ア羽を イ広げて ウ飛ぶ。（　）
② とても ア美しい イけしきが ウ広がる。（　）
③ のそのそと アねこが イ草むらを ウ歩く。（　）
④ 公園で ア子どもたちが イ楽しく ウ遊ぶ。（　）

詩を読んで、答えましょう。　思考・判断・表現

よかったなあ　　まど・みちお

よかったなあ　草や木が
ぼくらの　まわりに　いてくれて
目のさめる　みどりの葉っぱ
美しいものの代表　花
かぐわしい実

よかったなあ　草や木が
何おく　何ちょう
もっと数かぎりなく　いてくれて
どの　ひとつひとつも
みんな　めいめいに違(ちが)っていてくれて

よく出る

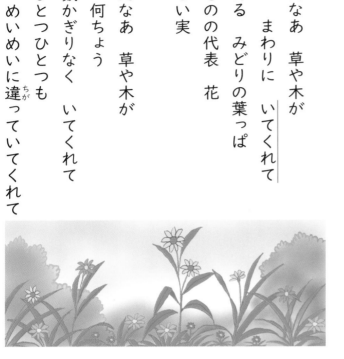

1 この詩はいくつの「連」に分かれていますか。漢数字で書きましょう。　15点

□ 連

よく出る

2 「いてくれて」とありますが、作者のどんな気持ちがこめられていますか。一つに○をつけましょう。　15点

ア（　）なつかしく思う気持ち。
イ（　）ふしぎに思う気持ち。
ウ（　）ありがたく思う気持ち。

3 「待っていてくれて」とありますが、草や木は何を待っているのですか。四つ書きぬきましょう。　一つ5点(20点)

（　　　　）（　　　　）
（　　　　）（　　　　）

できたらスゴイ！

4 「きらきらと」は、どんなようすを表していますか。一つに○をつけましょう。　15点

よかったなあ　草や木が
どんなところにも　いてくれて
鳥や　けものや　虫や　人
何が訪ねるのをでも
そこで動かないで　待っていてくれて

ああ　よかったなあ　草や木がいつも
雨に洗われ
風にみがかれ
太陽にかがやいて　きらきらと

ア（　）植物が太陽の光をあびて、いきいきとしているようす。

イ（　）池や雨が太陽の光を反しゃして、かがやいているようす。

ウ（　）人間が太陽に照らされて、よろこび、感しゃしているようす。

5 次の文章は、「よかったなあ」の詩を読んだ原田さんの感想文です。①～③の正しいものに○をつけましょう。　一つ5点（15点）

この詩は、一つ目から三つ目までの連は、どれも（①ア 四　イ 五）行でできています。それぞれの連は、「よかったなあ」か、「ああ　よかったなあ」で（②ア 始まり　イ 終わり）、言葉のならび方もよくにているので、声に出して読んでみたら、（③ア リズム　イ 意味）が同じで気持ちよく感じました。

考えを書こう

6 この詩には、作者のどんな気持ちがこめられていますか。考えて書きましょう。　20点

ふしぎ ～ 文の組み立てと修飾(しゅうしょく)語

1 読みがなを書きましょう。　一つ2点（20点）

① 十才 以上（　　）の子ども。
② 県の 郡部（　　）に住む。
③ 票（　　）を集める。
④ 海水浴（　　）に出かける。
⑤ 沖（　　）合いに船を出す。
⑥ 漁夫（　　）の利(り)を得(え)る。
⑦ 貨物（　　）列車が走る。
⑧ 大都会の 街（　　）なみ。
⑨ 願（　　）いをかなえる。
⑩ 卒業（　　）式に出る。

2 □に漢字を、〔　〕に漢字と送りがなを書きましょう。　一つ2点（20点）

① 体内の□□(きかん)。
② 鳥の□□(たいぐん)。
③ 水がほう□(ふ)だ。
④ □□(ひょうこう)の高い山。
⑤ □□(せんきょ)に出る。
⑥ □□(とほ)で学校に行く。
⑦ □□(きょうてい)を結ぶ。
⑧ 印を〔　　〕(つける)。
⑨ 鳥がえさに〔　　〕(むらがる)。
⑩ 雪が〔　　〕(つもる)。

3 お礼の手紙を書くときの注意点として、正しいもの一つに○をつけましょう。　15点

ア（　）前文でお礼の内容（よう）と書きだしのあいさつを書く。

イ（　）用件（けん）としてお礼の内容を具体的に書いて、お礼の気持ちを伝える。

ウ（　）後付けで日付と自分の名前、相手の名前を書いてから、結びのあいさつを書く。

4 話し合いをするときのそれぞれの役わりとして正しいものに○をつけましょう。　一つ5点(15点)

・司会

ア（　）自分が考えたことを発表する。

イ（　）議題から話がそれないように進める。

・提（てい）案者

ア（　）提案に対する質（しつ）問に答える。

イ（　）意見を整理してまとめる

・参加者

ア（　）出てきた意見をくらべる。

イ（　）出た意見を黒板にまとめる。

5 次の文から、修飾語を二つさがし、――線を引きましょう。　一つ3点(18点)

① 元気な　男の子が　校庭で　遊ぶ。

② 川の　水が　ゆるやかに　流れる。

③ 母と　子が　いっしょに　町を　歩く。

6 ――線の言葉が修飾している言葉を書きぬきましょう。　一つ3点(12点)

① 白い　ふわふわした　雲が　大空に　うかぶ。（　　）

② 妹は　青い　目の　人形を　買った。（　　）

③ 広い　海に　ヨットが　ぽつんと　うかぶ。（　　）

④ きっと　明日の　朝には　雨は　やむだろう。（　　）

一つの花
漢字を使おう6

題名の持つ意味について考えよう

今西（いまにし）祐行（すけゆき）

めあて

★物語の中でくり返し使われる言葉に着目しよう。
★物語の題名が持つ意味について考えよう。

学習日
月　日
教科書
上134～147ページ
答え
18ページ

かきトリ 新しい漢字

教科書136ページ	戦	セン・たたかう	13画
136ページ	争	ソウ・あらそう	6画
136ページ	給	キュウ	12画
137ページ	飯	ハン・めし	12画
139ページ	帯	タイ・おびる・おび	10画
139ページ	泣	なく	8画
139ページ	軍	グン	9画
140ページ	兵	ヘイ・ヒョウ	7画
140ページ	隊	タイ	12画
141ページ	輪	リン・わ	15画
145ページ	景	ケイ	12画
147ページ	浅	あさい	9画
147ページ	底	テイ・そこ	8画
147ページ	散	サン・ちる・ちらす・ちらかす・ちらかる	12画
147ページ	児	ジ	7画

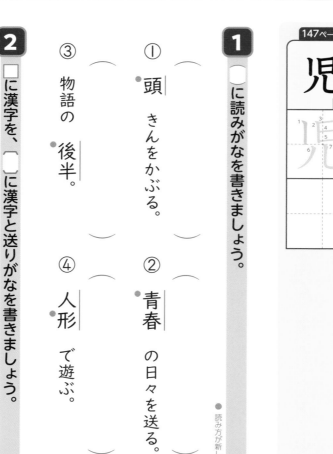

1 （　）に読みがなを書きましょう。

① ●頭きんをかぶる。（　）

② ●青春の日々を送る。（　）

③ 物語の●後半。（　）

④ ●人形で遊ぶ。（　）

●読み方が新しい字

2 □に漢字を、（　）に漢字と送りがなを書きましょう。

① □（せんそう）に反対する。

② 食べ物の□（はいきゅう）。

③ 熱を（　　）（おびる）。

④ 部屋を（　　）（ちらかす）。

3 正しい意味に○をつけましょう。

① 知らず知らずのうちに友達になった。
ア（　）自分でも気づかないうちに。
イ（　）ゆっくりと時間をかけて。

② 朝はきまって早起きをする。
ア（　）がんばって。
イ（　）いつもかならず。

③ 人ごみをかきわけて進む。
ア（　）多くの人が集まっているところ。
イ（　）人々が大さわぎしているところ。

④ 外ではたえず雨音がしている。
ア（　）止まったり続いたりして。
イ（　）とだえることなく。

⑤ あるいは雨がふるかもしれない。
ア（　）もしかすると。
イ（　）ついに。

3分でワンポイント

物語の中のだいじな言葉に着目して、意味を考えよう。

★①～③の（　）に合う言葉を［　］の中から選んで、記号を書きましょう。

ゆみ子	「一つだけちょうだい。」	・おなかがすいている。 ・食べ物が（①　　）。
お母さん	「じゃあね、一つだけよ。」	・ゆみ子に食べ物を（②　　）。
お父さん	「一つだけのお花、だいじにするんだよう……。」	・ゆみ子に（③　　）。

ア　たくさんあげたい　　イ　たくさんほしい
ウ　幸せになってほしい

ぴったり2 練習①

一つの花

題名の持つ意味について考えよう

◆ 文章を読んで、答えましょう。

「一つだけちょうだい。」

これがゆみ子のはっきり覚えた、最初の言葉でした。

まだ戦争のはげしかったころのことです。

そのころは、おまんじゅうだの、キャラメルだの、チョコレートだの、そんなものは、どこへ行ってもありませんでした。おやつどころではありませんでした。食べるものといえば、お米の代わりに配給される、おいもや、豆や、かぼちゃしかありませんでした。

毎日、てきの飛行機が飛んできて、ばくだんを落としていきました。

町は、次々に焼かれて、はいになっていきました。

1 「ゆみ子のはっきり覚えた、最初の言葉」は、なんでしたか。九字で書きぬきましょう。(符号はふくまない。)

2 「そのころ」について、文章から書きぬいて答えましょう。

① 「そのころ」とは、どんなころですか。

(　　　　)

② 「そのころ」は、どんな食生活を送っていましたか。

(　　　　)などはなく、食べるものは、(　　　　)の代わりに配給される、(　　　　)しかないという、まずしい食生活。

③ 「そのころ」の町は、どんな様子になっていましたか。

毎日、(　　　　)が(　　　　)を落とし、町が次々に(　　　　)になっていった。

学習日　月　日
教科書　上134〜146ページ
答え　19ページ

ゆみ子はいつもおなかをすかしていたのでしょうか。ご飯のときでも、おやつのときでも、もっと、もっとと言って、いくらでもほしがるのでした。

　すると、ゆみ子のお母さんは、

「じゃあね、一つだけよ。」

と言って、自分の分から一つ、ゆみ子に分けてくれるのでした。

「一つだけ……。一つだけ……。」

と、これが、お母さんの口ぐせになってしまいました。ゆみ子は知らず知らずのうちに、お母さんの、この口ぐせを覚えてしまったのです。

今西　祐行「一つの花」より

3　「自分の分から一つ、ゆみ子に分けてくれるのでした。」とありますが、お母さんはどんな気持ちからそうしたのですか。一つに○をつけましょう。

ア（　）いくらでもほしがるゆみ子にあきれ、しかたがないから一つだけあげてあきらめさせようという気持ち。

イ（　）おなかをすかせたゆみ子がかわいそうで、自分の分をへらしてでも食べさせてあげたいという気持ち。

ウ（　）ゆみ子はあまえているだけなので、一つ分けてあげればきっとまん足するだろうという気持ち。

ヒント　いつもおなかをすかせていたゆみ子への気持ちを考えよう。

4　「これが、お母さんの口ぐせになってしまいました。」から、どんなことが分かりますか。一つに○をつけましょう。

ア（　）戦争のために、食べ物が足りないじょうたいが続いていたということ。

イ（　）ゆみ子がますますわがままになって、何度言い聞かせても言うことを聞かなくなったということ。

ウ（　）お母さんが物をおしむようになったということ。

ヒント　「これ」は、直前の「一つだけ……。」を指しているよ。

一つの花

学習日
月　日
教科書
上134～146ページ
答え
19ページ

文章を読んで、答えましょう。

それから間もなく、あまりじょうぶでないゆみ子のお父さんも、戦争に行かなければならない日がやってきました。

お父さんが戦争に行く日、ゆみ子は、お母さんにおぶわれて、遠い汽車の駅まで送っていきました。頭には、お母さんの作ってくれた、綿(わた)入れの防(ぼう)空頭きんをかぶっていきました。

お母さんのかたにかかっているかばんには、包帯、お薬、配給のきっぷ、そして、だいじなお米で作った、おにぎりが入っていました。

ゆみ子は、おにぎりが入っているのをちゃあんと

1 「あまりじょうぶでないゆみ子のお父さんも、戦争に行かなければならない」とありますが、ここからどんなことが分かりますか。一つに○をつけましょう。

ア（　）家族のために、お父さんが進んで兵隊になったということ。

イ（　）兵隊に向いてない人も、戦争にかりだされるようになったということ。

ウ（　）じょうぶでないお父さんにとって、兵隊になるのは長年のゆめだったということ。

2 「みんな食べてしまいました。」とありますが、お母さんは、なぜおにぎりをみんな食べさせたのですか。（　）に合う言葉を書きぬきましょう。

戦争に行くお父さんに、（　　　　）を見せたくなかったから。

ヒント すぐ後の文に注目しよう。

3 駅にいた、戦争に行くほかの人や見送りの人たちと、お父さんの様子は、どのようにちがっていましたか。（　）に

知っていましたので、
「一つだけちょうだい。おじぎり一つだけちょうだい。」と言って、駅に着くまでにみんな食べてしまいました。お母さんは、戦争に行くお父さんに、ゆみ子の泣き顔を見せたくなかったのでしょうか。

　駅にはほかにも戦争に行く人があって、人ごみの中から、ときどき、ばんざいの声が起こりました。また、別の方からは、たえずいさましい軍歌が聞こえてきました。

　ゆみ子とお母さんのほかに見送りのないお父さんは、プラットホームのはしの方で、ゆみ子をだいて、そんなばんざいや軍歌の声に合わせて、小さくばんざいをしていたり、歌を歌っていたりしていました。まるで戦争になんか行く人ではないかのように……。

今西　祐行「一つの花」より

合う言葉を、それぞれ書きぬきましょう。

ほかの人たちの中からは、（　　　）が起こったり、（　　　）が聞こえたりしてきたが、お父さんは、それらに合わせて（　　　）ばんざいをしたり、（　　　）いたりした。

4 お父さんは **3** のとき、どんな気持ちだったと考えられますか。一つに○をつけましょう。

ア（　）別れがつらく、できることならゆみ子の成長を見守りつつ、家族でくらしたいという気持ち。

イ（　）家族のほかに見送る人もいないのに、大声を出すのははずかしいという気持ち。

ウ（　）ゆみ子をだいているので、大きなばんざいも、大声で歌うこともできなくてざんねんだという気持ち。

ヒント　もう会えないかもしれない、別れのときだよ。

5 お父さんの様子は、どのようにたとえられていますか。文章から一文でさがし、初めの六字を書きましょう。

一つの花
漢字を使おう6

題名の持つ意味について考えよう

文章を読んで、答えましょう。　思考・判断・表現

ところが、いよいよ汽車が入ってくるというときに、またゆみ子の「一つだけちょうだい。」が始まったのです。

「みんなおやりよ、母さん。おにぎりを……。」

お父さんが言いました。

「ええ、もう食べちゃったんですの……。ゆみちゃんいいわねえ、お父ちゃん兵隊ちゃんになるんだって、ばんざあいって……。」

お母さんはそう言って、ゆみ子をあやしましたが、ゆみ子はとうとう泣きだしてしまいました。

「一つだけ、一つだけ。」

と言って。

1 「みんなおやりよ、母さん。おにぎりを……。」とありますが、なぜお父さんはこのように言ったのですか。一つに○をつけましょう。　20点

ア（　）「一つだけ」としか言えないゆみ子に「みんな」食べさせ、よろこぶすがたを見たかったから。

イ（　）「一つだけ」でなく「みんな」食べさせないと、ゆみ子が泣きだしてお母さんをこまらせるから。

ウ（　）「一つだけ」あげても、ゆみ子はまたすぐに「一つだけ」とおねだりすることが分かっていたから。

よく出る

2 「ゆみちゃんいいわねえ、お父ちゃん兵隊ちゃんになるんだって、ばんざあいって……。」と言ったとき、お母さんはどんな気持ちでしたか。一つに○をつけましょう。　20点

ア（　）ゆみ子の「一つだけちょうだい。」が始まるとうるさいので、ゆみ子の気をまぎらわしたい。

イ（　）お父さんが兵隊になって戦争に行くことを、なんとかゆみ子に分からせたい。

ウ（　）最後の別れかもしれないときに、お父さんにゆみ子の泣き顔を見せたくない。

時間 20分　／100　ごうかく 80点

学習日　月　日

教科書 上134〜147ページ

答え 20ページ

お母さんが、ゆみ子を一生けん命あやしているうちに、お父さんが、ぷいといなくなってしまいました。

お父さんは、プラットホームのはしっぽの、ごみすて場のようなところに、わすれられたようにさいていた、コスモスの花を見つけたのです。あわてて帰ってきたお父さんの手には、一輪のコスモスの花がありました。

「ゆみ。さあ、一つだけあげよう。一つだけのお花、だいじにするんだよう……。」

ゆみ子は、お父さんに花をもらうと、きゃっきゃっと、足をばたつかせてよろこびました。

お父さんは、それを見て、にっこり笑うと、何も言わずに汽車に乗って行ってしまいました。ゆみ子のにぎっている一つの花を見つめながら……。

今西祐行「一つの花」より

できたらスゴイ！

3 「お父さんが、ぷいといなくなってしまいました。」とありますが、お父さんはどうするために、何をしていたのですか。（　）に合う言葉を、それぞれ書きぬきましょう。 20点

（　　　　）にあげるために、（　　　　）をつんでいた。

よく出る

4 「お父さんは、それを見て、にっこり笑うと」とありますが、お父さんはなぜ笑ったのですか。一つに○をつけましょう。 20点

ア（　）たった一輪のコスモスの花で、ゆみ子をごまかせたことにほっとしたから。

イ（　）泣いていたゆみ子が、コスモスの花をもらって泣きやみ、よろこんだことに安心したから。

ウ（　）ゆみ子をなだめなければならないお母さんの苦労をへらすことができて、うれしかったから。

考えを書こう

5 「ゆみ子のにぎっている、一つの花を見つめながら……。」とありますが、このときお父さんはどんなことを願っていたと思いますか。 20点

ふりかえり **5**が分からないときは、55ページの 3分でワンポイント にもどってかくにんしてみよう。

ぴったり3 たしかめのテスト②

題名の持つ意味について考えよう

一つの花
漢字を使おう6

時間 20分

／100

ごうかく 80点

学習日　月　日

教科書 上134～147ページ

答え 21ページ

1 読みがなを書きましょう。　一つ2点(20点)

① ものが落下する。（　）

② 愛犬の世話をする。（　）

③ 園児と遊ぶ。（　）

④ 戦争の話を聞く。（　）

⑤ にぎり飯を食べる。（　）

⑥ 青年に成長する。（　）

⑦ 軍手を使う。（　）

⑧ 頭上に注意する。（　）

⑨ 自転車の車輪。（　）

⑩ 海底にしずむ。（　）

2 □に漢字を、（　）に漢字と送りがなを書きましょう。　一つ2点(20点)

① □□(へいたい)が行進する。

② □□(ゆびわ)をはめる。

③ くつの□(そこ)。

④ □□(きゅうしょく)を作る。

⑤ ご□(はん)の時間。

⑥ きれいな□□(ふうけい)。

⑦ 妹が（　　）(なく)。

⑧ （　　）(あさい)川。

⑨ 力士(し)が（　　）(たたかう)。

⑩ 先を（　　）(あらそう)。

3 ――線の漢字の読み方を、音はかたかなで、訓はひらがなで書きましょう。 一つ2点(12点)

帯
① (　　) 包帯をまく。
② (　　) 赤みを帯びた顔。
③ (　　) 着物の帯。

散
① (　　) さくらの花が散る。
② (　　) 散歩に出かける。
③ (　　) 散らかった部屋。

4 次の言葉を使って短い文を書きましょう。 一つ6点(24点)

① 知らず知らずのうちに
(　　)
② たえず
(　　)
③ いよいよ
(　　)
④ まるで〜よう
(　　)

5 正しい意味に○をつけましょう。 一つ4点(12点)

① 間もなくえい画が始まる。
ア(　)時間があまりたたないうちに。
イ(　)時間がかなりたってから。

② じょうぶな体。
ア(　)大きな。
イ(　)健康な。

③ 赤ちゃんをあやす。
ア(　)なだめる。
イ(　)かわいがる。

6 (　)に合う言葉を、[　]から選んで記号を書きましょう。 一つ4点(12点)

① (　)いつになったら始まるのだろう。
② (　)約束に間に合わないかもしれない。
③ ふり続いていた雨が、(　)やんだ。

ア やがて　イ いったい　ウ あるいは

ぴったり1 じゅんび

和室と洋室のよさをしょうかいしよう

くらしの中の和と洋
観点を立ててくらべる

めあて

★文章の要約ができるようになろう。

★観点を立てて、ことなる物事のくらべ方を知ろう。

学習日
月　日
教科書
下8〜21ページ
答え
21ページ

かきトリ 新しい漢字

教科書10ページ	10ページ	12ページ	13ページ	14ページ
衣 イ 6画	置 チ おく 13画	差 サ さす 10画	節 セツ ふし 13画	単 タン 9画

書き順に気をつけて書こう！

1 （　）に読みがなを書きましょう。

① 南米（　）の国々。

② 衣食住（　）を整える。

③ 交差点（　）をわたる。

④ 温度を調節（　）する。

●読み方が新しい字

2 □に漢字を、（　）に漢字と送りがなを書きましょう。

① □（たんご）を覚える。

② 先頭との□（さ）。

③ はでな□（いふく）。

④ 竹の□（ふし）。

⑤ 地面に（おく）。

3 正しい意味に○をつけましょう。

① 勉強はとく意な一方、スポーツは苦手だった。

ア（　）もう一つの方面については。
イ（　）それぱかりすること。
ウ（　）一つの方法としては。

② 仕事の合間に、部屋でくつろぐ。

ア（　）何もしないでじっとする。
イ（　）ゆったりとして楽になる。
ウ（　）ひざをかかえて小さくなる。

③ テレビのニュースによると、今年の冬は寒いそうだ。

ア（　）（あるものを）うたがってみること。
イ（　）（あるものを）参考にすること。
ウ（　）（あるものを）引用すること。

4 物事をくらべるときに大切なこととして、正しいものには○、正しくないものには×をつけましょう。

ア（　）物事に共通していることを探す。
イ（　）いくつかの観点を立ててくらべる。
ウ（　）一つの観点で、時間をかけてくらべる。

3分でワンポイント

和と洋のちがいを読み取ろう。

★①～④の（　）に合う言葉を□の中から選んで、記号を書きましょう。

和室	洋室
・①（　）の上にすわる。	・②（　）にすわる。

・正ざやあぐらなどいろいろなすわり方ができる。 ・人と人との間かくの調節や、③（　）の調整ができる。 ・一部屋をいろいろな目的に使うことができる。	・目的によっていすの種類を選べるので、つかれない。 ・すわったり、立ちあがったりしやすい。 ・何をする部屋かが決まっていて、目的に合った④（　）が置かれている。

ア　人数　イ　家具　ウ　たたみ　エ　いす

くらしの中の和と洋

和室と洋室のよさをしょうかいしよう

学習日
月　日
教科書
下8～18ページ
答え
22ページ

文章を読んで、答えましょう。

わたしたちが和室ですごすとき、ざぶとんをしくかしかないかは別にして、たたみの上に直接(せっ)すわります。それに対して、洋室では、いすにこしかけてすわるのがふつうです。

和室、洋室でのすごし方には、それぞれどんなよさがあるのでしょうか。

和室のたたみの上では、いろいろなしせいをとることができます。きちんとした場では正ざをし、くつろぐときにはひざをくずしたり、あぐらをかいたりしてすわります。ねころぶこともできます。

人と人との間かくが自由に変えられるのもたたみのよさです。相

1 「和室、洋室でのすごし方」とありますが、①和室のたたみと、②洋室で使ういすでは、すごし方にそれぞれどんなよさがありますか。それぞれ書きぬきましょう。

①・いろいろな［　　　］ことができる。

・［　　　　　　　］が自由に変えられる。

②・［　　　　　　　］ですわっていても、［　　　］が少なくてすむ。

・［　　　　　　　］のがかん単である。

2 「いろいろな種類」とありますが、洋室で使ういすにいろいろな種類があるのはなぜですか。七字で書きぬきましょう。

手が親しければ近づいて話し、目上の人の場合には少しはなれて話すというように、自然にきょりの調節ができます。また、たたみの場合には、多少人数が多くても、間をつめればみんながすわれます。

洋室で使ういすには、いろいろな種類があります。くつろぐ、勉強をするなど、それぞれの目的に合わせたしせいがとれるように、形がくふうされています。ですから、長時間同じしせいですわっていても、つかれが少なくてすみます。

いすにすわっているじょうたいから、次の動作にうつるのがかん単であることも、いすのよさです。体の重みを前方にうつし、こしをうかせれば立ち上がれます。上半身の移動もわずかです。

「くらしの中の和と洋」より

［　　　　　　］に合わせたしせいがとれるようにするため。

ヒント　すぐ後の文に注目して理由をとらえよう。

3 次の①～③の文は、ア「和室」、イ「洋室」のどちらについてのべたものですか。それぞれ記号を書きましょう。

①（　）話す相手によって、近づいたり少しはなれたり、きょりの調節ができる。

②（　）この部屋で使われるいすは、立ち上がるときの動作がかん単である。

③（　）正ざのほか、あぐらをかいたり、ひざをくずしたりと、いろいろなすわり方ができる。

ヒント　文章の前半に「和室」、後半に「洋室」について書かれているよ。

4 この文章の書き方について、正しいもの一つに○をつけましょう。

ア（　）初めに「洋室」より「和室」の方が良いとのべ、その理由を後でくわしく説明している。

イ（　）初めに「和室」と「洋室」の問題点をあげ、それをどうかい決すればよいか説明している。

ウ（　）初めに話題をあげ、その後「和室」と「洋室」のよさをそれぞれ説明している。

3分でまとめ

「和と洋新聞」を作ろう つなぐ言葉

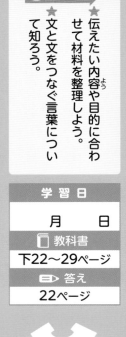

めあて

★伝えたい内容（よう）や目的に合わせて材料を整理しよう。
★文と文をつなぐ言葉について知ろう。

学習日
月　日
教科書 下22〜29ページ
答え 22ページ

かきトリ 新しい漢字

教科書	漢字	読み	画数
23ページ	栄	エイ・さかえる	9画
23ページ	養	ヨウ・やしなう	15画
23ページ	塩	エン・しお	13画
23ページ	無	ム・ブ・ない	12画
23ページ	産	サン・うむ・うまれる	11画
23ページ	省	セイ・ショウ・はぶく	9画
28ページ	照	ショウ・てる・てらす・てれる	13画
28ページ	祝	シュク・いわう	9画
29ページ	試	シ・こころみる	13画
29ページ	熊	くま	14画
29ページ	鹿	しか・か	11画

「無」の音読みは「ム」と「ブ」の二つがあるね。

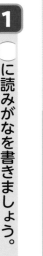

1 （　）に読みがなを書きましょう。

① 塩分（　）をひかえる。
② 無理（　）をおし通す。
③ 熊本産（　）のスイカ。
④ かわいい 小鹿（　）。

2 □に漢字を、（　）に漢字と送りがなを書きましょう。

① 心から □（はんせい） する。
② □（ひで） りが続く。
③ □（しゅくじつ） に休む。
④ □（しあい） に出場する。
⑤ 町が（さかえる）。
⑥ 家族を（やしなう）。

3 新聞を作るときの順番になるようにならべましょう。

（　）→（　）→（　）→（　）

ア 取材したことをもとに記事の下書きをする。
イ 全ての記事を集めて、題字やわり付けを考える。
ウ インタビューをしたり、写真や資料を集めたりする。
エ 清書した記事を写真や資料といっしょに台紙にはる。

4 新聞を作るときの注意点として正しいものには○を、正しくないものには×をつけましょう。

ア（　）文書や写真を引用するときは、引用のルールを守るようにする。
イ（　）なるべく写真や図などの資料は使わずに、文章だけで伝えるようにする。
ウ（　）読み手のきょう味をひくような言葉を見出しにするのはさけるようにする。
エ（　）わり付けでは、伝えたいことに合わせて、記事の分量や置き場所を決める。
オ（　）調べるテーマを決める前に取材をして、なるべく多くの材料を集める。

5 （　）に合う言葉を［　］から選んで書きましょう。

① 雨がふっている。（　）、風も強い。
② のどがかわいた。（　）、水を飲んだ。
③ 外は寒い。（　）、家の中はあたたかい。

［それに　しかし　だから］

6 次のそれぞれの二つの文を、「ので」「が」「し」のどれかを使って一つにつないで書きましょう。ただし、一度使ったものはもう一度使えません。

① おなかがへった。何か食べよう。
（　）
② 犬をかいたい。ねこもかいたい。
（　）
③ 日がくれた。子どもたちは帰らない。
（　）

ぴったり1 じゅんび

聞いてほしいな、こんな出来事
じゅく語の意味

めあて
★聞く人に気持ちが伝わる話し方のくふうを学ぼう。
★じゅく語で使われている漢字の組み合わせについて考えよう。

学習日 月 日
教科書 下30〜35ページ
答え 23ページ

かきトリ 新しい漢字

教科書31ページ	残	ザン のこる・のこす	10画
31ページ	不	フ・ブ	4画
34ページ	冷	レイ つめたい・ひえる・ひや・ひやす・ひやかす・さめる・さます	7画
34ページ	低	テイ ひくい・ひくめる・ひくまる	7画
35ページ	満	マン みちる・みたす	12画
35ページ	未	ミ	5画
35ページ	老	ロウ おいる	6画
35ページ	良	リョウ よい	7画
35ページ	陸	リク	11画
35ページ	改	カイ あらためる・あらたまる	7画

「冷」にはいろいろな訓読みがあるから、気をつけて覚えよう！

1 （　）に読みがなを書きましょう。

① 車が右折する。
② 未知へのあこがれ。
③ 父母の集まり。
④ 伝言を伝える。

●読み方が新しい字

2 □に漢字を、（　）に漢字と送りがなを書きましょう。

① □（ざんねん）な気持ち。
② □（ふまん）がなくなる。
③ □（りょうこう）な関係。
④ 気温の□（ていか）。
⑤ □（ろうじん）と出会う。
⑥ 湯を（さます）。

聞いてほしいな、こんな出来事

3 正しい意味に○をつけましょう。

① 思わず手がすべった。
ア（　）うまく手におさまらずに落とす。
イ（　）手にあせをかいていて、ぬれている。

② どうにも顔が上げられない。
ア（　）目の前の相手におこっている。
イ（　）相手に引け目を感じてしまう。

③ 間を取って話す。
ア（　）少し時間を置く。
イ（　）中間のものを選ぶ。

4 気持ちが伝わる話し方のくふうとして、正しいものには○、正しくないものには×をつけましょう。

ア（　）自分の気持ちがよく伝わるように、間を取りながら話すようにする。
イ（　）話の内容が正しく伝わるように、つねに同じ声の大きさで話すようにする。
ウ（　）伝えたい気持ちに合うように、話すときの声の表情をくふうする。
エ（　）あまり感情的にならないように、話すときの顔の表情は変えないようにする。

じゅく語の意味

5 次の二字じゅく語の説明として正しいものを□から選んで、記号を書きましょう。

① 多少（　）　② 最高（　）　③ 着席（　）
④ 言語（　）　⑤ 無人（　）

ア　にた意味を表す漢字を組み合わせている。
イ　意味が対になる漢字を組み合わせている。
ウ　上の漢字が下の漢字の意味をくわしく説明している。
エ　上の漢字が動作や作用を、下の漢字が「〜を」「〜に」を表している。
オ　上の漢字が下の漢字の意味を打ち消している。

6 □に漢字を入れて、二字じゅく語を完成させましょう。

① 意味が対になる漢字を組み合わせたもの
左□　□買　遠□

② 上の漢字が下の漢字の意味を打ち消している。
□運　□名　□幸

和室と洋室のよさをしょうかいしよう

くらしの中の和と洋 ～じゅく語の意味

文章を読んで、答えましょう。

思考・判断・表現

次に、部屋の使い方という点から、それぞれにどんなよさがあるか考えてみましょう。

初めてたずねた家の部屋であっても、それが洋室であれば、何に使う部屋かということは大体見当がつきます。それは、そこに置いてある家具で分かるのです。それぞれの部屋の家具は、その部屋をより使いやすくするために置かれます。例えば、食事をする、勉強をする、ねるといった目的に合わせて、テーブルやいす、勉強づくえ、ベッドが置かれます。洋室は、その部屋で何をするかがはっきりしていて、そのために使いやすく

よく出る

1 この文章は和室と洋室の何をくらべたものですか。六字で書きぬきましょう。 10点

2 「それが洋室であれば、何に使う部屋かということは大体見当がつきます。」とありますが、それはなぜですか。 15点

洋室に置いてある家具は、

できたらスゴイ！

3 次のような目的で洋室を使う場合、部屋にはどんな家具が置いてありますか。一つずつ書きぬきましょう。 一つ10点(20点)

① 勉強をする部屋

② ねる部屋

4 家にお客さんが来たとき、洋室と和室は、どんな部屋の使い方をしますか。後のア・イから合うものを選んで、記

時間 20分

／100

ごうかく 80点

学習日

月　日

教科書 下8～35ページ

答え 24ページ

つくられているのです。

これに対して、和室は、一つの部屋をいろいろな目的に使うことができるというよさがあります。例えば、家にお客さんがやってきて、食事をし、とまっていくことになったという場合を考えてみましょう。洋室だけしかないとすると、少なくとも食事をする部屋、とまってもらう部屋が必要になります。しかし、和室が一部屋あれば、そこでざぶとんをしいて話をし、ざたくに料理をならべて食事をし、かたづけてふとんをしくことができます。

このように見てくると、和室と洋室には、それぞれよさがあることが分かります。わたしたちは、その両方のよさを取り入れてくらしているのです。

「くらしの中の和と洋」より

号を書きましょう。　一つ10点(20点)

① 洋室（　　）　② 和室（　　）

ア 食事をしたり、ねむったりするのにも同じ一つの部屋を使う。

イ 食事をしたり、ねむったりするのに、それぞれちがう部屋を使う。

5 次の文は、洋室と和室、それぞれのよさについてまとめたものです。（　）に合う言葉をそれぞれ書きぬきましょう。　一つ5点(15点)

洋室は、部屋ごとの（①　　）に合わせて、（②　　）を置き、使いやすくつくられているのに対し、和室は（③　　）をいろいろな目的に使うことができる。

考えを書こう

6 和室と洋室の使い方のちがいを考えることによって、どんなことが分かると筆者は考えていますか。　20点

ふりかえり　6が分からないときは、65ページの 3分でワンポイント にもどってかくにんしてみよう。

和室と洋室のよさをしょうかいしよう

くらしの中の和と洋
～じゅく語の意味

1 読みがなを書きましょう。 一つ2点(20点)

① 照明（　　）をつける。
② 省（　　）エネにつとめる。
③ 単行本（　　）を買う。
④ 竹の節（　　）。
⑤ なべに塩（　　）を入れる。
⑥ 熊（　　）に注意する。
⑦ 老化（　　）が進む。
⑧ 自信に満（　　）ちた顔。
⑨ 残（　　）り物ですませる。
⑩ もう一度試（　　）みる。

2 □に漢字を、（　）に漢字と送りがなを書きましょう。 一つ2点(20点)

① □（な）い物ねだり。
② □□（かいりょう）を加える。
③ □□（しゅくふく）の言葉。
④ □□（いふく）を買う。
⑤ 大きく□（さ）をつける。
⑥ □□（えいよう）のある食品。
⑦ □□（いち）につく。
⑧ むだを（はぶく）。
⑨ 空気が（ひえる）。
⑩ 子どもが（うまれる）。

時間 20 分

／100

ごうかく 80 点

学習日
月　日

教科書
下8～35ページ

答え
25ページ

3 ——線の言葉の後に続く内容を考えて書きましょう。

一つ6点(12点)

① 外国ではくつをはいたまま家に上がる。一方、

（　　　　　　　　　　）

② 犬やねこは四本の足で歩く。これに対して、

（　　　　　　　　　　）

4 （　）に合う言葉をそれぞれ選んで、記号を書きましょう。

一つ4点(16点)

① ひざを（　　）、くつろいだ。
ア くずして　イ ついて

② あぐらを（　　）、ゆかにすわる。
ア まいて　イ かいて

③ となりの人との間を（　　）。
ア つめる　イ しぼる

④ 立とうとして、こしを（　　）。
ア しずめる　イ うかせる

5 次のそれぞれの二つの文を一つの文にするとき、（　）に合う言葉を書きましょう。

一つ4点(12点)

① わたしは海に行きたい。それに山にも行きたい。
↓わたしは海に行きたい（　　　）、山にも行きたい。

② 弟がかぜをひいた。だから旅行は中止になった。
↓弟がかぜをひいた（　　　）、旅行は中止になった。

③ 寒くなってきた。しかし、だんぼうはつけない。
↓寒くなってきた（　　　）、だんぼうはつけない。

6 次の二字じゅく語と組み立てが同じものに○をつけましょう。

一つ4点(20点)

① 投票　ア（　）着地　イ（　）席順

② 無色　ア（　）有利　イ（　）未来

③ 休止　ア（　）軽量　イ（　）明白

④ 前後　ア（　）教育　イ（　）心身

⑤ 絵本　ア（　）高音　イ（　）急速

ぴったり1 じゅんび

人物の気持ちの変化を伝え合おう

ごんぎつね
漢字を使おう7

新美(にいみ)南吉(なんきち)

めあて
★人物の言葉や行動に着目して、気持ちの変化を想像しよう。
★登場人物になったつもりで、気持ちを想像しよう。

学習日　　月　　日
教科書 下36〜59ページ
答え 25ページ

かきトリ 新しい漢字

漢字	教科書	音読み	訓読み	画数
城	38ページ	ジョウ	しろ	9画
辺	38ページ	ヘン	あたり・べ	5画
菜	39ページ	サイ	な	11画
井	44ページ		い	4画
松	49ページ	ショウ	まつ	8画
側	50ページ	ソク	がわ	11画
念	52ページ	ネン		8画
縄	54ページ		なわ	15画
固	54ページ	コ	かためる・かたまる・かたい	8画
賀	59ページ	ガ		12画

1 （　）に読みがなを書きましょう。

① 空き●家（　　）をそうじする。
② ●不思議（　　）な出来事。
③ ●答案（　　）用紙を配る。
④ ●正直（　　）に答える。
⑤ きれいな◆景色（　　）。
⑥ 本日は●晴天（　　）だ。

●読み方が新しい字　◆とくべつな読み方の言葉

2 □に漢字を、（　）に漢字と送りがなを書きましょう。

① お□（しろ）に住む。
② □□（やさい）を食べる。
③ □（なわ）とびをする。
④ （　　）（あたり）一面。

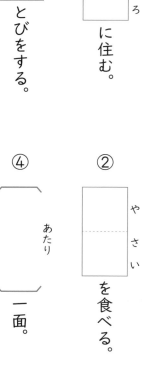

3 正しい意味に○をつけましょう。

① 子犬は、ねむってばかりいた。

ア（　）それだけすること。

イ（　）ときどきそうすること。

② 生きのいい魚を手に入れた。

ア（　）新せんな。

イ（　）ねだんの高い。

③ いせいのいい魚屋の声がする。

ア（　）いばっている様子。

イ（　）活気がある様子。

④ 悪さをしたつぐないをする。

ア（　）めいわくをかけたうめ合わせをすること。

イ（　）めいわくをかけたことをごまかすこと。

⑤ だれのしわざなのか、分からない。

ア（　）したこと。

イ（　）とく意なこと。

3分でワンポイント

人物の気持ちの変化を想像しよう。

★①〜③の（　）に合う言葉を［　］の中から選んで、記号を書きましょう。

場面	人物の気持ち
一	ごん　いたずらがばれてびっくりする。
二	ごん　兵十（ひょうじゅう）のおっかあが死んで、自分のいたずらを（①　　）。
五〜三	ごん　兵十のため、兵十の家にくりや松たけを置いていく。しかし、兵十に気づいてもらえなくて（②　　）。
六	兵十　ごんをじゅうでうつ。くりや松たけをくれたのはごんだったと気づいて、（③　　）と思う。

ア　つまらない　イ　こうかいする

ウ　取り返しのつかないことをした

ごんぎつね

人物の気持ちの変化を伝え合おう

学習日
月　日
教科書 下36〜58ページ
答え 26ページ

文章を読んで、答えましょう。

しばらくすると、兵十は、はりきりあみのいちばん後ろの、ふくろのようになったところを水の中から持ち上げました。その中には、しばの根や、草の葉や、くさった木ぎれなどが、ごちゃごちゃ入っていましたが、でも、ところどころ、白いものがきらきら光っています。それは、太いうなぎのはらや、大きなきすのはらでした。兵十は、びくの中へ、そのうなぎやきすを、ごみといっしょにぶちこみました。そして、また、ふくろの口をしばって、水の中へ入れました。

兵十は、それから、びくを持って川から上がり、びくを土手に置いといて、何をさがしにか、川上の方へかけていきました。

兵十がいなくなると、ごんは、ぴょいと草の中から飛び出して、びくのそばへかけつけました。ちょいと、いたずらがしたくなったのです。ごんは、びくの中の魚をつかみ出しては、はりきりあみのかかっている所より下手の川の中を目がけて、ぽんぽん投げこみました。どの

1 「水の中から持ち上げました。」とありますが、兵十は何をとろうとしていたのですか。書きぬきましょう。

［　　　］や、［　　］をとろうとしていた。

2 「びくのそばへかけつけました。」とありますが、ごんがかけつけたのはなぜですか。四字で書きぬきましょう。

［　　　　］がしたくなったから。

3 「ぽんぽん投げこみました。」とありますが、このときのごんは、どんな気持ちですか。一つに○をつけましょう。

ア（　）魚をにがすことができて、うれしいなという気持ち。
イ（　）いたずらをするのは、楽しいなという気持ち。
ウ（　）兵十に仕返ししようと、おこっている気持ち。

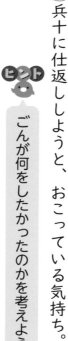

ヒント　ごんが何をしたかったのかを考えよう。

4 ごんが「じれったく」なったのはなぜですか。書きぬきましょう。

うなぎが［　　　　］とすべりぬけ、

魚も、トボンと音を立てながら、にごった水の中へもぐりこみました。

いちばんしまいに、太いうなぎをつかみにかかりましたが、何しろ、ぬるぬるとすべりぬけるので、手ではつかめません。ごんは、じれったくなって、頭をびくの中につっこんで、うなぎの頭を口にくわえました。うなぎは、キュッといって、ごんの首へまき付きました。そのとたんに、兵十が、向こうから、

「うわあ、ぬすとぎつねめ。」と、どなり立てました。ごんは、びっくりして、飛び上がりました。うなぎをふりすててにげようとしましたが、うなぎは、ごんの首にまき付いたままはなれません。ごんは、そのまま、横っ飛びに飛び出して、一生けん命に、にげていきました。

ほらあなの近くの、はんの木の下で、ふり返ってみましたが、兵十は追っかけてはきませんでした。

ごんはほっとして、うなぎの頭をかみくだき、やっと外して、あなの外の草の葉の上にのせておきました。

新美　南吉「ごんぎつね」より

□ではつかめなかったから。

ヒント　直前に書かれたうなぎの様子から考えよう。

5 兵十はごんのことを何とよびましたか。六字で書きぬきましょう。

□□□□□□

6 「ごんはほっとして、」とありますが、ごんがほっとしたのはなぜですか。

兵十が（　　　　　　　　）から。

7 この文章中で、ごんの気持ちはどのように変化しましたか。一つに○をつけましょう。

ア（　）楽しい↓はらが立つ↓こわい↓はんせいした

イ（　）うれしい↓不思議だ↓びっくりした↓こまった

ウ（　）おもしろい↓いらいらする↓おどろいた↓安心した

エ（　）わくわくする↓悲しい↓ほっとする↓つかれた

8 この文章から、ごんはどんなきつねだと分かりますか。一つに○をつけましょう。

ア（　）いたずらをするのが好きな、子どもっぽいきつね。

イ（　）知えを働かせて魚をとる、かしこいきつね。

ウ（　）相手がよろこぶことが好きな、心やさしいきつね。

人物の気持ちの変化を伝え合おう

ごんぎつね

文章を読んで、答えましょう。

兵十（ひょうじゅう）が、赤い井戸の所で、麦をといでいました。

兵十は今まで、おっかあと二人きりで、まずしいくらしをしていたもので、おっかあが死んでしまっては、もうひとりぼっちでした。

「おれと同じ、ひとりぼっちの兵十か。」

こちらの物置の後ろから見ていたごんは、そう思いました。

ごんは、物置のそばをはなれて、向こうへ行きかけますと、どこかでいわしを売る声がします。

「いわしの安売りだあい。生きのいい、いわしだあい。」

ごんは、その、いせいのいい声のする方へ走っていきました。と、弥助（やすけ）のおかみさんが、うら戸口から、

「いわしをおくれ。」

と言いました。いわし売りは、いわしのかごを積んだ車を道ばたに置いて、ぴかぴか光るいわしを両手でつかんで、弥助のうちの中へ持って入りました。ごんは、そのすき間に、かごの中から、五、六ぴきのいわしをつかみ出して、もと来た方へかけだしました。そして、兵十の

1 「おれと同じ、ひとりぼっちの兵十か。」について、次の問題に答えましょう。

① 兵十がひとりぼっちになったのはなぜですか。

おっかあが（　　　　　　　　　　）から。

② ごんはどんな気持ちでこのように言っているのですか。一つに○をつけましょう。

ア（　）自分にも兵十のさびしさがよく分かるという気持ち。

イ（　）さびしそうな兵十を助けようと強く決心する気持ち。

ウ（　）兵十もひとりぼっちになって、うれしく思う気持ち。

2 「つぐない」のために、ごんは何をしましたか。二つに○をつけましょう。

ア（　）兵十のうちへいわしを投げこんだ。

イ（　）井戸の所で麦をといだ。

ウ（　）兵十の昼飯を作った。

エ（　）山で拾ったくりを持っていった。

学習日
月　日
教科書
下36～58ページ
答え
26ページ

うちのうら口から、うちの中へいわしを投げこんで、あなへ向かってかけもどりました。とちゅうの坂の上でふり返ってみますと、兵十が、まだ、井戸の所で麦をといでいるのが小さく見えました。

ごんは、うなぎのつぐないに、まず一つ、いいことをしたと思いました。

次の日には、ごんは、山でくりをどっさり拾って、それをかかえて、兵十のうちへ行きました。うら口からのぞいてみますと、兵十は、昼飯を食べかけて、茶わんを持ったまま、ぼんやりと考えこんでいました。変なことには、兵十のほっぺたに、かすりきずがついています。どうしたんだろうと、ごんが思っていますと、兵十がひとり言を言いました。

「いったい、だれが、いわしなんかを、おれのうちへ放りこんでいったんだろう。おかげで、おれは、ぬすみ人と思われて、いわし屋のやつに、ひどい目にあわされた。」

と、ぶつぶつ言っています。

ごんは、「これはしまった。」と思いました。

「かわいそうに、兵十は、いわし屋にぶんなぐられて、あんなきずまでつけられたのか。」

ごんはこう思いながら、そっと物置の方へ回って、その入り口に、くりを置いて帰りました。

新美 南吉「ごんぎつね」より

3 「いいことをしたと思いました。」とありますが、ごんはどんな気持ちでしたか。一つに○をつけましょう。

ア（　）これで兵十にほめてもらえると期待する気持ち。

イ（　）兵十がよろこんでくれるかどうか心配する気持ち。

ウ（　）少しつぐないができたとうれしく思う気持ち。

4 「兵十のほっぺたに、かすりきずがついています。」とありますが、どんなことがあったのですか。

いわし屋に、（　　　　　　）。

ヒント 後の兵十の言葉に注目しよう。

5 「これはしまった。」とありますが、このとき、ごんはどんな気持ちでしたか。一つに○をつけましょう。

ア（　）いいことをしたつもりだったのに、兵十をひどい目にあわせてしまい失敗したと思う気持ち。

イ（　）自分がいわしをぬすんだのに、兵十がいわし屋にひどい目にあわされたことにおどろく気持ち。

ウ（　）兵十はいわしをぬすんでいないのに、兵十をひどい目に合わせたいわし屋にはらが立つ気持ち。

エ（　）いわしを持っていったのは自分なのに、兵十が気づいてくれないことを残念に思う気持ち。

ヒント 後のごんの言葉に注目しよう。

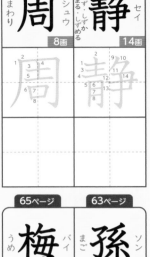

人物のせいかくと行動を表す言葉
言葉の意味と使い方

めあて
★人のせいかくを表す言葉の意味や、連想される行動について学ぼう。
★いろいろな意味を持つ言葉について、使い方をくらべてみよう。

学習日　月　日
教科書 下60～65ページ
答え 27ページ

かきトリ 新しい漢字

60ページ	静	セイ／しず・しずか・しずまる・しずめる	14画
61ページ	周	シュウ／まわり	8画
63ページ	孫	ソン／まご	10画
65ページ	梅	バイ／うめ	10画

1 （　）に読みがなを書きましょう。

① 静かな公園。（　）
② 周辺を見る。（　）
③ 孫と出かける。（　）
④ 梅の実をとる。（　）
⑤ 人間関係をきずく。（　）
⑥ 熱が冷める。（　）

2 □に漢字を、（　）に漢字と送りがなを書きましょう。

① □（しそん）を守る。
② □（うめ）の花がさく。
③ 波が（しずまる）。
④ 池の（まわり）を歩く。

3 （　）に合う言葉を□から選んで、記号を書きましょう。

人物のせいかくと行動を表す言葉

① 妹は、いつもにこにこしていて（　）なせいかくだ。
ア 勝ち気　イ 温和　ウ 短気　エ 負けずぎらい

② 父は、自分の考えを曲げない（　）な人だ。
ア おく病　イ ひかえめ　ウ やさしい　エ がんこ

4 せいかくを表す言葉から考えられる行動として、当てはまるものに○をつけましょう。

① 小山(こやま)さんは、真面目な人だ。そうじの時間には、

ア（　）ていねいにぞうきんがけをしている。
イ（　）すぐに友だちと話している。

② 田村(たむら)さんは気まぐれな人だ。行きと帰りで

ア（　）話の中身がまったくちがう。
イ（　）言うことがまったく変わらない。

③ 西川(にしかわ)さんは、しっかりした人だ。遠足の日には、

ア（　）わすれ物がないか、よくたしかめている。
イ（　）みんなと楽しそうに歩いている。

④ 山本(やまもと)さんは活発な人だ。昼休みにはいつも

ア（　）教室でしずかに読書をしている。
イ（　）校庭でドッジボールをしている。

⑤ 木村(きむら)さんは、前向きな人だ。ゲームで負けた後、

ア（　）長い間落ちこんでいた。
イ（　）すぐに練習を始めていた。

5 （　）に合う言葉を［　］から選んで、記号を書きましょう。

「テストで山をはる」というときの「山」は（①　）という意味です。一方、「近くの山にのぼる」というときの「山」は（②　）を表します。また、「チケット売り場に人の山ができている」では、（③　）が（④　）という意味になります。

ア　予想する	イ　数や量	ウ　高い場所	エ　大切な
オ　多い	カ　少ない	キ　低い場所	

6 次の文のうち、——線部の言葉が他とちがう意味で使われているものに○をつけましょう。

①
ア（　）ご飯をつくるために野菜を買う。
イ（　）ご飯がたき上がるのを楽しみにする。
ウ（　）ご飯ができるまでに宿題をすませる。
エ（　）日曜日はレストランでご飯を食べる。

②
ア（　）ゆめで犬においかけられる。
イ（　）昼ねをしているとゆめを見た。
ウ（　）しょう来のゆめを話す。

百人一首に親しもう
ブックトークをしよう
漢字を使おう8

3分でまとめ

めあて

★百人一首と短歌について学ぼう。
★本のみりょくを伝える方法を考えよう。

学習日
月　日
教科書
下66〜76ページ
答え
27ページ

がきトリ 新しい漢字

教科書66ページ	季	キ	8画
70ページ	札	サツ・ふだ	5画
71ページ	唱	ショウ・となえる	11画
76ページ	岡	おか	8画
76ページ	府	フ	8画
76ページ	億	オク	15画
76ページ	兆	チョウ	6画
76ページ	令	レイ	5画

「季」と「委」をまちがえないように気をつけよう！

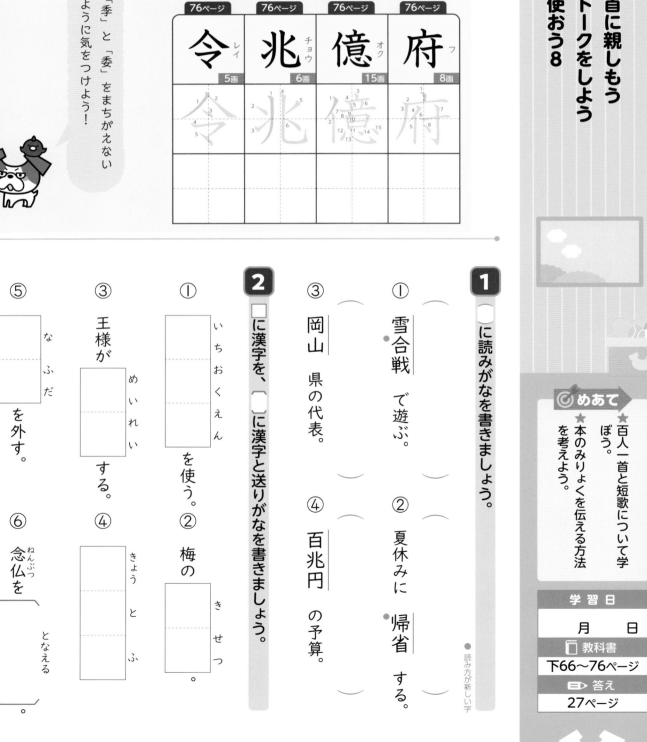

1 （　）に読みがなを書きましょう。

① ●雪合戦（　　）で遊ぶ。
② 夏休みに●帰省（　　）する。
③ 岡山（　　）県の代表。
④ 百兆円（　　）の予算。

●読み方が新しい字

2 □に漢字を、（　）に漢字と送りがなを書きましょう。

① □□□□（いちおくえん）を使う。
② 梅の□□（きせつ）。
③ 王様が□□（めいれい）する。
④ □□□（きょうとふ）
⑤ □□（なふだ）を外す。
⑥ 念仏（ねんぶつ）を（　　）（となえる）。

3 □に合う言葉を□から選んで、記号を書きましょう。

（①　）は、五・七・五・七・七の（②　）音で表される短い詩で、昔から季節や自然、人生、人を思う心など、さまざまなことがよまれてきました。「（③　）」は、その中でも有名な百首を集めたもので、（④　）に使われることでも知られています。

ア 俳句（はいく）　イ 短歌　ウ 三十一
エ 三十　オ 百人一首　カ かるた遊び

4 次の短歌を、五・七・五・七・七に分けて書きましょう。

春過（す）ぎて夏来（き）にけらし白妙（しろたえ）の
衣（ころも）ほすてふ（ちょう）天（あま）の香具山（かぐやま）
持統天皇（じとうてんのう）

（　）（　）（　）（　）（　）

5 次の短歌を上（かみ）の句と下（しも）の句に分け、間に線を入れましょう。

① 久方（ひさかた）の光のどけき春の日にしづ（ず）心（ごころ）なく花の散るらむ（ん）
紀友則（きのとものり）

② 人はいさ心も知らず古里（ふるさと）は花ぞ昔の香（か）ににほ（お）ひ（い）ける
紀貫之（きのつらゆき）

③ 奥山（おくやま）に紅葉（もみじ）踏（ふ）み分け鳴く鹿の声聞く時ぞ秋は悲しき
猿丸大夫（さるまるだゆう）

④ 嵐吹（あらしふ）く三室（みむろ）の山のもみぢ（じ）葉は龍田（たつた）の川の錦（にしき）なりけり
能因法師（のういんほうし）

6 人にすすめたいものの良さを伝えるうえで、正しくないもの一つに×をつけましょう。

ア（　）自分が何を伝えたいのかを、あらかじめ決めずに成り行きで話すとよい。

イ（　）具体的な事例をしめすことで、自分が伝えたいこととその理由を伝えるようにする。

ウ（　）事例や理由をのべるときは、それらをしめすときの決まった言い方を使うとよい。

エ（　）読む人をひきつけるために、どんな見せ方や言葉の使い方が良いのかをよく考える。

人物の気持ちの変化を伝え合おう
ごんぎつね ～ 漢字を使おう8

時間 20分　／100　ごうかく 80点

学習日　月　日

教科書 下36～76ページ　答え 28ページ

文章を読んで、答えましょう。　思考・判断・表現

「さっきの話は、きっと、そりゃあ、神様のしわざだぞ。」

「えっ？」

と、兵十（ひょうじゅう）はびっくりして、加助（かすけ）の顔を見ました。

「おれは、あれからずっと考えていたが、どうも、そりゃ、人間じゃない。神様だ。神様が、おまえがたった一人になったのを、あわれに思わっしゃって、いろんなものをめぐんでくださるんだよ。」

「そうかなあ。」

「そうだとも。だから、毎日、神様にお礼を言うがいいよ。」

「うん。」

ごんは、「へえ、こいつはつまらないな。」と思いました。

「おれが、くりや松たけを持っていってやるのに、そのおれにはお礼を言わないで、神様にお礼を言うんじゃあ、おれは、引き合わないなあ。」

六

その明くる日も、ごんは、くりを持って、兵十のうちへ出かけました。兵十は、物置で縄をなっていました。

1 できたらスゴイ！

「こいつはつまらないな。」について、答えましょう。

① ごんがそう思ったのはなぜですか。一つに○をつけましょう。　15点

ア（　）せっかく自分がくりや松たけを持っていってやったのに、神様のしわざだと思われたから。

イ（　）神様が兵十のためを思っていろいろなものをめぐんでいるのには、かなわないと思ったから。

ウ（　）兵十と自分だけのひみつにしようと思っていたことを、兵十が加助に話してしまったから。

② 「つまらない」と同じような意味で用いられている言葉を、六字で書きぬきましょう。　10点

□□□□□□

2 「ごんは、うちのうら口から、こっそり中へ入りました。」とありますが、それは何をするためですか。　15点

（　　　　）

3 「ようし。」とありますが、このとき、兵十はどんなことを考えていますか。　10点

それで、ごんは、うちのうら口から、こっそり中へ入りました。

そのとき、兵十は、ふと顔を上げました。と、きつねがうちの中へ入ったではありませんか。こないだ、うなぎをぬすみやがったあのごんぎつねめが、またいたずらをしに来たな。

「ようし。」

兵十は立ち上がって、なやにかけてある火縄じゅうを取って、火薬をつめました。

そして、足音をしのばせて近よって、今、戸口を出ようとするごんを、ドンと、うちました。ごんは、ばたりとたおれました。兵十はかけよってきました。うちの中を見ると、土間に、くりが固めて置いてあるのが目につきました。

「おや。」

と、兵十は、びっくりして、ごんに目を落としました。

「ごん、おまえだったのか。いつも、くりをくれたのは。」

ごんは、ぐったりと目をつぶったまま、うなずきました。

兵十は、火縄じゅうをばたりと、取り落としました。

青いけむりが、まだ、つつ口から細く出ていました。

新美 南吉「ごんぎつね」より

（　　　　）と考えている。

4 「びっくりして、」とありますが、兵十がびっくりしたのはなぜですか。 15点

（　　　　）

よく出る

5 「ぐったりと目をつぶったまま、うなずきました。」とありますが、このときごんはどんな気持ちでしたか。一つに○をつけましょう。 15点

ア（　）くりを持ってきたせいでこんなことになってしまって、くやしい。

イ（　）くりを持ってきていたのが自分だと分かってもらえて、よかった。

ウ（　）良いことをしてもじゅうでうたれるなんて、やっぱり人間はしんよう用できない。

考えを書こう

6 「火縄じゅうをばたりと、取り落としました。」とありますが、このときの兵十はどんな気持ちでしたか。続けて書きましょう。 20点

（いろんなものをくれていたのがごんだったと知り、　　　　）

ふりかえり 6が分からないときは、77ページの 3分でワンポイント にもどってかくにんしてみよう。

人物の気持ちの変化を伝え合おう

ごんぎつね ～ 漢字を使おう8

1 読みがなを書きましょう。 一つ2点(20点)

① 側面に色をぬる。（　　）
② 静かな森の中。（　　）
③ 正直に話す。（　　）
④ 景色をながめる。（　　）
⑤ 国王の子孫。（　　）
⑥ 長い船旅を楽しむ。（　　）
⑦ 道具を固定する。（　　）
⑧ 黄金の美しさを語る。（　　）
⑨ 立て札を見つける。（　　）
⑩ 梅ぼしを食べる。（　　）

2 □に漢字を、（　）に漢字と送りがなを書きましょう。 一つ2点(20点)

① □□（いど）水をくむ。
② □（まつ）ぼっくりを拾う。
③ □□（やさい）を食べる。
④ □□（ねんが）はがき。
⑤ □□（きねん）品。
⑥ □（しろ）を見つける。
⑦ □（なわ）とびをする。
⑧ □□（きせつ）がめぐる。
⑨ （　　）（まわり）で遊ぶ。
⑩ のりが（　　）（かたまる）。

時間 20 分

／100

ごうかく 80 点

学習日 月 日

教科書 下36～76ページ

答え 29ページ

この本の終わりにある「冬のチャレンジテスト」をやってみよう!

3 次の言葉を使って文を書きましょう。

一つ4点(12点)

① ～ばかり
(　　　　)

② ～たり～たり
(　　　　)

③ しわざ
(　　　　)

4 次の言葉が、それぞれの文でどんな意味で使われているかを考え、あとのア～エから選びましょう。

一つ4点(12点)

① この肉を生のまま食べるのはよくない。(　)

② スポーツの試合はやっぱり生で見たい。(　)

③ 南から生あたたかい風がふいてくる。(　)

ア 加熱していないこと　イ 意図が見られないこと
ウ 直せつ体験すること　エ 少し、なんとなく

5 次の短歌を、五つの音のまとまりに分けて書きましょう。

一つ3点(30点)

① 天(あま)の原(はら)ふりさけ見(み)れば春日(かすが)なる
三笠(みかさ)の山に出(い)でし月かも　安倍仲麿(あべのなかまろ)

(　　)(　　)(　　)(　　)(　　)

② 田子(たご)の浦(うら)にうち出(い)でて見れば白妙(しろたえ)の
富士(ふじ)の高嶺(たかね)に雪は降(ふ)りつつ　山部赤人(やまべのあかひと)

(　　)(　　)(　　)(　　)(　　)

6 ブックトークをする順にならべましょう。

6点

(　)→(　)→(　)

ア 取り上げたい本を集める。
イ じゅんびをして発表する。
ウ 発表のテーマを決定する。

ぴったり1 じゅんび

日本語の数え方について考えよう
数え方を生み出そう
漢字を使おう9

めあて
★文章の理由や事例に気をつけて、筆者の考えをたしかめよう。
★筆者の考えを、自分の知識や体験と結び付けて、考えを広げよう。

学習日 月 日
教科書 下78〜91ページ
答え 29ページ

かきトリ 新しい漢字

教科書86ページ	91ページ	91ページ	91ページ	91ページ	91ページ
建 ケン たてる・たつ 9画	希 キ 7画	梨 なし 11画	芸 ゲイ 7画	茨 いばら 9画	欠 ケツ かける・かく 4画

「建」と「健」をまちがえないように気をつけよう！

1 （　）に読みがなを書きましょう。

① 未来へと・歩む。

② 気持ちを・新たにする。

③ 一・丸となり戦う。

④ 茨城県に住む。

⑤ 希少な動植物。

● 読み方が新しい字

2 □に漢字を、（　）に漢字と送りがなを書きましょう。

① □（えんげい）が好きだ。

② □（なし）を食べる。

③ 家が（たつ）。

④ 歯が（かける）。

3 正しい意味に○をつけましょう。

① ものごとの意味を<u>とらえる</u>。
ア（　）不思議に思う。
イ（　）しっかりと理かいする。

② <u>特ちょう</u>のある話し方だ。
ア（　）ほかとくらべて特に目立つ点。
イ（　）ほかよりもおとっている点。

③ <u>意外</u>な出来事が起こる。
ア（　）そのほかの。
イ（　）思ってもいなかった。

④ 今までにない<u>発想</u>をする。
ア（　）ものごとを思いつくこと。
イ（　）心に思いえがくこと。

⑤ <u>無生物</u>のものの数を数える。
ア（　）生き物ではないもの。
イ（　）死んでしまったもの。

4 （　）に入る言葉を、［　］から選んで書きましょう。

「個（こ）」「枚（まい）」「本」「匹（ひき）」など、日本語にはいろいろな（①　　　）があります。その中でも、「棟（とう）」「邸（てい）」「貫（かん）」などは最近使われるようになりました。これらは、数える物の（②　　　）に注目して、いろいろな（③　　　）で生み出されました。言葉の（④　　　）に目を向けることで、ものの見方を（⑤　　　）ことができます。

考え方	ちぢめる	特ちょう	数え方
じゅうなんさ	本しつ	広げる	発想

5 正しい数え方になるよう、――線でつなぎましょう。

① 紙や板　・　　・　頭
② 馬やライオン　・　　・　膳（ぜん）
③ はしやわりばし　・　　・　枚
④ たんすやようかん　・　　・　棹（さお）

日本語の数え方について考えよう

数え方を生み出そう

学習日　月　日
教科書 下78〜90ページ
答え 30ページ

文章を読んで、答えましょう。

日本語では、物を数えるときに数だけを使うのではなく、数の後ろに「本」や「台」などの言葉を付けて表します。このような数え方をすることによって、それがどんな物であるのか、話し手はそれをどうとらえているのかということを、相手に伝えることができます。

　でも、なぜあなたはニンジンを見たとき、まずその細長さに注目したのでしょう。ニンジンには、細長いというだけでなく、かたくてオレンジ色をしているという特ちょうもあります。また、人によっては好ききらいがあるでしょう。日本語を使って生活しているわたしたちは、そういった細長さ以外の特ちょうや好ききらいには注目することなく、ニンジンを「一本」と数えているのです。

　これはあたりまえのように感じるかもしれません。しかし、日本語を外国語として勉強している人たちにとっては、大きなおどろきなのです。わたしはアメリカで、日本語を勉強している小学生に数え方を教えたことがあります。子どもたちは授業でしばらく日本語を学んでき

1 「このような数え方」とは、どんな数え方ですか。それぞれ書きぬきましょう。

□□□□に「□」や「□」などの言葉を付けて表す数え方。

2 「相手に伝えることができます。」とありますが、どんなことを相手に伝えることができるのですか。一つに○をつけましょう。

ア（　）数えているものがいくつあるのか。
イ（　）数えている物はどんなものか。
ウ（　）どのような数え方をすればよいのか。

3 「細長さ以外の特ちょう」として、ニンジンにはどんな特ちょうがありますか。二つ書きましょう。

・（　　　　）
・（　　　　）

4 「大きなおどろきなのです。」とありますが、どんなこと

ましたが、ふだんは外国語で生活しています。ある日、わたしはかれらにニンジンの数え方を聞いてみました。正しい答えは「一本」なので、それを期待していたのですが、上がった声は意外なものでした。子どもたちからは、

「ニンジンはかたくてガリガリかじらなくちゃいけないから『一ガリ、二ガリ』です。」

「ちがいます。オレンジ色をしているから、ニンジンは『一オレンジ、二オレンジ』だと思います。」

「ぼくはニンジンが好きだから『一好き、二好き』がいいと思う。」

と、びっくりするような新しい数え方が飛び出したのです。アメリカの子どもたちは、ニンジンを見たときに、細長いということだけでなく、ほかの特ちょうに注目したり、好きかきらいかということを考えたりして、自分たちで数え方を生み出していたのです。

飯田　朝子「数え方を生み出そう」より

が「大きなおどろき」なのですか。一つに○をつけましょう。

ア（　）ニンジンには細長さ以外にもいろいろな特ちょうがあること。

イ（　）日本語では、細長さだけに注目して、ニンジンを「一本」と数えること。

ウ（　）ニンジンには「一本」以外にも数え方があること。

ヒント　前にある「これ」が指す内容を考えよう。

5　「びっくりするような新しい数え方」について、

① アメリカの子どもたちは、数の後ろにどんな言葉を付けていましたか。三つ書きぬきましょう。

（　　　）（　　　）（　　　）

② ニンジンの「新しい数え方」はどのように生み出されましたか。それぞれ七字で書きぬきましょう。

細長さ以外の［　　　　　　　］に気づいたり、［　　　　　　　］を考えたりしていた。

ヒント　直後の一文に注目しよう。

理由をぎんみする
自分なら、どちらを選ぶか

めあて
★自分の考えとその理由に注目しよう。
★読み手がなっとくする意見文の組み立てを考えよう。

学習日　　月　　日
教科書　下92〜99ページ
答え　30ページ

理由をぎんみする

1 正しい意味に○をつけましょう。

① じっくりと物事をぎんみする。
ア（　）物事を念入りに調べて選ぶこと。

イ（　）しばらくそのままにしておくこと。

② 説明を聞いてなっとくする。
ア（　）心から受け入れる。

イ（　）しぶしぶ受け入れる。

③ 話をほり下げて聞く。
ア（　）大まかな要点をおさえること。

イ（　）深く調べたり考えたりすること。

2 AさんとBさんの会話を読んで、（　）に合う言葉を［　］から選んで、記号で書きましょう。

【Aさん】朝ごはんはごはんよりもパンがいいと思うな。

【Bさん】そうかしら。わたしはごはんもいいと思うけど。

【Aさん】ぼくの家族は、みんなパンが好きだよ。だから、パンがいいと思うんだけど……。

【Bさん】でも、みんなが好きだとはかぎらないから、その理由は①（　　）と思うわ。

【Aさん】じゃあ、パンだと調理する時間も短くてすむから、朝の時間をゆっくりすごせる、だとどうかな？

【Bさん】いいわね！　それならなっとくできるわ。

【Aさん】同じ考えでも、理由によってなっとくされるかが変わるんだね。これからも、きちんとなっとくされる理由か②（　　）するよ。

ア　まちがっている　　イ　あっている
ウ　あいまいに　　エ　ぎんみ

3 相手になっとくされやすい文に○をつけましょう。

① ア（　）みんなサッカーが好きだから、昼休みはみんなでサッカーをしよう。

イ（　）ぼくはサッカーをしたいから、昼休みはみんなでサッカーをしよう。

② ア（　）今日は自転車で行かない方がいい。なぜなら、自転車に乗らない方がいいからだ。

イ（　）今日は自転車で行かない方がいい。なぜなら、風が強くてあぶないからだ。

4 意見文を書くときの順番になるようにならべましょう。

（　）→（　）→（　）→（　）

ア　読み手になっとくしてもらえるように、意見文の組み立てを考える。

イ　友だちと話し合いながらせっきょく的に人の意見を取り入れ、自分の考えを深めていく。

ウ　相手に考えと理由がわかりやすく伝わり、なっとくしてもらえるように文章を書く。

エ　自分が感じたことや気付いたことについて、いいと思える理由を書き出していく。

5 次のア～ウの文章は、「始め」「中」「終わり」のどれですか。（　）に「始め」「中」「終わり」のいずれかを書きましょう。

ア（　）なぜなら、犬は散歩に行く必要があるので、運動不足のかいしょうになるからです。また、番犬にもなるので、安心できます。

イ（　）わたしは、ペットをかうなら、ねこよりも犬のほうがよいと思います。

ウ（　）以上のことから、わたしはペットをかうなら、ねこよりも犬のほうがよいと思います。

6 あなたは、自由研究でお世話になった人に、お礼の気持ちを電話か手紙で伝えることにしました。あなたなら、どちらを選びますか。意見と理由を書きましょう。

ぴったりじゅんび 1

調べたことをほうこくしよう
漢字を使おう10
同じ読み方の漢字

3分でまとめ

めあて
★調べた結果を分かりやすく伝えるくふうを学ぼう。
★漢字が表す意味を考えて、使い分けができるようにしよう。

学習日　月　日

教科書　下100～109ページ

答え　31ページ

かきトリ 新しい漢字

仲	なか	6画	教科書105ページ
徳	トク	14画	107ページ
径	ケイ	8画	107ページ
鏡	キョウ・かがみ	19画	107ページ
牧	ボク	8画	107ページ
各	カク	6画	107ページ
氏	シ	4画	107ページ
労	ロウ	7画	108ページ
極	キョク	12画	109ページ
昨	サク	9画	109ページ
副	フク	11画	109ページ
臣	シン・ジン	7画	109ページ
課	カ	15画	109ページ
械	カイ	11画	109ページ

1 （　）に読みがなを書きましょう。

① ●口角（　）を上げる。

② ●牛肉（　）を食べる。

③ ●寺院（　）をたずねる。

④ ◆昨日（　）から大雨だ。

⑤ 仲（　）のよい親子。

⑥ 鏡（　）のような水面。

⑦ 各地（　）を旅行する。

⑧ 大臣（　）を任命（にん）する。

⑨ 円の直径（　）。

⑩ 副業（　）をする。

● 読み方が新しい字　◆ とくべつな読み方の言葉

2 □に漢字を書きましょう。

① とくしまけん［　　　］に行く。

② ぼくじょう［　　　］ではたらく。

③ しめい［　　］を書く。

④ くろう［　　］を重ねる。

⑤ なんきょく［　　］に行く。

⑥ ほうかご［　　　］になる。

⑦ きかい［　　］を見る。

3 正しい意味に○をつけましょう。

調べたことをほうこくしよう

① 仕事の分たんを決める。

ア（　）多くの仕事を受け持つこと。

イ（　）いくつかに分けて受け持つこと。

② 標語をぼしゅうする。

ア（　）広くよびかけて人や物を集めること。

イ（　）特定の人や物に対しておねがいすること。

4 調べたことをほうこくするときに気をつけることとして、正しくないものはどれですか。一つに×をつけましょう。

ア（　）調べたいことについて、どんな質問をすればよいかを考えながらアンケートを作る。

イ（　）アンケートから分かったことは、わかりやすいように表やグラフにまとめる。

ウ（　）どのような順に話せば分かりやすくなるかを考えて、話の組み立てを決める。

エ（　）調べたことを発表するときは、聞いている人の様子を見ずに話すことに集中する。

5 同じ読み方の漢字を書き分けましょう。

同じ読み方の漢字

① 人こう［　］がふえる。／人こう［　］着色料。

② 社会にかん［　］心がある。／かん［　］心なふるまい。

③ あつ［　］いお茶。／あつ［　］い夏。

④ 家にかえ［　］る。／ひっくりかえ［　］る。

数え方を生み出そう ～同じ読み方の漢字

時間 20分　／100　ごうかく 80点

学習日　月　日

教科書 下78～109ページ

答え 32ページ

文章を読んで、答えましょう。　思考・判断・表現

改めて気づくのは、日本語の数え方には、色やにおい、かたさや手ざわり、温度、味、古さ、好ききらいなどを表すものがほとんどないということです。もし、こういった特ちょうを表す数え方が生まれたら、日本語はもっと便利で表情ゆたかになるかもしれません。数え方は、今あるものを正しく覚えて使うだけでなく、新しく生み出すことだってできるのです。そんなことができるのかと思うかもしれませんが、日本語の歩みの中では、めずらしいことではありません。

例えば、馬のように大きな動物を数える「一頭」は、明治時代に新しく生まれたものです。海外の本に書かれていた、動物を数える「ヘッド」という言葉を、日本の学者たちがヒントにしたのです。「ヘッド」は、英語で「頭」の意味で、動物の頭

1 日本語の数え方にあるものはどれですか。一つに○をつけましょう。　10点

ア（　）においを表した数え方

イ（　）固さを表した数え方

ウ（　）形を表した数え方

よく出る

2 日本語の数え方について、答えましょう。

① 筆者は、数え方はどうすることができるとのべていますか。　10点

新しく（　　　　　　　　）

② ①の例として正しいものを二つ選んで、○をつけましょう。　一つ10点(20点)

ア（　）馬を「一匹」と数える。

イ（　）馬を「一頭」と数える。

ウ（　）ネコを「一匹」と数える。

エ（　）家を「一軒」と数える。

オ（　）家を「一邸」と数える。

数を数えるときにせん門家たちが使っていました。それまでの日本語では、馬でもネコでも「一匹」と数えていたので、動物の大きさのちがいを数え方で区別するのは、新しい発想でした。

その後にも、数え方は生まれ続けています。家は「一軒」と数えますが、マンションなどの大型の集合住たくの場合には、「一棟」と数えることが多いようです。近年は広告などで、ごうかな建物を連想させる「一邸」という言葉も使われています。にぎりずしの「一貫」も、記録によると、江戸時代からあるのではなく、にぎりずしをおいしそうに数えるために、昭和時代の終わりに生まれたもののようです。

このように、数え方は、いろいろな発想を持って生み出すことができます。これまで受けつがれてきた言い方を正しく使っていくことは、もちろん大切ですが、一方で、新しいものを生み出せるという、言葉のじゅうなんさに目を向けることも大切です。

飯田　朝子「数え方を生み出そう」より

3 「『一頭』は、明治時代に新しく生まれたものです。」について、答えましょう。

① 「一頭」という数え方は、英語の何という言葉を元にして作られたのですか。書きぬきましょう。（10点）

（　　　　）

② 「新しい発想」とは、どんなものですか。書きぬきましょう。（20点）

（　　　　）というもの。

できたらスゴイ!

4 「にぎりずしの『一貫』」は、なぜこのような数え方をするようになったのですか。書きぬきましょう。（10点）

（　　　　）ため。

考えを書こう

5 筆者は、「言葉」についてどのように考えていますか。続けて書きましょう。（20点）

これまで受けつがれてきた言い方を正しく使っていくだけでなく、

数え方を生み出そう ～同じ読み方の漢字

1 読みがなを書きましょう。 一つ2点（20点）

①（　　）梨を食べる。

②（　　）工芸品を手にする。

③（　　）人徳のある人。

④（　　）薬には副作用がある。

⑤（　　）一丸となる。

⑥（　　）課題をこなす。

⑦（　　）馬を放牧する。

⑧（　　）労力をおしむ。

⑨（　　）寺院の多い町。

⑩（　　）口径の大きいレンズ。

2 □に漢字を、（　）に漢字と送りがなを書きましょう。 一つ2点（20点）

① □（いばら）の道を歩む。

② □□（なかま）を大事にする。

③ □□□（ぼうえんきょう）

④ □□（さくや）は寒かった。

⑤ □□（けんこく）記念の日。

⑥ 会議を□□（けっせき）する。

⑦ □□（きぼう）を持つ。

⑧ 君主の□□（かしん）。

⑨ □□（かっこく）の代表。

⑩ 家を（　　たてる　　）。

時間 20分

／100

ごうかく 80点

学習日　月　日

教科書 下78～109ページ

答え 33ページ

3 二つの物から一つを選び、選んだ理由を書くときの順番として、正しい順にならべかえましょう。 10点

ア 読む人がなっとくする理由かどうかに注意しながら、書くことを整理する。
イ 組み立てメモをもとに、文章を書く。
ウ 二つの物のそれぞれの特ちょうや、くらべて気づいたことを書き出す。
エ 書く文章の組み立てが「始め」「中」「終わり」になるよう、組み立てメモをつくる。

（　）→（　）→（　）→（　）

4 （　）に合う言葉を□から選んで、記号を書きましょう。 一つ5点（20点）

① しっかりと自分の役わりを（　）。
② 公共のマナーを身に（　）。
③ 一方的な思いこみが、ものの見方を（　）。
④ 小さな問題にもしっかりと目を（　）。

ア せばめる　イ 向ける
ウ つける　エ 果たす

5 思考・判断・表現 次のアンケートの結果をまとめた表をしめしながら、アンケートの結果をほうこくする文を考えて書きましょう。 15点

スポーツは好きですか。

好き	20人
きらい	10人
どちらでもない	5人

6 次の――線部は、コンピューターでまちがって変かんされてしまった言葉です。正しい漢字に直して書きましょう。 一つ5点（15点）

① 書類に住所と使命を書く。（　）
② うそをついて両親がいたむ。（　）
③ 関係者意外は立ち入りきん止。（　）

ぴったり1 じゅんび

考えたことを文章にまとめよう
世界一美しいぼくの村
漢字を使おう11
十年後のわたしへ

小林（こばやし） 豊（ゆたか）

めあて

★物語の終わり方について考えよう。

★十年後の自分に向けて手紙を書こう。

学習日
月　日
教科書
下110～131ページ
答え
33ページ

かきトリ 新しい漢字

香	教科書113ページ	か・かおり かおる	9画
民	113ページ	ミン	5画
勇	116ページ	ユウ いさむ	9画
信	119ページ	シン	9画
潟	127ページ	かた	15画
岐	127ページ	[キ] ◆岐阜（ぎふ）	7画
阜	127ページ	フ	8画
栃	127ページ	とち	9画
埼	127ページ	さい	11画
奈	127ページ	ナ	8画
滋	127ページ	[ジ] ◆滋賀（しが）	12画
阪	127ページ	[ハン] ◆大阪（おおさか）	7画
媛	127ページ	[エン] ◆愛媛（えひめ）	12画
佐	127ページ	サ	7画
崎	127ページ	さき	11画

1 （　）に読みがなを書きましょう。

① ◆果物（　　）を食べる。

② ◆宮城（　　）県の海産物。

③ ◆滋賀（　　）県のびわ湖。

④ ◆富山（　　）県を旅行する。

◆とくべつな読み方の言葉

2 □に漢字を、（　）に漢字と送りがなを書きましょう。

① □□（ちょうみん）の集まり。

② 話を□□（しんよう）する。

③ あまい（　　）（かおり）。

④ （　　）（いさましい）すがた。

3 タイムカプセルを作るときに注意することとして、正しいものに○をつけましょう。

ア（　）これまでに書いてきた文章は、読み返さずにタイムカプセルに入れる。

イ（　）タイムカプセルに入れる文章は、自分が決めた順番にならべて表紙をつけてとじる。

ウ（　）これまで書いてきた文章や手紙以外のものは、タイムカプセルに入れないようにする。

4 「言葉のタイムカプセル」を作る順にならべましょう。

（　）→（　）→（　）→（　）

ア 文集と手紙を箱やふうとうに入れてしっかりと包む。

イ 文章を好きな順にならべかえ、一さつの文集にとじる。

ウ 四年生になってから一年間に書いてきた文章を読み返す。

エ 学んできた「言葉の力」を生かして十年後の自分に手紙を書く。

一年間をふり返ってから、手紙を書くといいですね。

3分でワンポイント

物語の終わり方について考えよう。

★①～③の（　）に合う言葉を[　]の中から選んで、記号を書きましょう。

物語のはじまり

アフガニスタンは、春は花がさきみだれ、夏は果物がゆたかに実る①（　）がいっぱいの国。

ヤモ

「パグマンはいいな。世界一美しいぼくの村。」

「ハルーン兄さん、早く帰っておいでよ。」

↓家族思いで、パグマンが②（　）。

物語の終わり

冬、村は戦争ではかいされた。

↓ヤモにとって世界一美しい村であったパグマンが戦争ではかいされた③（　）が表れている。

ア 悲しみ　イ 大好き　ウ 美しい自然

ぴったり2
練習①

考えたことを文章にまとめよう

世界一美しいぼくの村

文章を読んで、答えましょう。

アジアの真ん中にアフガニスタンという国があります。

めったに雨がふらないので、かわいた土とすなばかりの国のように思われています。でも、万年雪をかぶった高い山が連なり、森や見わたすかぎりの大草原もあって、春になれば花がさきみだれ、夏になれば、果物がゆたかに実る美しい自然がいっぱいの国です。

小さな男の子、ヤモの住むパグマンの村でも、毎年、村人たちは家族そろって、あんずや、すもも、や、さくらんぼをもぎ取ります。取り入れは一年中でいちばん楽しいときです。

「あんず、なったか、すもも、なったか。真っ赤な頭のさくらんぼ。」

1 「アフガニスタン」はどこにありますか。書きぬきましょう。

（　　　　　　　　　　）

2 「かわいた土とすなばかりの国」とありますが、「アフガニスタン」がそう思われているのはなぜですか。六字で書きぬきましょう。

めったに［　　　　　　］から。

3 「アフガニスタン」の春と夏の自然はどんな様子ですか。春と夏に分けてそれぞれ書きぬきましょう。

① 春…［　］がさきみだれる。

② 夏…［　　］がゆたかに実る。

4 作者は「アフガニスタン」をどんな国だとまとめていますか。五字で書きぬきましょう。

［　　　　　］がいっぱいの国。

学習日　月　日

教科書 下110〜126ページ

答え 34ページ

取ったか、食べたか、
食べずに死んだか
……。」

ヤモも、兄さんのハルーンと競争でかごいっぱいのすももやさくらんぼを取ります。村中があまい香りに包まれます。

でも、今年の夏、兄さんはいません。兵隊になって、戦いに行ったのです。アフガニスタンでは、もう何年も、民族どうしの戦争が続いています。戦争は国中に広がり、わか者は次々と戦いに出かけていきました。

あまいすももと真っ赤なさくらんぼが、ろばのポンパーのせなかで重そうにゆれています。今日、ヤモは初めてポンパーと、町へ果物を売りに行くことになりました。兄さんの代わりに、父さんの手伝いをするのです。

小林 豊「世界一美しいぼくの村」より

5 「取り入れ」の時期の村の様子が、においで表現（げん）されている一文を書きぬきましょう。

（　　　　　　　　　　）

ヒント 「におい」と同じ意味の言葉に注目しよう。

6 パグマンの村は、どんな村ですか。一つに○をつけましょう。

ア（　）一年中雪が積もっている村。
イ（　）いろいろな果物がなる自然にめぐまれた村。
ウ（　）高い山ばかりで、木や草もあまり生えていない村。

7 「兄さんの代わり」について、答えましょう。

① ヤモは、「兄さんの代わり」に何をすることになったのですか。八字で書きぬきましょう。

町へ［　　　　　　　　］こと。

② なぜ、ヤモは「兄さんの代わり」をしなくてはならなくなったのですか。二字で書きぬきましょう。

兄さんが［　　］になって戦争に行ったから。

ヒント 「でも」で始まるだん落に、理由が書かれているよ。

世界一美しいぼくの村

文章を読んで、答えましょう。

ヤモは、まだ半分以上も売れ残ったすももの前にいる父さんの所へ行きました。

「父さん！　みんな売れちゃった！」

「そうか！　それじゃ、ひと休みして、ご飯を食べに行こうか。」

父さんは、となりのおじさんに店番をたのみました。おいしそうなにおいのするチャイハナ（食堂）で、ヤモは、父さんとおそい昼ご飯を食べながら、バザールであったことを話しました。

「戦争で足をなくしたおじさんも買ってくれたんだよ。パグマンのさくらんぼは、世界一だって。父さんと食

1 「父さんは、となりのおじさんに店番をたのみました。」とありますが、なぜですか。四字で書きぬきましょう。

（　　　　）して、ご飯を食べに行くため。

2 「パグマンのさくらんぼは、世界一」とありますが、これはだれの言葉ですか。書きぬきましょう。

（　　　　　　　　）

ヒント　ヤモが聞いた言葉であることに注意しよう。

3 「ひとにぎりのさくらんぼ」について、答えましょう。

① どのくらいの量ですか。一つに○をつけましょう。

ア（　）かた手でにぎれるほどの量。
イ（　）両手に山のように乗るほどの量。
ウ（　）かご一ぱい分の量。

② ヤモがさくらんぼを持っていたのはなぜですか。八字で書きぬきましょう。

（　　　　　　　　）

べようと思って取っといたんだ。」

ヤモは、ひとにぎりのさくらんぼを取り出しました。

「よく売れたようですな。」

となりで二人の話を聞いていたおじさんが、声をかけてきました。

「いやあ、このヤモのおかげですよ。何しろ、上のむすこが戦争に行ってましてね。」

「それは、心配ですな。南の方の戦いは、かなりひどいというし。」

「来年の春には帰ると言ってたんですがね。」

ヤモはお茶を飲みながら、父さんたちの話を聞いていました。ハルーン兄さんならだいじょうぶ、きっと春には元気に帰ってくると、ヤモは信じています。でも、何だかむねがいっぱいになってきました。

小林　豊「世界一美しいぼくの村」より

と思って取っておいたから。

ヒント　直前のヤモの言葉に注目しよう。

4 「来年の春には帰ると言ってたんですがね。」とありますが、このときの「父さん」はどんな気持ちですか。一つに○をつけましょう。

ア（　）来年の春に、本当にハルーンが帰ってきてくれるかどうか心配する気持ち。

イ（　）ヤモがいるので、ハルーンが帰らなくてもだいじょうぶだと安心する気持ち。

ウ（　）来年の春にハルーンが帰ってきて、みんなでさくらんぼを売りに来るのが楽しみな気持ち。

5 「何だかむねがいっぱいになってきました。」とありますが、ヤモのむねがいっぱいになったのはなぜですか。一つに○をつけましょう。

ア（　）ハルーン兄さんが春にもどってくると思うと、うれしくてたまらないから。

イ（　）南の方の戦いがひどいと聞いて、ハルーン兄さんのことが心配でむねが苦しくなったから。

ウ（　）父さんがおじさんと話しこんでしまって、つまらない気持ちになったから。

エ（　）春が来るまで、今日のようにうまく売らなくてはときんちょうしたから。

世界一美しいぼくの村 ～ 十年後のわたしへ

時間 20分　／100　ごうかく 80点

学習日　月　日

教科書 下110～131ページ　答え 35ページ

文章を読んで、答えましょう。　思考・判断・表現

広場のモスクから、おいのりの声が流れてきます。ヤモは、すももを売りながら、ずっと父さんの言ったことを考えていました。

ようやく、すももも全部売れました。

「さて、それじゃあ、びっくりする所に行くとするか。」

父さんは、まっすぐ広場を横切っていきます。

そこは羊の市場でした。父さんは、もうけたお金を全部使って、真っ白な子羊を一頭買いました。ヤモのうちの初めての羊。こんなきれいな羊は、村のだれも持っていませ

1 「びっくりする所」とはどこですか。書きぬきましょう。　10点

（　　　　　　）

よく出る

2 「たった一日いなかっただけなのに、とてもなつかしいにおいがします。」には、ヤモのどんな気持ちがこめられていますか。一つに○をつけましょう。　15点

ア（　）にぎやかな町とちがい、村が古くさくて、がっかりする気持ち。

イ（　）村のことをすっかりわすれていて、申しわけなく思う気持ち。

ウ（　）自分の村が大好きで、その村に帰ってこられてうれしく思う気持ち。

3 ヤモは、自分の村のことをどう思っていますか。それが分かる部分を十字で書きぬきましょう。　15点

ん。

「さあポンパー、家へ帰ろう。羊を見たら、きっとみんなおどろくよ。」

ヤモは、大よろこびで村へもどってきました。たった一日いなかっただけなのに、とてもなつかしいにおいがします。

「パグマンはいいな。世界一美しいぼくの村。」

ヤモは、そっとつぶやきました。

「ハルーン兄さん、早く帰っておいでよ。うちの家族がふえたんだよ。」

ヤモは、父さんにたのんで、白い子羊に「バハール（春）」という名前をつけようと思いました。

でも、春はまだ先です。

その年の冬、村は戦争ではかいされ、今はもうありません。

小林 豊「世界一美しいぼくの村」より

4 「そっとつぶやきました。」とありますが、このときのヤモはどんな様子ですか。一つに○をつけましょう。 15点

ア（　）だれかに伝えたくてたまらない様子。

イ（　）自分の気持ちに気づいてはずかしがる様子。

ウ（　）大切なものを心の中でたしかめる様子。

できたらスゴイ！

5 「ハルーン兄さん、早く帰っておいでよ。うちの家族がふえたんだよ。」について、答えましょう。

① 「うちの家族がふえた」とありますが、具体的にどんなことを言っていますか。 10点

（　　　　　　）

② この言葉から、ヤモのどんな気持ちが読み取れますか。 15点

（　　　　　　）

考えを書こう

6 最後の一文で、作者は何をうったえていますか。続けて書きましょう。 20点

ヤモにとって世界一美しい村であったパグマンが

ふりかえり 6が分からないときは、103ページの 3分でワンポイント にもどってかくにんしてみよう。

ぴったり3 たしかめのテスト②

考えたことを文章にまとめよう

世界一美しいぼくの村 ～ 十年後のわたしへ

1 読みがなを書きましょう。 一つ2点(20点)

① 栃木（　　）県に行く。
② 花の 香（　　）り。
③ 奈良（　　）の大ぶつ。
④ 岡山（　　）県の代表。
⑤ 大阪（　　）城を見物する。
⑥ 滋賀（　　）県の湖。
⑦ 愛媛（　　）県の島。
⑧ 九州の 佐賀（　　）県。
⑨ 長崎（　　）を観光する。
⑩ 勇気（　　）をふりしぼる。

2 □に漢字を、〔　〕に漢字と送りがなを書きましょう。 一つ2点(20点)

① □□（こうすい）をつける。
② □□（にいがた）県のお米。
③ □□（こくみん）の生活。
④ □□（さいたま）県に向かう。
⑤ メールを□□（そうしん）する。
⑥ □□（ぎふ）県の風景。
⑦ □□（ちば）県で遊ぶ。
⑧ □□（おおいた）県の名産物。
⑨ 力士（し）が〔　　〕（たたかう）。
⑩ 〔　　〕（いさんで）大会に出る。

時間 20分

／100

ごうかく 80点

学習日

月　日

教科書 下110～131ページ

答え 36ページ

3 正しい意味に○をつけましょう。 一つ6点(12点)

① 山のいただきは、万年雪をかぶっていた。
ア( )いつまでも消えないで残っている雪。
イ( )一万年前にふった雪。

② りんごがゆたかに実る。
ア( )実がなる。
イ( )実がとれる。

4 ( )に合う言葉を、[ ]から選んで書きましょう。 一つ3点(12点)

① 花の香りが辺りを( )。
② 内戦が国中に( )。
③ 町に野菜の市が( )。
④ 見知らぬ人に声を( )。

[広がる　かける　立つ　包む]

5 思考・判断・表現 次の言葉を使って、文を作りましょう。 一つ8点(24点)

① 見わたすかぎり
( )
② 飛ぶように
( )
③ 所せましと
( )

6 ( )に合う言葉を、[ ]から選んで記号を書きましょう。 一つ3点(12点)

① さばくには( )雨がふることがない。
② ( )勝負の時が来た。
③ もう夕方なのに弟は( )帰ってこない。
④ ( )一日休んだだけで元気になった。

[ア たった　イ まだ　ウ めったに　エ いよいよ]

十年後のわたしへ

時間 20分
/100
ごうかく 80点
学習日 月 日
教科書 下128～131ページ
答え 36ページ

1 思考・判断・表現

次の文章は、四年生の田村絵里さんが、十年後の自分に向けて書いた手紙の一部です。読んで、答えましょう。

> 十さいのわたしは、動物についてのいろいろな文章を書きました。家でかっているねこのエバンが大好きなので、ねこと会話できる力を持った女の子の物語を書いたり、動物のひみつについて調べて、クラスのみんなで図かんにまとめたりしました。
> 十年後のわたしも、動物が好きでいてくれたらすてきだなと思います。ゆめに向かって、がんばってください。
>
> 田村 絵里「十年後のわたしへ」より

(1) 絵里さんは、四年生でのどんな経験を十年後の自分に伝えようとしていますか。二つ書きましょう。 一つ15点(30点)

・（　　　　）
・（　　　　）

(2) 絵里さんは、十年後の自分にどんな思いを伝えようとしていますか。二つ書きましょう。 一つ15点(30点)

・（　　　　）
・（　　　　）

(3) 十年後の自分に向けた手紙に書くこととして、ほかにどんなことが考えられますか。二つに○をつけましょう。 一つ10点(20点)

ア（　）十年後の自分について想像してみたこと。
イ（　）十年前の自分がどうだったかということ。
ウ（　）今の自分が楽しいと感じていること。
エ（　）来年はどんなことがしたいのかということ。

(4) あなたは十年後の自分に向けてどんなメッセージを送りますか。考えて書きましょう。 20点

（　　　　）

この本の終わりにある「春のチャレンジテスト」をやってみよう！

この本の終わりにある「学力しんだんテスト」をやってみよう！

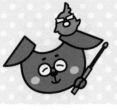

この「丸つけラクラクかいとう」は
とりはずしてお使い（つか）ください。

教科書ぴったりトレーニング

丸つけラクラクかいとう

東京書籍版
国語４年

「丸つけラクラクかいとう」では問題（もんだい）と同じ紙面（しめん）に、赤字で答えを書いています。

①問題がとけたら、まずは答え合わせをしましょう。

②まちがえた問題やわからなかった問題は、てびきを読んだり、教科書を読み返したりしてもう一度（いちど）見直しましょう。

おうちのかたへ では、次のようなものを示しています。

- 学習のねらいやポイント
- 他の学年や他の単元の学習内容とのつながり
- まちがいやすいことやつまずきやすいところ

お子様への説明や、学習内容の把握などにご活用ください。

見やすい答え

くわしいてびき

じゅんび 52~53ページ
書くことを考えるときは／漢字の組み立て

じゅんび 50~51ページ
こんな係がクラスにほしい／ポスターを読もう

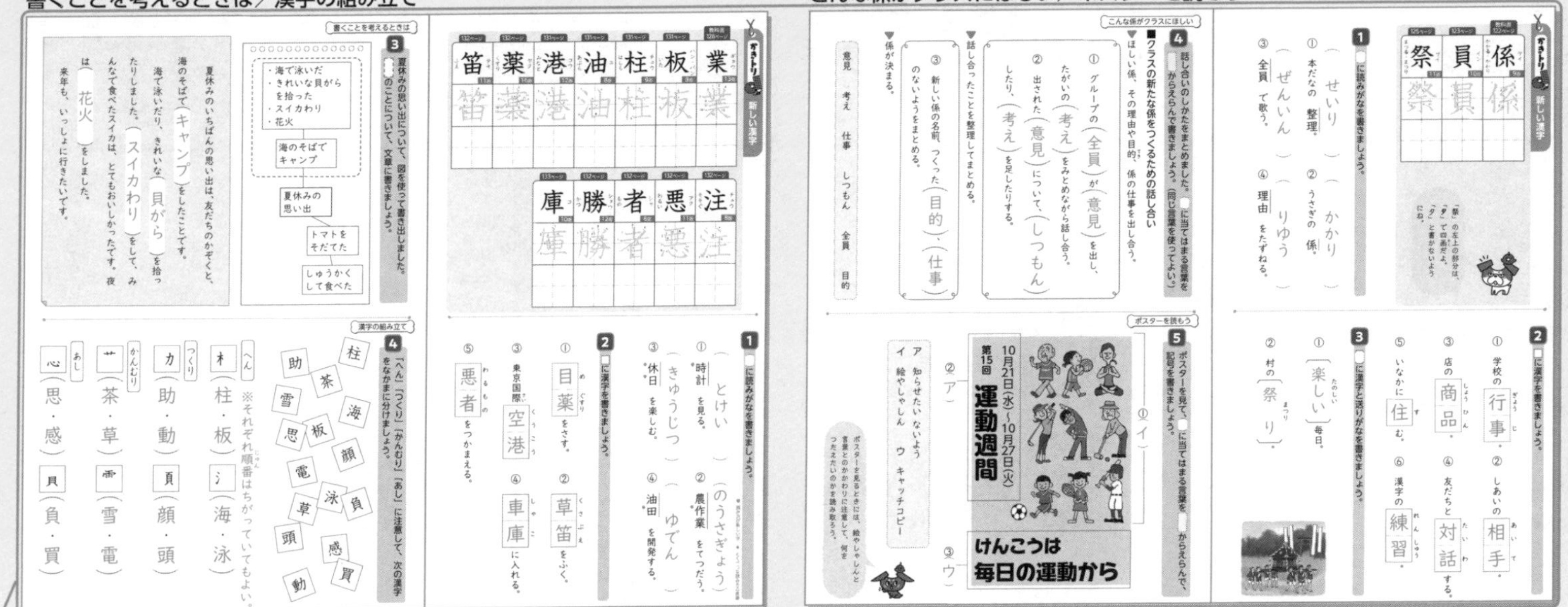

1 ①「時計」はとくべつな読み方の言葉です。
2 ②「作」の「サ」という読みは音（おん）です。
③「休日」は「休む日」です。

2 ③「港」の音には「開港」（新しく港や空港を開くこと）の語もあります。

3 夏休みの思い出をテーマとして、思いついたことを、図を使って書いています。その中のいちばんの思い出として、海のそばでキャンプをしたことを文章にしました。図に書いてあることを文章に当てはめます。
書くことを考えるときは、このように図を使ってくわしく書き出し、その中から友だちにつたえたいことをえらび、文章に書くとよいでしょう。

4 漢字の多くは、いくつかの部分が組み合わさってできています。漢字の左がわにあって、おおまかな意味を表す部分を「へん」、漢字の右がわにおかれる部分を「つくり」といいます。漢字の上や下の方にあって、おおまかな意味を表す部分を、それぞれ「かんむり」「あし」といいます。そのほか、「にょう」「たれ」「かまえ」などもあるので、調べてみましょう。ここにあげた「へん」「つくり」「かんむり」「あし」の名前は、「木（きへん）」「氵（さんずい）」「力（ちから）」「頁（おおがい）」「艹（くさかんむり）」「⻗（あめかんむり）」「心（こころ）」「貝（かい）」です。

2 ④「対話」は二人の人が向かい合って話すことです。「会話」とはちがいます。

3 ②「まつり」は「祭」一字だけでなく、「祭り」と送りがながつきます。

4 話し合いは、全員が意見を出し、おたがいの考えをみとめ合いながら話し合うことが大切です。出た意見には、しつもんしたり、考えを足したりして、考えを広げましょう。

5 このポスターは、「運動週間」について知らせるポスターです。期間は「10月21日（水）～10月27日（火）」。いろいろな運動をしている人たちの絵を入れて、見る人のきょうみを引いています。「キャッチコピー」は、読む人を引きつけるようにくふうされたみじかい言葉です。けんこうのために毎日運動をしよう、ということをつたえています。

※紙面はイメージです。

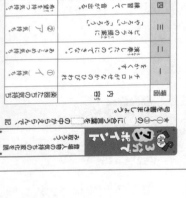

もしも、こんなことができるなら／こわれた千の楽器／漢字を使おう１

かきトリ　新しい漢字

器（キ）15画 教科書18ページ　倉（ソウ・くら）10画 18ページ　巣（す）11画 18ページ　覚（カク・おぼえる・さめる・さます）12画 18ページ　働（ドウ・はたらく）13画 18ページ　失（シツ・うしなう）5画 19ページ　包（ホウ・つつむ）5画 19ページ

例（レイ・たとえる）8画 20ページ　案（アン）10画 21ページ　続（ゾク・つづく・つづける）13画 22ページ　変（ヘン・かわる・かえる）9画 24ページ　伝（デン・つたわる・つたえる・つたう）6画 25ページ　借（シャク・かりる）10画 27ページ　求（キュウ・もとめる）7画 27ページ

録（ロク）16画 27ページ　努（ド・つとめる）7画 27ページ　然（ゼン・ネン）12画 27ページ

1 □に読みがなを書きましょう。

①（ただ）直ちに向かう。　②（がっき）楽器がこわれる。
③くもが（す）巣をはる。　④（みずか）自ら名乗り出る。
⑤町の（そうこ）倉庫。　⑥（きりつ）起立する。

●読み方が新しい字

2 □に漢字を、〔　〕に漢字と送りがなを書きましょう。

①右手の（感覚）かんかく。　②練習を（続行）ぞっこうする
③外で〔働く〕はたらく。　④天気が〔変わる〕かわる。

こわれた千の楽器

3 正しい意味に○をつけましょう。

① きまり悪そうに言う。
ア（　）申しわけなさそうに。

イ（○）気はずかしそうに。

② 遠くのけしきがかすむ。
ア（○）ぼんやりと見える。

イ（　）かがやいて見える。

③ 音楽にうっとりと聞きほれる。
ア（○）心をうばわれて。

イ（　）こうふんしながら。

④ はずんだ声で答える。
ア（　）うちしずんだ。

イ（○）うきうきとした。

3分でワンポイント　登場人物の気持ちの変化を読み取ろう。

★①～③の（　）に合う言葉を□の中からえらんで、記号を書きましょう。

場面	内容	楽器たちの気持ち
一	チェロがせなかのひびわれをかくす。	①（イ）気持ち。
二	演奏したいのにできない。	あきらめる気持ち。
三	ビオラの提案に「やろう。」「やろう。」	②（ア）気持ち。
四	練習して、音が出る。	希望を持つ気持ち。
五	足りないところをおぎない合って、演奏していた。	演奏に③（ウ）気持ち。

ア　期待する　イ　はずかしい　ウ　夢中な

こわれた千の楽器

文章を読んで、答えましょう。


月が行ってしまうと、チェロは、しょんぼりとして言いました。

「わたしは、うそを言ってしまった。こわれているのに、こわれていないなんて。」

すると、すぐ横のハープが、半分しかないげんをふるわせて言いました。

「自分がこわれた楽器だなんて、だれが思いたいものですか。わたしだって、ゆめの中では、いつもすてきなえんそうをしているわ。」

「ああ、もう一度えんそうがしたいなあ。」

ホルンが、すみの方から言いました。

「えんそうがしたい。」

トランペットも横から言いました。

「でも、できないなあ。こんなにこわれてしまっていて、できるはずがないよ。」

やぶれたたいこが言いました。

「いや、できるかもしれない。」

いやいや、きっとできる。例えば、こわれた十の楽器で、一つの楽器になろう。十がだめなら十五で、十五がだめなら二十で、一つの楽器になるんだ。」

ビオラが言いました。

「それは名案だわ。」

ピッコロが言いました。

「それならぼくにもできるかもしれない。」

もっきんがはずんだ声で言いました。

野呂　昶「こわれた千の楽器」より

❶「しょんぼりと」とありますが、チェロはなぜ「しょんぼりと」していたのですか。一つに○をつけましょう。
ア（　）月が行ってしまって、さびしくなったから。

イ（○）自分はこわれていないとうそをついてしまったから。

ウ（　）ほかの楽器に、こわれているとからかわれたから。

❷「いつもすてきなえんそうをしている」とありますが、ハープが「いつもすてきなえんそうをしている」のは、どこですか。四字で書きぬきましょう。

ゆめの中

❸「でも、できないなあ。」について、答えましょう。
① たいこは、何が「できない」と言っているのですか。
（えんそう）をすること。
② なぜ「できない」のですか。
（れい　こわれてしまっている）から。

ヒント　すぐ後の言葉に注目しよう。

❹「名案」について、答えましょう。
① だれが、だれの意見を「名案」と言ったのですか。
だれが（ピッコロ）
だれの（ビオラ）
②「名案」とは、どんな案ですか。
こわれた楽器が集まって、

（れい　一つの楽器になる）

という案。

❺「もっきんがはずんだ声で言いました。」とありますが、なぜですか。一つに○をつけましょう。
ア（　）みんなが目をさまして元気に話し出したことが、うれしかったから。

イ（○）ほんとうにえんそうができるかもしれないと思って、うれしくなったから。

ウ（　）きっと自分がいちばん上手にできると思ってじまんしたくなったから。

ヒント　直前のもっきんの言葉に注目しよう。

---

3 ①「きまり悪い」とは、ていさいが悪くて、気はずかしいという意味です。
②「かすむ」には、①かすみがかかる、②かすみがかかったようにぼんやりと見える、③物が見えにくくなるなどの意味があります。ここでは②の意味で使われています。
③「うっとり」は、美しいものなどに心をうばわれて、ぼうっとすることを表します。
④「声がはずむ」という場合は、「声がうきうきとした感じになる」という意味を表します。

3分でワンポイント

「こわれた千の楽器（野呂昶）」では、楽器たちの様子や会話のないように注意して読んで、気持ちが変化していく様子をとらえましょう。

❶ すぐ後で、チェロが「わたしは、うそを言ってしまった。こわれているのに、こわれていないなんて」と言っていることから考えます。

❷ すぐ前に、「ゆめの中では」とあります。字数に合わせて答えましょう。

❸ ①トランペットの「えんそうがしたい」という言葉を受けて、「でも、できないなあ」とたいこが言っていることから考えます。
②すぐ後で、「こんなにこわれてしまっていて、できるはずがないよ」とたいこが言っていることから考えます。

❹ ①ビオラの「こわれた十の楽器で、一つの楽器になろう。十がだめなら十五で、十五がだめなら二十で、一つの楽器になるんだ」という意見に、ピッコロがさんせいしています。
②ビオラの「こわれた十の楽器で、一つの楽器になろう」という言葉に注目しましょう。

❺ こわれた楽器が集まることで「一つの楽器になろう」というビオラの意見を聞いて、もっきんは「それならぼくにもできるかもしれない」と言っています。もっきんの、きぼうを持った様子をとらえましょう。

じゅんび 6~7ページ

図書館へ行こう／話を聞いて質問しよう

かきトリ 新しい漢字

類（ルイ・たぐい）18画 教科書28ページ　法（ホウ）8画 28ページ　料（リョウ）10画 28ページ　別（ベツ・わかれる）7画 34ページ
参（サン・まいる）8画 35ページ　加（カ・くわえる・くわわる）5画 35ページ　芽（ガ・め）8画 35ページ　司（シ）5画 37ページ

「加」の送りがなに注意しよう！

1 □に読みがなを書きましょう。

① 生物を 分類（ぶんるい） する。② さとうを 加（くわ） える。
③ 司会（しかい） をする。④ 集まりに 参加（さんか） する。

2 □に漢字を、〔　〕に漢字と送りがなを書きましょう。

① 土から［芽（め）］が出る。② ［料理（りょうり）］をする。
③ ［方法（ほうほう）］を考える。④ ［別（べつ）］の本を読む。
⑤ 友だちと〔別れる（わかれる）〕。⑥ 寺に〔参る（まいる）〕。

3 次の文の（　）に合う言葉を□からえらんで、記号を書きましょう。〈図書館へ行こう〉

図書館の本は、「日本十進分類法」という方法で、本を分類しています。本に書かれている（①イ）から、十のなかまに分けられています。

本の後ろにはおくづけがあり、本の（②エ）がまとめられています。図書館の本の「せ」には、本を仕分けるためのラベルがついていて、その分類を表す（③ア）や、作者や筆者の名前を表す記号などがしめされています。

ア 数字　イ 内容　ウ 題名　エ じょうほう

4 正しい意味に○をつけましょう。〈話を聞いて質問しよう〉

① かじょう書きを使ってまとめる。
ア（　）長い文章でだん落を分けながら書く書き方。
イ（○）短い言葉で一つずつならべて書く書き方。

② 相手の話を聞き落とす。
ア（○）聞くべきことを聞かないでしまうこと。
イ（　）聞かなくてよいことまで聞くこと。

5 メモを取るときの注意点として、正しくないもの一つに×をつけましょう。

ア（　）線や記号、かじょう書きなどを使いながら、分かりやすく書く。
イ（　）話を聞いた日や、聞いた人、聞いた内容などに分けて、整理して書く。
ウ（×）だいじな言葉はメモに取らず、自分の頭でしっかりと覚えるようにする。

6 質問のしかたを説明した次の文の（　）に合う言葉を□からえらんで、記号を書きましょう。

話を聞きながら取った（①エ）を見返して、話を思い出しながら、（②オ）したいことを考える。聞き落としたことや（③ア）こと、もっと知りたいと思ったことなどを質問するとよいでしょう。

ア 分からなかった　イ 説明　ウ 知っていた　エ メモ　オ 質問

じゅんび 8~9ページ

漢字辞典の使い方

かきトリ 新しい漢字

辞（ジ）13画 教科書38ページ　典（テン）8画 38ページ　成（セイ・なる・なす）6画 38ページ　説（セツ・とく）14画 38ページ　連（レン・つらなる・つらねる・つれる）10画 38ページ　順（ジュン）12画 38ページ
訓（クン）10画 39ページ　種（シュ・たね）14画 39ページ　便（ベン・ビン・たより）9画 41ページ　利（リ）7画 41ページ　治（ジ・チ・おさめる・おさまる・なおる・なおす）8画 41ページ

1 □に読みがなを書きましょう。

① 辞典（じてん） で調べる。② 大きく 成長（せいちょう） する。
③ くわしく 説明（せつめい） する。④ 順番（じゅんばん） を守る。
⑤ 訓（くん） 読みの漢字。⑥ 種（たね） をまく。

2 □に漢字を、〔　〕に漢字と送りがなを書きましょう。

① ［便利（べんり）］な道具。② ［種類（しゅるい）］が多い。
③ 山が〔連なる（つらなる）〕。④ けがを〔治す（なおす）〕。

3 正しい意味に○をつけましょう。

① 一人をのぞいてみんながさん成した。
ア（○）加えないこと。
イ（　）ふくむこと。

② 早起きに努める。
ア（　）くろうする。
イ（○）力をつくす。

③ 国を治める。
ア（○）せいじを行う。
イ（　）ほろぼす。

④ 全治に一か月かかる。
ア（○）すっかりなおること。
イ（　）びょういんに行くこと。

⑤ 例をしめす。
ア（　）じっくりと考えること。
イ（○）わかるように見せること。

4 次のような場合、漢字辞典のどのさく引からさがすのがよいですか。□からえらんで、記号を書きましょう。

①（イ）調べたい字の読み方しか分からない場合。
②（ウ）調べたい字の部首しか分からない場合。
③（ア）調べたい字の読み方も部首も分からない場合。

ア 総画さく引　イ 音訓さく引　ウ 部首さく引

5 「葉」という字を漢字辞典で引くときの方法をまとめた次の文の（　）に合う言葉を書きましょう。

・「総画さく引」の（①十二）画の漢字の中から「葉」が出ているページをさがす。
・「音訓さく引」の「ヨウ」、または「（②は）」と読む漢字の中から、「葉」が出ているページをさがす。
・「部首さく引」の三画の部首から「（③くさかんむり）」のページをさがし、そこに出ている（④九）画の漢字の中から「葉」をさがす。

---

3 図書館の本は、内容によって十のなかまに分けられています。

また、本の後ろにはおくづけがあり、本の名前や発行年月日、作者や筆者の名前などのじょうほうがまとめられています。

本の「せ」にはラベルがついていて、本の分類をあらわす数字などがしめされています。

4 ①「かじょう書き」は、短い言葉で一つずつならべて書く書き方のことです。メモなどに整理して書くときに使うと分かりやすくまとめることができます。

②「聞き落とす」の他に、見ていながらも気づかないことを表す「見落とす」という言葉もあります。

5 メモを取るときには、線や記号、かじょう書きを使うと、分かりやすくなります。

また、話を聞いた日や、聞いた人などのこうもくごとに分けると、より分かりやすくなります。

だいじな言葉は、わすれないようにメモに取っておくようにしましょう。

6 メモを見返しながら、分からなかったことやもっと知りたいと思ったことを質問するとよいでしょう。

3 ①にた意味の言葉に「以外（いがい）」があります。

②「努める」は、力をつくすという意味です。「努力する」と言いかえることもできます。

③「治める」は、せいじを行うという意味です。

④「全治」は、すべて治るという意味です。

4 ①漢字の「読み方」が分かる場合は、「音訓さく引」でさがすことができます。

②漢字の「部首」しか分からない場合は、「部首さく引」でさがします。

③読みも部首も分からない場合は、「総（そう）画さく引」でさがします。

5 ①「葉」の総画数は、十二画です。

②「葉」の訓読みを答えましょう。

③「葉」の部首は三画の「くさかんむり」です。

④部首の画数を引いた九画の中からさがします。

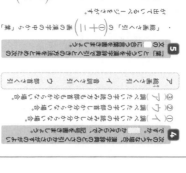

たしかめのテスト①

10〜11ページ

もしも、こんなことができるなら
〜 漢字辞典の使い方

おうちのかたへ

心情を読み取ったり、想像力をはたらかせて答えたりする問題が苦手な場合には、音読してみることがおすすめです。気持ちをこめて、くり返し音読をすることで、深く読み込むことができるようになります。

文章を読んで、答えましょう。　思考・判断・表現

楽器たちは、それぞれ集まって練習を始めました。

「もっとやさしい音を！」

「レとソは鳴ったぞ。」

「げんをもうちょっとしめて……。」

「うん、いい音だ。」

「ぼくはミの音をひく。君はファの音を出してくれないか。」

毎日毎日練習が続けられました。

そして、やっと音が出ると、

「できた。」

「できた。」

おどり上がってよろこびました。

ある夜のこと、月は、楽器倉庫の上を通りかかりました。すると、どこからか音楽が流れてきました。「なんときれいな音。だれがえんそうしているんだろう。」

月は、音のする方へ近づいていきました。それは、前にのぞいたことのある楽器倉庫からでした。そこでは、千の楽器がいきいきと、えんそうに夢中でした。こわれた楽器は、一つもありません。一つ一つがみんなりっぱな楽器です。おたがいに足りないところをおぎない合って、音楽をつくっているのです。

月は、音楽におし上げられるように、空高く上っていきました。

「ああ、いいなあ。」

月は、うっとりと聞きほれました。そして、ときどき思い出しては、光の糸を大空いっぱいにふき上げました。

野呂 昶「こわれた千の楽器」より

1 「練習を始めました。」とありますが、楽器たちはどのように練習していますか。一つに○をつけましょう。　10点

ア（　）ほかの楽器にえんりょしながら練習している。
イ（○）いい音が出せるように助け合って練習している。
ウ（　）むずかしいことはしないように練習している。

2 「うん、いい音だ。」とありますが、どんな気持ちで言っていますか。一つに○をつけましょう。　10点

ア（○）げんをしめて出した音に、まんぞくする気持ち。
イ（　）げんのしめ具合いが分からず、自信がない気持ち。
ウ（　）思ってもいなかった音が出て、おどろく気持ち。

3 よく出る 「できた。」「できた。」とありますが、そう言ったときの楽器たちの様子を書きぬきましょう。　10点

（おどりあがってよろこびました。）

4 「なんときれいな音。だれがえんそうしているんだろう。」とありますが、月はどんな気持ちで言っていますか。一つに○をつけましょう。　10点

ア（　）夜中に大きな音がしたので、あやしく思う気持ち。
イ（　）楽器たちがえんそうに夢中でうれしく思う気持ち。
ウ（○）きれいな音楽が流れてきて、ふしぎに思う気持ち。

5 「いきいきと」とありますが、これはどんな様子ですか。一つに○をつけましょう。　10点

ア（　）落ち着いている様子。
イ（○）活気がある様子。
ウ（　）おこっている様子。

6 できたらスゴイ！ 「こわれた楽器は、一つもありません。」とありますが、これは、楽器たちがおたがいにどのようにしていることを表していますか。一つに○をつけましょう。　20点

ア（○）足りない音をおぎないあっていること。
イ（　）こわれたところをしゅうりしたこと。
ウ（　）すきかってに楽器をえんそうしていること。

7 この文章は、二つの場面に分けることができます。二つ目の場面のはじめの五字を書きぬきましょう。　10点

| ある夜のこ |

8 考えて書こう 「ああ、いいなあ。」とありますが、この部分を読むとき、どのように読むとよいですか。文章の言葉を使って書きましょう。　20点

〔例 うっとりと聞きほれていることがわかるように、しずかな声で読む。〕

---

1 楽器たちの会話から、みんなで助け合いながら練習をしていることがわかります。

2 「うん」は、自分でなっとくできる音が出たことを表しています。

3 楽器たちの言葉の後に注目して、文章に書いてあるとおりに書きぬきましょう。

4 どこからかきれいな音が聞こえてきたので、月はふしぎに思ったのです。

5 えんそうに夢中になっていることから考えます。

6 一つ一つの楽器が、おたがいに足りないところ(音)をおぎない合ったのです。

7 楽器たちが倉庫の中で練習している場面と、月が倉庫の上から楽器たちのえんそうを聞いている場面に分けられます。

8 すぐ後に、「月は、うっとりと聞きほれました。」と書いてあることに注目しましょう。

物語を音読するときは、登場人物の気持ちが伝わるように、気持ちを想像して、声の大きさや調子をくふうするなどして読むことが大切です。

例2 うっとりと聞きほれているとわかるように、ゆっくりと読む。

たしかめのテスト② 12~13ページ

もしも、こんなことができるなら ～ 漢字辞典の使い方

1 読みがなを書きましょう。（一つ2点〔20点〕）

① 明治 時代（めいじ）　② とく点を記録する。（きろく）　③ 漢字の筆順。（ひつじゅん）　④ 山々が連なる。（つら）　⑤ 努力を重ねる。（どりょく）　⑥ 国語辞典を買う。（じてん）　⑦ 借金を返す。（しゃっきん）　⑧ よい案がある。（あん）　⑨ 自然ゆたか。（しぜん）　⑩ 漢字の訓読み。（くん）

2 □に漢字を、（　）に漢字と送りがなを書きましょう。（一つ2点〔20点〕）

① 白い［包］たい。　② 子どもの［成長］。　③ 物をふん［失］する。　④ 分類の［方法］。　⑤ 書き方の［例］。　⑥ 植物の［種類］。　⑦ かい決に（努める）。　⑧ 水を（求める）。　⑨ 友だちに（伝える）。　⑩ ものを（失う）。

3 ――線の漢字の読み方を、音はかたかなで、訓はひらがなで書きましょう。（一つ2点〔12点〕）

① 覚　ア 役目を自覚する。（カク）　イ 朝に目が覚める。（さ）　ウ 言葉を覚える。（おぼ）

② 治　ア 治水を行う。（チ）　イ 虫歯を治す。（なお）　ウ 自国を治める。（おさ）

4 話を聞いて質問するときの注意点として正しいものには○を、正しくないものには×をつけましょう。（一つ4点〔16点〕）

①（○）分からないところやもっと知りたいことはないかに気をつけて話を聞く。
②（○）話を聞きながらメモを取り、かじょう書きなどを使って分かりやすくまとめる。
③（○）メモを見返しながら、もっと知りたいと思ったことについて質問する。
④（×）話を聞いて分からなかったことは、質問しないで自分で考える。

5 次の漢字を漢字辞典でさがします。（　）に合う言葉を、それぞれ書きましょう。（一つ4点〔16点〕）

様

部首は（① きへん）で、総画数は（② 十四）画です。音読みは（③ ヨウ（よう））で、訓読みは（④ さま）です。

6 漢字辞典の引き方の例をしめした次の文の（　）に合う言葉を、それぞれ書きましょう。（一つ4点〔16点〕）

・「章」を（① 音訓）さく引でさがす場合は、「（② ショウ（しょう））」と読む漢字の中からさがす。
・「安」を部首さく引でさがす場合は、まず（③ 三）画の部首から「（④ うかんむり）」をさがし、そのページを見て、三画の「安」という字をさがす。

じゅんび 14~15ページ

ヤドカリとイソギンチャク／漢字を使おう２

かくにん 新しい漢字

観　察　験　好　飛　関　博
結　果　機　量　熱　清　漁
害

1 □に読みがなを書きましょう。

① 生き物を観察する。（かんさつ）　② 魚が好物だ。（こうぶつ）　③ 明朝は休みだ。（みょうちょう）　④ 体を清める。（きよ）　⑤ 父は博学だ。（はくがく）　⑥ おもしろい体験。（たいけん）　⑦ 熱心に取り組む。（ねっしん）　⑧ テストの結果。（けっか）

2 □に漢字を、（　）に漢字と送りがなを書きましょう。

① ［漁業］をする。　② 人に会う［機会］がある。　③ 生活に（関わる）。　④ 体重を（量る）。

3 正しい意味に○をつけましょう。

① いかにもかんたんそうに見える。　ア（　）よく考えると。　イ（○）どう考えても。
② しきりにまどの外を見る。　ア（○）ずっと動かずに。　イ（　）何度もくり返して。
③ 手あらな方法はよくない。　ア（○）とりあつかいがらんぼうな。　イ（　）とりあつかいがかんたんな。
④ たくさんの利益がある。　ア（○）とくをするようなこと。　イ（　）利用できる方法。

3分でワンポイント　だん落どうしのまとまりをとらえよう。

★①～③の（　）に合う言葉を□の中からえらんで、記号を書きましょう。

始め	中	終わり
◎①（ウ）をしめす。・ヤドカリは、貝がらにイソギンチャクをつけて歩き回っている。	◎しめした話題について②（イ）する。・ヤドカリは、イソギンチャクのはりで身を守っている。（はりは飛び出さない。）・イソギンチャクは、ヤドカリにつくと、えさがふえる。（食べのこしをもらう。）	◎これまでの説明を③（ア）。・ヤドカリとイソギンチャクは、たがいに助け合っている。

ア まとめる　イ 説明　ウ 話題

---

3 漢字には、音と訓の二つの読み方があります。音読みは、中国から入ってきた発音をもとにして読むもので、訓読みは、日本に合った言葉に漢字をあてて読むものです。

①「覚」には、「カク」という音読みと、「さ（める）」「おぼ（える）」という訓読みがあります。

②「治」には、「チ」という音読みと、「なお（す）」「おさ（める）」という訓読みがあります。

5 ①部首は、漢字の左側にある「木」の部分です。

②漢字の全体の画数を数えます。右側の部分の画数に気をつけましょう。十画目は下までつき通して書きます。

③「様子」や「様式」などのじゅく語があります。

④「神様」や「王様」などのじゅく語があります。

6 ①漢字の読み方が分かる場合は、「音訓さく引」でさがすことができます。

②「ショウ」は音読みです。「文章」などのじゅく語があります。

③「安」の部首は、上側にある「宀」の部分です。画数は三画です。

④「宀」は、うかんむりといいます。

3 ①本当に、全く、と意味を強めるはたらきをしています。

②動作がずっと続く様子という意味もあります。

③「手あら」は、あらあらしい様子を表します。

④にた意味の言葉に、「もうけ」があります。

3分でワンポイント

「ヤドカリとイソギンチャク（武田正倫）」では、まず、何について話しているのか、という話題をとらえます。次に、問いを立て、その問いをかけつするための実験と結果をのべていることをとらえます。最後に、文章全体をまとめていることをとらえましょう。

練習　16~17ページ

ヤドカリとイソギンチャク

文章を読んで、答えましょう。

なぜ、ヤドカリは、いくつものイソギンチャクを貝がらにつけているのでしょうか。

このことを調べるために、次のような実験をしました。

まず、おなかをすかせたタコのいる水そうに、イソギンチャクをつけていないヤドカリを放します。タコはヤドカリが大好物なので、長いあしですぐヤドカリをつかまえ、貝がらをかみくだいて食べてしまいます。

次に、イソギンチャクをつけているヤドカリを入れてみます。タコは、ヤドカリをとらえようとしてしきりにあしをのばしますが、イソギンチャクにふれそうになると、あわててあしを引っこめてしまいます。ヤドカリが近づくと、タコは後ずさりしたり、水そうの中をにげ回ったりします。

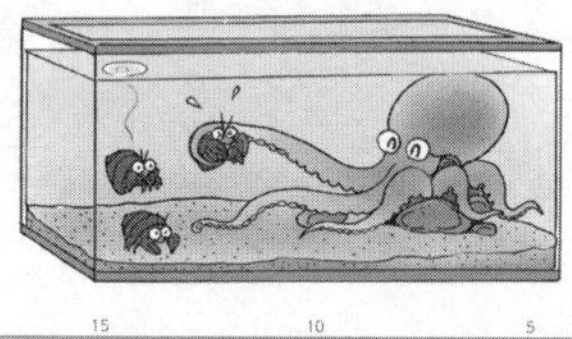

実は、イソギンチャクのしょく手は、何かがふれるとはりが飛び出す仕組みになっています。そのはりで、魚やエビをしびれさせて、えさにするのです。タコや魚はこのことをよく知っていて、イソギンチャクに近づこうとはしません。それで、ヤドカリは、イソギンチャクを自分の貝がらにつけることで、てきから身を守ることができるのです。

武田　正倫「ヤドカリとイソギンチャク」より

❶ 「実験をしました。」とありますが、どんなことを調べるために実験をしたのですか。一つに〇をつけましょう。

ア（　）ヤドカリがタコの大好物かどうかということ。

イ（〇）なぜ、ヤドカリがいくつものイソギンチャクを貝がらにつけるのかということ。

ウ（　）イソギンチャクが、どのようにしてえさをとるのかということ。

❷ 「イソギンチャクをつけていないヤドカリを放します。」とありますが、そのようなことをするのはなぜですか。（　）に合う言葉を、書きぬきましょう。

（イソギンチャクをつけているヤドカリ）を放した場合と、結果をくらべるため。

❸ 「イソギンチャクのしょく手」は、どんな仕組みになっていますか。（　）に合う言葉を、書きぬきましょう。

（何かがふれるとはりが飛び出す）仕組み。

ヒント　イソギンチャクのしょく手の仕組みをよく読もう。

❹ 「てき」とありますが、ヤドカリにとっての「てき」とは、何ですか。四字で書きぬきましょう。

タコや魚

❺ 五つあるだん落のうち、ヤドカリがイソギンチャクを貝がらにつける理由を説明しているのは、どのだん落ですか。だん落のはじめの五字を書きぬきましょう。

実は、イソ

ヒント　全体のまとめが書かれているだん落をさがそう。

❻ 次の文が、文章の内容と合っていれば〇を、合っていなければ×をつけましょう。

①（×）イソギンチャクは、タコを見つけるとすぐにはりを出してにげ回る。
②（〇）タコは、イソギンチャクのはりにふれるとしびれることを知っている。
③（×）イソギンチャクは、エビやヤドカリをしびれさせて、えさにする。

じゅんび　18~19ページ

引用する／わたしのクラスの「生き物図かん」

かきトリ　新しい漢字

材（ザイ）7画　教科書56ページ

完（カン）7画　60ページ

1 □に読みがなを書きましょう。

① 材料（ざいりょう）をそろえる。
② 出典（しゅってん）を書く。
③ 取材（しゅざい）する。
④ きれいな写真（しゃしん）。

2 □に漢字を書きましょう。

① 絵が［完成］（かんせい）する。
② ［植物］（しょくぶつ）ずかん。

引用する

3 正しい意味に〇をつけましょう。

① 好き勝手に言う。
ア（〇）自分の好きなようにふるまうこと。

イ（　）自分の好きなものについて話すこと。

② 自分の持ち物と区別する。
ア（〇）ほかのものと分けてあつかうこと。

イ（　）ほかのものとまとめてあつかうこと。

③ 細かなルールがある。
ア（〇）決まりごと。

イ（　）かいけつ方法。

④ はじめの部分だけ読み上げる。
ア（　）分かりやすく言いかえたものの一つ。

イ（〇）全体をいくつかに分けたものの一つ。

4 引用のしかたを説明した次の文の□に合う言葉を、□からえらんで記号を書きましょう。

引用する部分は、自分の言葉と①（ウ）しましょう。また、文章全体ではなく、②（イ）だけを引用します。そのさい、③（ア）を変えてはいけません。筆者名などの出典についても正しく書きましょう。

ア　元の言葉　イ　ひつような部分　ウ　区別

わたしのクラスの「生き物図かん」

5 次の〈メモ〉を読んで、それぞれの文の内容を表したものを、□の中からえらんで記号を書きましょう。

〈メモ〉

・なぜ、キリンの首は長いのか。（イ）
↓高いところにある葉っぱを食べたり、遠くを見たりするため。（ウ）
・キリンの生きるちえを感じた。（ア）

ア　自分の考え　イ　問い　ウ　答え

6 調べものをするときの注意点として、正しくないもの一つに×をつけましょう。

ア（　）気になることや知りたいことを書き出してから調べる。

イ（　）知りたいことについて書かれている本や、インターネットを使って調べる。

ウ（　）くわしく話を知っている人に会って、直せつ話を聞く。

エ（×）調べて分かったことは、メモに書かずに、自分の頭の中でしっかりと覚えておく。

7 リーフレットを作るときの順番になるようにならべましょう。

（ウ）→（ア）→（エ）→（イ）

ア　伝えたいことを考えながら、組み立てメモを作る。
イ　文章にまちがいがないか見直して、清書する。
ウ　題材にするものをえらんで、材料を集める。
エ　題名や、のせる絵や写真を考えて、下書きを作る。

❶ 最初（さいしょ）のだん落に筆者のぎ問が書かれています。このぎ問を調べるために実験が行われました。「なぜ～でしょうか」という形に注目します。

❷ 文頭に「まず」とあり、「イソギンチャクをつけていないヤドカリ」を放した場合について書かれています。さらに、その次のだん落のはじめに「次に」とあり、「イソギンチャクをつけているヤドカリ」について書かれています。イソギンチャクをつけているヤドカリと、つけていないヤドカリをくらべていることが分かります。

❸ 「仕組み」という言葉がすぐ後に出てきます。

❹ ヤドカリが、イソギンチャクを自分の貝がらにつけて身を守っていることを読み取りましょう。さらに、「タコや魚」は、イソギンチャクが「はりで、魚やエビをしびれさせて、えさにする」ことを知っているため、「イソギンチャクに近づこうと」しないと書かれていることから考えましょう。

❺ 文章の最後に、ヤドカリが、イソギンチャクを貝がらにつける理由が書かれています。

3 ①「好き勝手」は、自分の好きなようにふるまうことを表します。
②「区別する」とは、他のものと分けてあつかうことです。
③「ルール」とは、みんなが守るべき決まりのことです。

4 引用するときには、自分の言葉とほかの人の言葉を区別するひつようがあります。引用のルールを正しく守りましょう。

5 問いは、「なぜ～か」というぎ問の形になっています。

6 調べて分かったことは、わすれないようにメモに書いてのこしておきましょう。

7 リーフレットを作るときには、まず題材にするものをえらんで、気になることや知りたいことについて調べましょう。次に、組み立てメモを作ります。そして、組み立てメモをもとにして下書きを作り、最後に文章を見直して清書をすれば完成です。

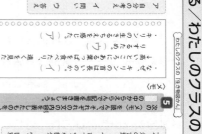

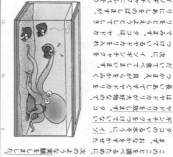

たしかめのテスト①　20〜21ページ

ヤドカリとイソギンチャク 〜 わたしのクラスの「生き物図かん」

おうちのかたへ

説明文で、実験とその結果が述べられているときは、何を調べようとした実験なのかをとらえると、内容を理解しやすくなります。その実験と結果から、筆者が伝えたいことをとらえましょう。

文章を読んで、答えましょう。　思考・判断・表現

　では、ヤドカリは、石についたイソギンチャクを、どうやって自分の貝がらにうつすのでしょうか。ヤドカリが、イソギンチャクのはりでさされることはないのでしょうか。

　ヤドカリとイソギンチャクの関係を研究しているカナダのロス博士は、ヤドカリとイソギンチャクがどのようにしていっしょになるのか、水そうで観察しました。

　ソメンヤドカリをかっている水そうに、石などについたベニヒモイソギンチャクを入れます。ヤドカリは、自分の貝がらにイソギンチャクをつけていても、イソギンチャクを見れば、ほしくなるようです。すぐ近づいてきて、あしを使ってイソギンチャクの体をつついたり、両方のはさみで引っぱったりして、イソギンチャクをはがしてしまいます。そして、かかえるようにして自分の貝がらの上におしつけるのです。

　ずいぶん手あらな方法に見えますが、イソギンチャクは、しょく手をのばしたままで、いかにも気持ちよさそうに見えます。はりも飛び出しません。

武田 正倫「ヤドカリとイソギンチャク」より

1　この文章で、筆者はどのような問いを投げかけていますか。（　）に合う言葉をそれぞれ書きぬきましょう。　一つ10点(20点)

・ヤドカリは、（石についたイソギンチャク）を、どうやって（自分の貝がらにうつす）のか。

・ヤドカリが、（イソギンチャクのはりで さされる）ことはないのか。

2　「観察しました。」とありますが、ロス博士はどんなことを知るために観察をしたのですか。（　）に合う言葉をそれぞれ書きぬきましょう。　一つ10点(20点)

（ヤドカリとイソギンチャク）が どのようにして（いっしょになるのか）ということ。

3　よく出る　ヤドカリは、どのようにして石についたイソギンチャクをはがすのですか。文章の言葉を使って書きましょう。　15点

（例 あしを使ってイソギンチャクの体をつついたり、両方のはさみで引っぱったりしてはがす。）

4　ヤドカリは、石についたイソギンチャクをはがしたあとにどんなことをしますか。文章の言葉を使って書きましょう。　15点

（例 自分の貝がらの上におしつける。）

5　「手あらな方法」とありますが、「手あらな」とは、どんな様子を表していますか。一つに○をつけましょう。　5点

ア（　）てきぱきと手ぎわのよい様子。
イ（○）らんぼうにあつかっている様子。
ウ（　）やさしくあつかっている様子。

6　ヤドカリがイソギンチャクを石からはがして貝がらにつけるとき、イソギンチャクはどんな様子ですか。文章の言葉を使って書きましょう。　15点

（例 しょく手をのばしたままで、（はりが飛び出すこともなく、）いかにも気持ちよさそうな様子。）

1　「……でしょうか」という問いかけの文が、最初に二文続いていることに注目しましょう。

2　——線の直前に、どんなことを観察したのかが書かれています。10行めから12行めに注目しましょう。

3　「ソメンヤドカリ」で始まるだん落に、ヤドカリの様子が書かれています。「イソギンチャクをはがしてしまいます」と書かれている部分に注目して、どのようにしてはがすのかを読み取りましょう。

4　「すぐ近づいてきて……イソギンチャクをはがしてしまいます」と書かれた後に、「そして」とあることに注目します。その後に、石についたイソギンチャクをはがしたあとにどんなことをするのかが書かれています。

5　「手あら」とは、あらあらしく、らんぼうにあつかうという意味です。

6　最後の二文に注目しましょう。ヤドカリがイソギンチャクを石からはがして貝がらにつけることを「手あらな方法に見えます」と筆者はのべていますが、その後で、イソギンチャクの様子が書かれています。

たしかめのテスト② 22~23ページ

ヤドカリとイソギンチャク ～ わたしのクラスの「生き物図かん」

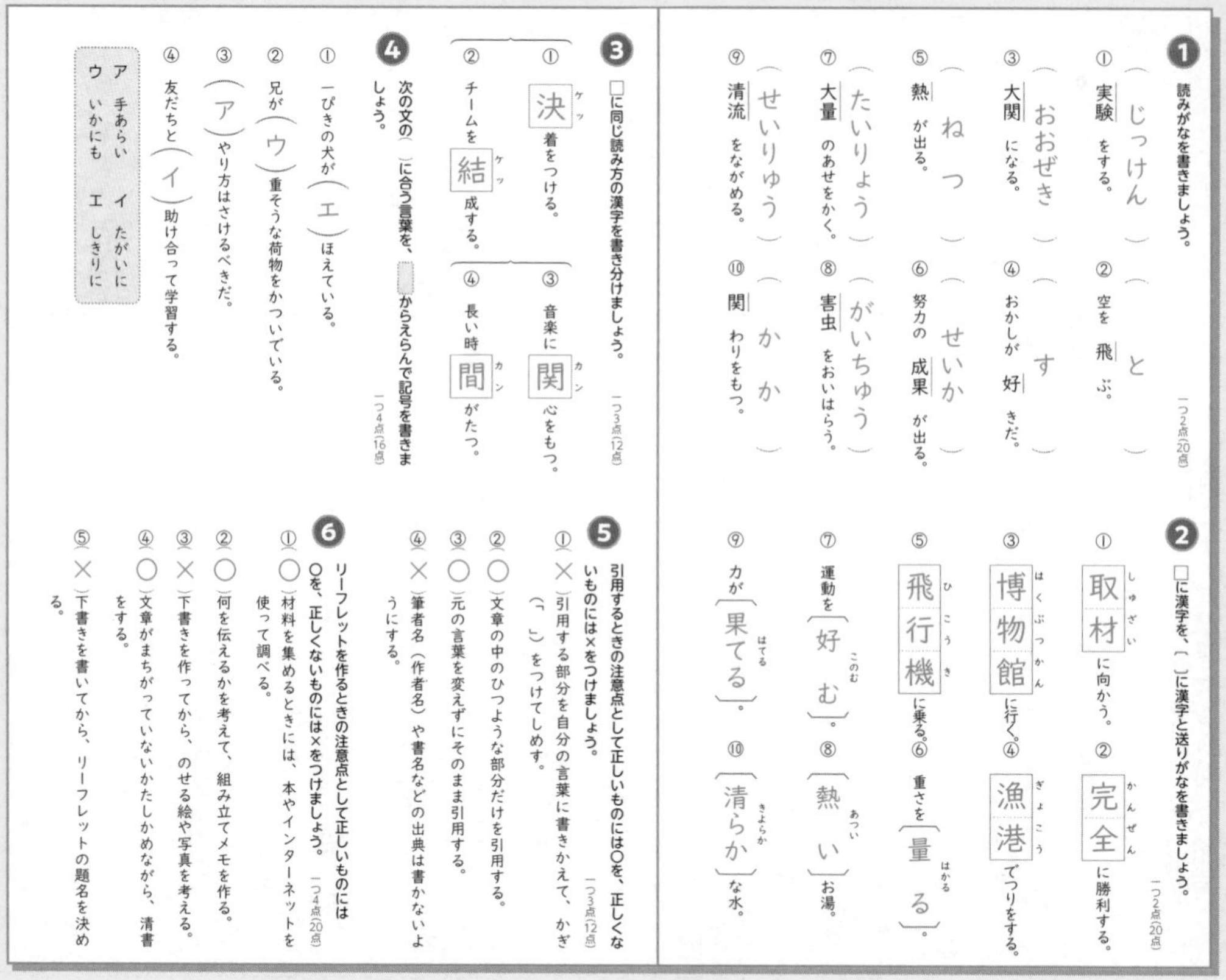

1 読みがなを書きましょう。（一つ2点（20点））

① 実験（じっけん）をする。 ② 空を飛（と）ぶ。 ③ 大関（おおぜき）になる。 ④ おかしが好（す）きだ。 ⑤ 熱（ねつ）が出る。 ⑥ 努力の成果（せいか）が出る。 ⑦ 大量（たいりょう）のあせをかく。 ⑧ 害虫（がいちゅう）をおいはらう。 ⑨ 清流（せいりゅう）をながめる。 ⑩ 関（かか）わりをもつ。

2 □に漢字を、（ ）に漢字と送りがなを書きましょう。（一つ2点（20点））

① 取材に向かう。 ② 完全に勝利する。 ③ 博物館に行く。 ④ 漁港でつりをする。 ⑤ 飛行機に乗る。 ⑥ 重さを（量る）。 ⑦ 運動を（好む）。 ⑧（熱い）お湯。 ⑨ 力が（果てる）。 ⑩（清らか）な水。

3 □に同じ読み方の漢字を書き分けましょう。（一つ3点（12点））

① 決着をつける。 ② チームを結成する。 ③ 音楽に関心をもつ。 ④ 長い時間がたつ。

4 次の文の（ ）に合う言葉を、□からえらんで記号を書きましょう。（一つ4点（16点））

① 一ぴきの犬が（エ）ほえている。
② 兄が（ウ）重そうな荷物をかついでいる。
③（ア）やり方はさけるべきだ。
④ 友だちと（イ）助け合って学習する。

ア 手あらい　イ たがいに　ウ いかにも　エ しきりに

5 引用するときの注意点として正しいものには○を、正しくないものには×をつけましょう。（一つ3点（12点））

① × 引用する部分を自分の言葉に書きかえて、かぎ（「 」）をつけてしめす。
② ○ 文章の中のひつような部分だけを引用する。
③ ○ 元の言葉を変えずにそのまま引用する。
④ × 筆者名（作者名）や書名などの出典は書かないようにする。

6 リーフレットを作るときの注意点として正しいものには○を、正しくないものには×をつけましょう。（一つ4点（20点））

① ○ 材料を集めるときには、本やインターネットを使って調べる。
② ○ 何を伝えるかを考えて、組み立てメモを作る。
③ × 下書きを作ってから、のせる絵や写真を考える。
④ ○ 文章がまちがっていないかたしかめながら、清書をする。
⑤ × 下書きを書いてから、リーフレットの題名を決める。

3 言葉の意味を考えながら、正しく書き分けましょう。

4 ①ここでの「しきりに」は「くりかえし」という意味を表します。
②「見るからに」という意味を表す「いかにも」があてはまります。
③「手あら」は、らんぼうにふるまう様子を表す言葉です。
④「たがいに」は、「相手のためにそれぞれが」という意味を表します。

5 ①引用する部分は、かぎ（「 」）をつけて、言葉を変えずにそのままぬき出しましょう。
②文章の全体を引用するのではなく、ひつような部分だけを引用しましょう。
③ほかの人の言葉を変えて引用してはいけません。
④出典を書いて、どこに書かれていた文章かが分かるようにしましょう。

6 ①材料を集めるときには、本やインターネットを使って調べる方法があります。また、くわしく知っている人に話を聞いてもよいでしょう。
②組み立てメモを作る時には、自分が伝えたいことは何かを考えながら整理しましょう。
③下書きを作るのは、のせる絵や写真を考えてからです。
④下書きが完成したら、文章を見直して、清書をしましょう。

じゅんび 24~25ページ

走れ／漢字を使おう３

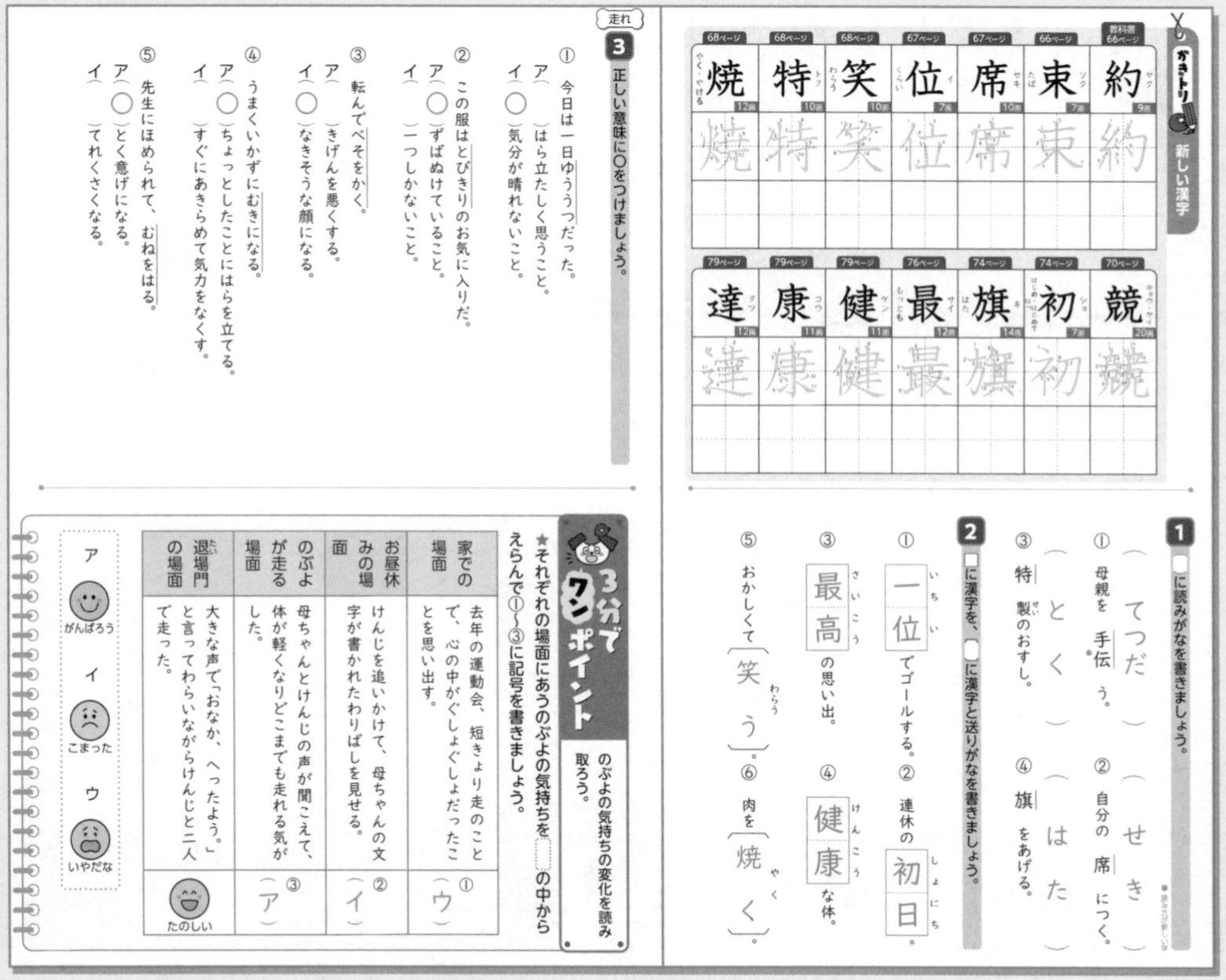

かきトリ 新しい漢字

約 東 席 位 笑 特 焼
競 初 旗 最 健 康 達

1 □に読みがなを書きましょう。

① 母親を手伝（てつだ）う。 ② 自分の席（せき）につく。 ③ 特（とく）製のおすし。 ④ 旗（はた）をあげる。

2 □に漢字を、（ ）に漢字と送りがなを書きましょう。

① 一位でゴールする。 ② 連休の初日。 ③ 最高の思い出。 ④ 健康な体。 ⑤ おかしくて（笑う）。 ⑥ 肉を（焼く）。

3 正しい意味に○をつけましょう。

① 今日は一日ゆううつだった。 ア（ ）はら立たしく思うこと。 イ（○）気分が晴れないこと。
② この服はとびきりのお気に入りだ。 ア（○）ずばぬけていること。 イ（ ）一つしかないこと。
③ 転んでべそをかく。 ア（ ）きげんを悪くする。 イ（○）なきそうな顔になる。
④ うまくいかずにむきになる。 ア（○）ちょっとしたことにはらを立てる。 イ（ ）すぐにあきらめて気力をなくす。
⑤ 先生にほめられて、むねをはる。 ア（○）とく意げになる。 イ（ ）てれくさくなる。

3分でワンポイント　のぶよの気持ちの変化を読み取ろう。

★それぞれの場面にあうのぶよの気持ちを□の中からえらんで①～③に記号を書きましょう。

家での場面	去年の運動会、短きょり走のことで、心の中がぐしょぐしょだったことを思い出す。	①（ウ）
お昼休みの場面	けんじを追いかけて、母ちゃんの文字が書かれたわりばしを見せる。	②（イ）
のぶよが走る場面	母ちゃんとけんじの声が聞こえて、体が軽くなりどこまでも走れる気がした。	③（ア）
退場門の場面	大きな声で「おなか、へったよう。」と言ってわらいながらけんじと二人で走った。	たのしい

ア がんばろう　イ こまった　ウ いやだな

3 ①「ゆううつ」とは、気分がふさいで、晴れ晴れとしないことです。
②「とびきり」は、ほかのものとはかけはなれている様子を表す言葉です。
③「べそをかく」は、今にもなきだしそうになる様子を表す言葉です。
④「むきになる」は、ちょっとしたことに本気になる様子を表します。

3分でワンポイント

「走れ（村中李衣）」では、それぞれの場面での登場人物の気持ちを整理して読むことで、物語の山場をつかむことができます。ここでは、家での場面と、運動会の場面、のぶよが走る場面でののぶよの気持ちに注目しています。のぶよの気持ちがどのように変化したか、おさえましょう。

走れ

◆文章を読んで、答えましょう。

朝の日ざしがベランダからさしこむ。今日は、春の運動会。のぶよは、のそのそと三人分のふとんをたたむ。足のおそいのぶよには、ゆううつな日だ。

「ね、ね、今日はお母ちゃん、ぼくが走るまでに来てくれるよね。」

歯みがきのとちゅうで、けんじが顔をのぞかせる。

「ん……たぶんね。」

のぶよは、お母ちゃんのしわしわのまくらを、パンッとはたいて、おし入れに放りこんだ。

のぶよたちのお母ちゃんは、駅前で、弁当の仕出し屋さんをしている。お父ちゃんがなくなってから、お母ちゃんが一人でがんばっているお店だ。遠足や運動会など、行事のある日は大いそがしで、朝まだ暗いうちから仕事に出かける。

去年の運動会には、お母ちゃんの代わりに、お店の手伝いのおばさんがお昼の弁当をとどけてくれた。一年生だったけんじは、とびきりの一等を走った後、お母ちゃんが来ていないことを知って、大べそをかいた。まだ三年生だったのぶよは、けんじをなぐさめるのと、その後始まる、びりまちがいなしの自分の短きょり走のことで、心の中がぐしょぐしょだった。思い出したくない思い出だ。

「絶対に来るさ！　ちゃんと約束したもん！」

きのうの夜、けんじが、むきになって歯ブラシをふり回した。

パッ、パパッ、パーンと、空をつきやぶるように、花火があがった。

村中　李衣「走れ」より

1 「のそのそと三人分のふとんをたたむ。」とありますが、のぶよが「のそのそと」しているのはなぜですか。一つに○をつけましょう。

ア（　）三人分のふとんをたたむのは、四年生ののぶよにとっては大変な作業だから。

イ（○）走ることがとく意ではないのぶよにとって、今日の運動会はゆううつだから。

ウ（　）お母ちゃんは今年も運動会に来られないだろうとあきらめているから。

2 「去年の運動会」は、のぶよにとってどんな思い出になっていますか。八字で書きぬきましょう。

（思い出したくない）思い出。

3 「大べそをかいた。」とありますが、けんじが「大べそをかいた」のはなぜですか。（　）に合う言葉を書きぬきましょう。

一等だったのに、（お母ちゃんが来ていない）

4 「心の中がぐしょぐしょだった。」とありますが、のぶよのどんな気持ちを表していますか。一つに○をつけましょう。

ア（　）けんじが一等を走ったので、自分も短きょり走をがんばろうと、ふるい立っている気持ち。

イ（　）けんじが一等を走ったのに、自分はびりまちがいなしなので、くやしくてたまらない気持ち。

ウ（○）けんじをなぐさめる大変さと、短きょり走でびりになりそうな不安で、なきだしたい気持ち。

ヒント　直前に書かれている内容に注目しよう。

5 「きのうの夜、ちゃんと約束したもん！」について、答えましょう。

① だれが、だれと約束したと言っているのですか。（　）に合う言葉を、それぞれ書きぬきましょう。

だれが＝（けんじ）　だれと＝（お母ちゃん）

② どんな内容の約束ですか。

（例 けんじが走るまでに来るという約束。）

ヒント　けんじの言葉に注目しよう。

人物の気持ちと行動を表す言葉／山場のある物語を書こう

かきトリ　新しい漢字

教科書81ページ　功　コウ　5画

81ページ　敗　ハイ　やぶれる　11画

81ページ　望　ボウ　のぞむ　11画

1 □に読みがなを書きましょう。

● 読み方が新しい字　◆ とくべつな読み方の言葉

① 絵画を見る。（かいが）

② 失敗して落ちこむ。（しっぱい）

③ 友達と遊ぶ。（ともだち）

④ 望遠きょうをのぞく。（ぼうえん）

⑤ 歌の練習。（れんしゅう）

⑥ 今日の出来事。（できごと）

2 □に漢字を、（　）に漢字と送りがなを書きましょう。

① 成功（せいこう）してよろこぶ。

② 地味（じみ）ながら。

③ 努力（どりょく）が実る。

④ 相手に（敗れる）。

⑤ 平和を（望む）。

人物の気持ちと行動を表す言葉

3 正しい意味に○をつけましょう。

① はなやかな生活にあこがれる。

ア（○）強く心がひかれる。

イ（　）きょうみをなくす。

② ゆだんして負ける。

ア（　）必死に努力して。

イ（○）注意をおこたって。

4 次の絵と□の言葉を手がかりにして、人物の行動と気持ちを表す言葉を使った文を書きましょう。

① 遠足の前日

期待する　楽しみにする　ねがう

（例 明日の遠足が楽しみで、晴れるようにねがっている。）

② 遠足の当日に雨になる

悲しむ　落ちこむ　ゆううつになる

（例 楽しみにしていた遠足の日に雨がふっているのを見て、落ちこんでいる。）

山場のある物語を書こう

5 物語を書くときのくふうとして、正しいもの二つに○をつけましょう。

ア（　）物語の時や場所、人物は、はじめに決めずに物語を書きながら考える。

イ（○）山場の場面では、きっかけとなる出来事によって、物語に大きな変化を起こす。

ウ（○）物語を読む人が、場面や人物の様子を想像しやすいようにする。

エ（　）物語のとちゅうで、人物の名前やせいかくを変化させるようにする。

6 山場のある物語を書くときの順番になるようにならべましょう。

（エ）→（ア）→（イ）→（ウ）

ア　物語の中でいちばん大きな変化が起こる、山場の場面を考える。

イ　起こる出来事を場面ごとに書き出して、物語の組み立てを考える。

ウ　組み立てメモにもとづいて、物語を書く。

エ　時や場所、人物など、物語の設定を考える。

---

1 後に「足のおそいのぶよには、ゆううつな日だ」と書かれていることに注目します。のぶよは走ることが苦手だと分かります。

2 「去年の運動会には」で始まるだん落に、どんな思い出なのかが書かれています。だん落の最後に、「思い出したくない思い出だ」とあることに注目します。

3 「大べそをかく」とは、泣きそうな顔になるという意味です。けんじの、自分が走るところをお母ちゃんに見てほしかった、という思いを読み取りましょう。

4 直前に書かれている二つの内容を読み取りましょう。大べそをかいたけんじをなぐさめるのが大変だったことと、自分の短きょり走に不安を感じていたことが、のぶよの「心の中がぐしょぐしょだった」理由です。

5 文章の初めのほうで、けんじとのぶよが話している内容に注目しましょう。「今日はお母ちゃん、ぼくが走るまでに来てくれるよね」と、けんじがのぶよに話しかけています。

3 ①「あこがれる」とは、人や物に強く心がひかれるという意味です。②「ゆだんする」とは、注意をおこたるという意味です。

4 ①「遠足の前日」の気持ちを想像してみましょう。絵の女の子は、遠足で友だちと楽しそうに歩いているところを、うれしそうに想像しています。

例2 明日の遠足で、友だちと楽しい時間をすごせることを期待している。

②遠足の当日に雨になったときの気持ちを想像してみましょう。絵の女の子は、外で雨がふっているのを見て、悲しい顔をしています。

例2 雨の中で遠足に行かなくてはならないために、ゆううつになっている。

5 物語を書くときには、はじめに、時、場所、人物などを考えましょう。山場の場面では、最も大きな変化が起こるようにして、全体の組み立てを考えるとよいでしょう。

6 設定を決めてから実さいに物語を書くまでの流れをおさえましょう。

じゅんび　30~31ページ
漢字を使おう４／ローマ字の書き方

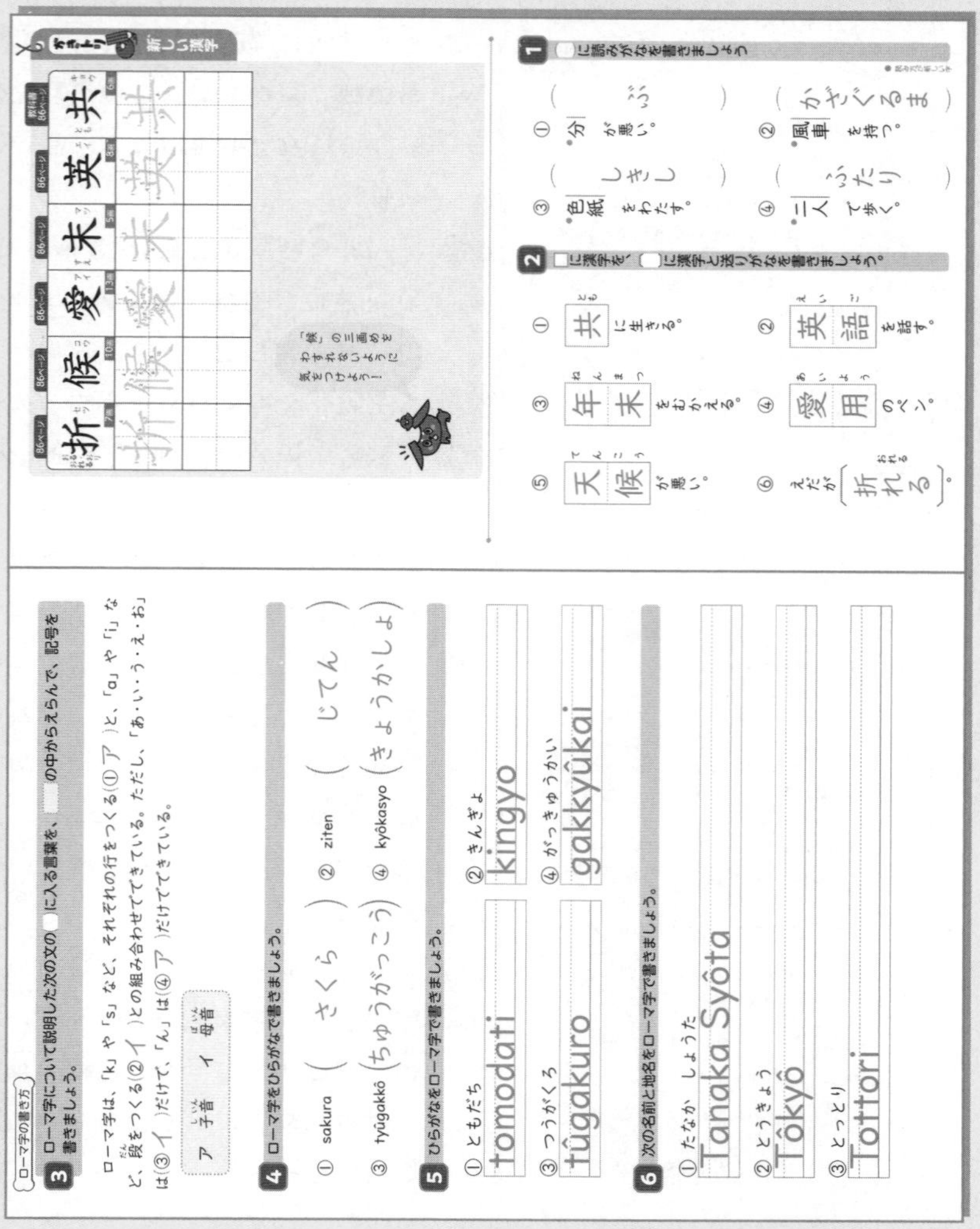

新しい漢字
折　候　愛　末　英　共
1 □に読みがなを書きましょう。
①分が悪い。（ぶ）
②風車を持つ。（かざぐるま）
③色紙をわたす。（しきし）
④二人で歩く。（ふたり）
2 □に漢字を、□に漢字と送りがなを書きましょう。
①共に生きる。
②英語を話す。
③年末をむかえる。
④愛用のペン。
⑤天候が悪い。
⑥えだが折れる。
3 ローマ字について説明した次の文の□に入る言葉を、□の中からえらんで、記号を書きましょう。
ローマ字は、「k」や「s」など、それぞれの行をつくる①ア と、「a」や「i」など、段をつくる②イ との組み合わせでできている。ただし、「あ・い・う・え・お」は③イ だけで、「ん」は④ア だけでできている。
ア 子音　イ 母音
4 ローマ字をひらがなで書きましょう。
① sakura（さくら）　② ziten（じてん）
③ tyûgakkô（ちゅうがっこう）　④ kyôkasyo（きょうかしょ）
5 ひらがなをローマ字で書きましょう。
① ともだち　tomodati
② きんぎょ　kingyo
③ つうがくろ　tûgakuro
④ がっきゅうかい　gakkyûkai
6 次の名前と地名をローマ字で書きましょう。
① たなか　しょうた　Tanaka Syôta
② とうきょう　Tôkyô
③ とっとり　Tottori

3 「子音」と「母音」のちがいをきちんとおさえましょう。

4 ②「ん」は、子音の「n」だけで書き表します。

③子音の「t」と母音の「u」の間に「y」が入っているので、「ちゅ」と読みます。「a・i・u・e・o」の上に「^」をつけると、のばす音になります。子音を重ねると、つまる音（「っ」）になります。ここでは、「k」を重ねているので、「こ（ko）」の前がつまる音になります。

④「o」の上に「^」がついているので、「きょう」とのばして読みます。

5 ①「ち」は、「ti」と書いても、「chi」と書いてもかまいません。

③「つう」はのばす音なので、「tu（tsu）」の「u」の上に「^」をつけて書き表します。「つ」は、「tu」と書いても、「tsu」と書いてもかまいません。

④「がっき」のように、「っ」とつまる場合は、その後の文字を重ねて書きましょう。ここでは、「きゅ（kyu）」の最初の文字である「k」を重ねます。

6 名前や住所をローマ字で書くときは、最初の文字を大文字で書きます。

①「しょうた」は「Syôta」と書いても「Shôta」と書いてもかまいません。

②③地名などは、全部大文字で書いてもかまいません。

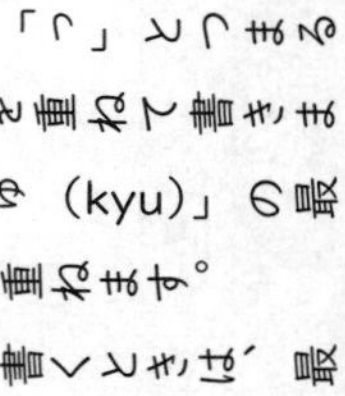

たしかめのテスト①　32～33ページ

走れ ～ ローマ字の書き方

おうちのかたへ

登場人物の気持ちを想像するためには、役割を決めて音読することも有効です。気持ちをこめて音読しようとすると、自然と登場人物の気持ちを想像し、理解することにつながります。

文章を読んで、答えましょう。　思考・判断・表現

　お昼ぬきで、午後の競技が始まった。

　つな引きと、六年生のフォークダンスが終わって、四年生の短きより走になった。一列スタートするたびに、ぱっ、とすなぼこりが上がる。次の列が、ざわざわと前進する。

（あと一列。）

　のぶよのしんぞうの音が、だんだん高くなる。

　ザクッという音とすなぼこりの後、のぶよの目の前が急に広くなった。深こきゅうして、体を前にたおす。頭の中が真っ白になっていく。

「用意！」

　耳のおくで、かすかにピストルの音を聞いた。両わきからいちどきに風が起こる。ひとつおくれて、のぶよも体を前におし出した。

（がんばって走らなきゃ。）

　体が重い。

（お母ちゃん、ショックだっただろうな。でも、けんじもさみしくて……。わたしだって本当は……。）

　体がどんどん重くなる。一生けん命走ろうとすればするほど、体が後ろへ下がっていく。

（あ、もう走れない。）

　そのとき、ふいにせなかに、二つの声がぶつかった。

「姉ちゃん、行けっ！」

「のぶよ、行け！」

　思わず、ぎゅんと足が出た。

「走れ！　そのまんま、走れ！」

　おしりが、すわっと軽くなる。次のしゅん間、体にからみついていたいろんな思いが、するするとほどけていった。

　走った。どこまでも走れる気がした。とう明な空気の中に、体ごと飛びこんだ。

「はい、君がラストね。」

　とつぜん、係の声がした。

　体の中は、まだ、どくどく波打って走り続けている感じだ。

　ラストという言葉が、こんなにほこらしく聞こえたことは、初めてだった。

村中　李衣「走れ」より

1　「のぶよのしんぞうの音が、だんだん高くなる。」とありますが、なぜですか。　15点
自分の走る順番が近づいてきて、

（例 きんちょうした）から。

2　「のぶよの目の前が急に広くなった。」とありますが、どういうことですか。四字で書きぬきましょう。　15点
のぶよの前の列が［スタート］したということ。

3　「両わきからいちどきに風が起こる。」とありますが、どんな場面を表していますか。一つに○をつけましょう。　10点
ア（　）ピストルの音と同時に、前の列の走者がいっせいに走り出した場面。

イ（　）ピストルの合図に合わせて、おうえんの旗がふられた場面。

ウ（○）両どなりの走者が、ピストルの合図とともに走り出した場面。

よく出る
4　「わたしだって本当は……。」とありますが、これは、のぶよが心の中で言った言葉です。「……」に入る言葉を、五字で書きぬきましょう。　15点
［さみしくて］

5　「二つの声がぶつかった。」とありますが、だれとだれの声ですか。書きぬきましょう。　二つともできて10点
（けんじ）（お母ちゃん）

できたらスゴイ！
6　のぶよの走る様子に変化が表れたのは、どの場面からですか。一つに○をつけましょう。　15点
ア（　）「体がどんどん重くなる。」

イ（○）「思わず、ぎゅんと足が出た。」

ウ（　）「おしりが、すわっと軽くなる。」

エ（　）「どこまでも走れる気がした。」

オ（　）「とつぜん、係の声がした。」

考えて書こう
7　「ラストという言葉が、こんなにほこらしく聞こえた」とありますが、ほこらしく聞こえたのはなぜですか。考えて書きましょう。　20点
順位はラストでも、例 けんじやお母ちゃんにおうえんされて力強く走ることができたから。

1　四年生の短きより走が始まって、あと一列で、自分の番が回ってくる場面です。このときののぶよの気持ちを考えましょう。

2　すぐ前の「ザクッという音とすなぼこり」は、前の列が走り出したことを表しています。つまり、のぶよの目の前の列の子たちが「スタート」したということです。

3　すぐ後に「ひとつおくれて」のぶよが走り出したとあります。のぶよの両どなりの子が走り出して、風が起こったことが分かります。

4　自分だってさみしいのに、お母ちゃんの思いも分かるからさみしさを出すことができない、のぶよのやさしさが表れています。

5　後の二つの言葉に注目しましょう。

6　「もう走れない。」と思っていたのぶよですが、お母ちゃんとけんじのかけ声によって、力強く「足が出た」場面です。

7　前の内容に注目して、のぶよのおしりが軽くなり、いろんな思いがほどけたのは、なぜかを考えます。のぶよが「もう走れない」と思ったところで、「姉ちゃん、行けっ！」「のぶよ、行け！」というおうえんの声が聞こえてきて、のぶよは「思わず、ぎゅんと足が出た」とあります。
例2 けんじとお母ちゃんにおうえんされて、全力で走ることができたから。

たしかめのテスト② 34~35ページ
走れ ～ ローマ字の書き方

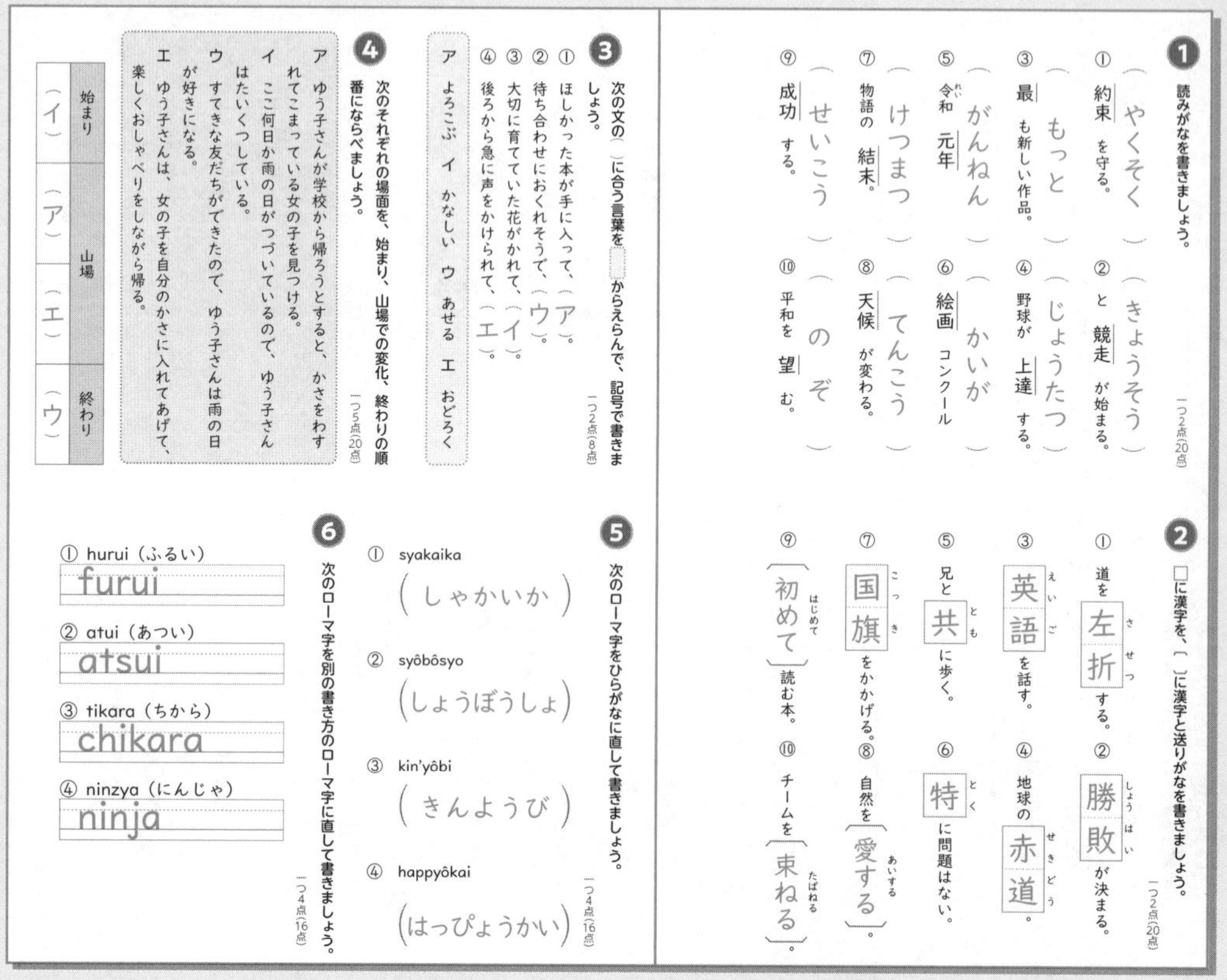

1 読みがなを書きましょう。（一つ2点〔20点〕）

① 約束を守る。（やくそく）
② と競走が始まる。（きょうそう）
③ 最も新しい作品。（もっと）
④ 野球が上達する。（じょうたつ）
⑤ 令和元年（がんねん）
⑥ 絵画コンクール（かいが）
⑦ 物語の結末。（けつまつ）
⑧ 天候が変わる。（てんこう）
⑨ 成功する。（せいこう）
⑩ 平和を望む。（のぞ）

2 □に漢字を、〔　〕に漢字と送りがなを書きましょう。（一つ2点〔20点〕）

① 道を左折する。
② 勝敗が決まる。
③ 英語を話す。
④ 地球の赤道。
⑤ 兄と共に歩く。
⑥ 特に問題はない。
⑦ 国旗をかかげる。
⑧ 自然を〔愛する〕。
⑨ 〔初めて〕読む本。
⑩ チームを〔束ねる〕。

3 次の文の（　）に合う言葉を□からえらんで、記号で書きましょう。（一つ2点〔8点〕）

① ほしかった本が手に入って、（ア）。
② 待ち合わせにおくれそうで、（ウ）。
③ 大切に育てていた花がかれて、（イ）。
④ 後ろから急に声をかけられて、（エ）。

ア よろこぶ　イ かなしい　ウ あせる　エ おどろく

4 次のそれぞれの場面を、始まり、山場での変化、終わりの順番にならべましょう。（一つ5点〔20点〕）

ア ゆう子さんが学校から帰ろうとすると、かさをわすれてこまっている女の子を見つける。
イ ここ何日か雨の日がつづいているので、ゆう子さんはたいくつしている。
ウ すてきな友だちができたので、ゆう子さんは雨の日が好きになる。
エ ゆう子さんは、女の子を自分のかさに入れてあげて、楽しくおしゃべりをしながら帰る。

始まり	山場		終わり
（イ）	（ア）	（エ）	（ウ）

5 次のローマ字をひらがなに直して書きましょう。（一つ4点〔16点〕）

① syakaika（しゃかいか）
② syôbôsyo（しょうぼうしょ）
③ kin'yôbi（きんようび）
④ happyôkai（はっぴょうかい）

6 次のローマ字を別の書き方のローマ字に直して書きましょう。（一つ4点〔16点〕）

① hurui（ふるい） furui
② atui（あつい） atsui
③ tikara（ちから） chikara
④ ninzya（にんじゃ） ninja

じゅんび 36~37ページ
広告を読みくらべよう

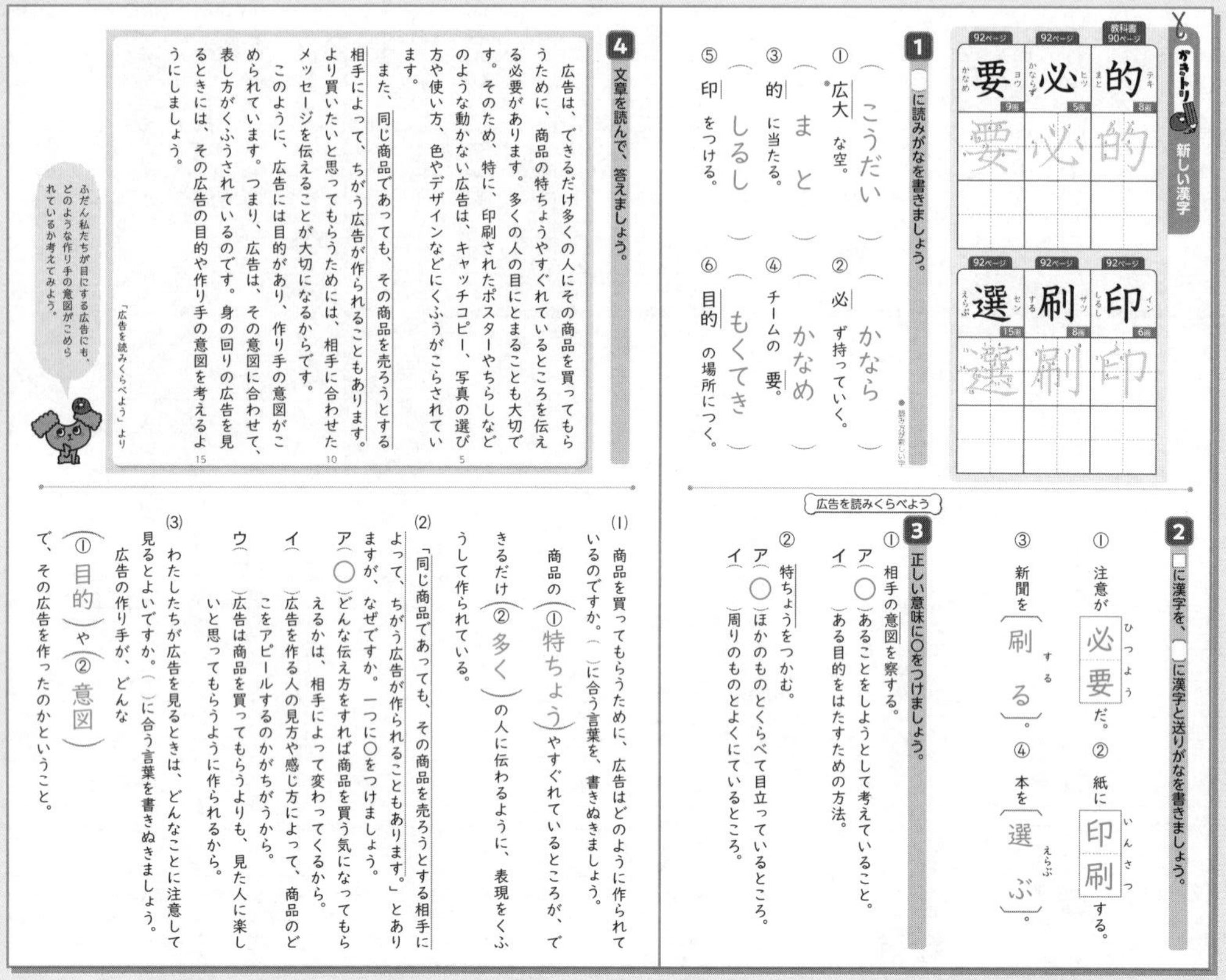

おさトリ 新しい漢字

的	必	要
印	刷	選

1 ◯に読みがなを書きましょう。

① 広大な空。（こうだい）
② 必ず持っていく。（かなら）
③ 的に当たる。（まと）
④ チームの要。（かなめ）
⑤ 印をつける。（しるし）
⑥ 目的の場所につく。（もくてき）

2 □に漢字を、〔　〕に漢字と送りがなを書きましょう。

① 注意が必要だ。
② 紙に印刷する。
③ 新聞を〔刷る〕。
④ 本を〔選ぶ〕。

3 正しい意味に○をつけましょう。

① 相手の意図を察する。
ア（○）あることをしようとして考えていること。
イ（　）ある目的をはたすための方法。

② 特ちょうをつかむ。
ア（○）ほかのものとくらべて目立っているところ。
イ（　）周りのものとよくにているところ。

4 文章を読んで、答えましょう。

広告は、できるだけ多くの人にその商品を買ってもらうために、商品の特ちょうやすぐれているところを伝える必要があります。多くの人の目にとまることも大切です。そのため、特に、印刷されたポスターやちらしなどのような動かない広告は、キャッチコピー、写真の選び方や使い方、色やデザインなどにくふうがこらされています。

また、同じ商品であっても、その商品を売ろうとする相手によって、ちがう広告が作られることもあります。より買いたいと思ってもらうためには、相手に合わせたメッセージを伝えることが大切になるからです。

このように、広告には目的があり、作り手の意図がこめられています。つまり、広告は、その意図に合わせて、表し方がくふうされているのです。身の回りの広告を見るときには、その広告の目的や作り手の意図を考えるようにしましょう。

「広告を読みくらべよう」より

ふだん私たちが目にする広告にも、どのような作り手の意図がこめられているか考えてみよう。

(1) 商品を買ってもらうために、広告はどのように作られているのですか。（　）に合う言葉を、書きぬきましょう。

商品の（① 特ちょう）やすぐれているところが、できるだけ（② 多く）の人に伝わるように、表現をくふうして作られている。

(2) 「同じ商品であっても、その商品を売ろうとする相手によって、ちがう広告が作られることもあります。」とありますが、なぜですか。一つに○をつけましょう。

ア（○）どんな伝え方をすれば商品を買う気になってもらえるかは、相手によって変わってくるから。
イ（　）広告を作る人の見方や感じ方によって、商品のどこをアピールするのかがちがうから。
ウ（　）広告は商品を買ってもらうよりも、見た人に楽しいと思ってもらうように作られるから。

(3) わたしたちが広告を見るときは、どんなことに注意して見るとよいですか。（　）に合う言葉を書きぬきましょう。

広告の作り手が、どんな（① 目的）や（② 意図）で、その広告を作ったのかということ。

---

3 ①ほしかったものが手に入ったときの気持ちなので、うれしい気持ちだと考えられます。
②待ち合わせの時間に間に合わないときの気持ちなので、あせっている気持ちだと考えられます。

4 物語は、「始まり」「山場」「終わり」の三つに大きく分けることができます。アから工を読んでみて、雨の日にたいくつしていたゆう子さんが、かさをわすれた女の子と友だちになり、雨の日が好きになったという流れをとらえましょう。山場で、ゆう子さんに友だちができるという変化がえがかれています。

5 ③「ん」を表す「n」のあとに、「a・i・u・e・o」や「y」がくる場合は、「ん」の後に「'」をつけます。

6 ①「ふ」は「hu」「fu」の二つの書き方があります。
④「じゃ」は「zya」のほかに「ja」という書き方もあります。

3 ②「ほかのものとくらべて目立っているところ」という意味のときには、「特徴（ちょう）」という漢字を使います。「特長」と書くと、ほかのものよりすぐれているところ、という意味になります。

4 (1)「広告」は、商品を買ってもらうために、その商品の特ちょうやすぐれているところを多くの人たちに向けて伝えるものです。
(2)文章の最初に、「商品の特ちょうやすぐれているところを伝える必要があります」とあることや、「多くの人の目にとまることも大切」とあることに注目しましょう。
(3)「同じ商品であっても、……作られることもあります。」のすぐ後に「より買いたいと思ってもらうためには、相手に合わせたメッセージを伝えることが大切になる」とあることに注目しましょう。商品を買ってもらうために何がこうか的なメッセージになるかは相手によってちがうので、広告もちがったものになってくるのです。

じゅんび　38～39ページ

述語の形、だいじょうぶ？／本は楽しむもの

述語の形、だいじょうぶ？

1 次の文の述語に線を引きましょう。

① 好きな　ことは、サッカーを　することです。

② なぜなら　わたしは　運動が　好きだからです。

③ 友だちの　いいところは　やさしいところです。

④ わたしは、明日　図書館に　行きたいです。

2 正しい述語の形になっている文二つに、○をつけましょう。

ア（○）わたしの苦手なことは、朝早く起きることです。

イ（　）わたしの目標は、朝早く起きます。

ウ（　）なぜなら、朝早く起きると気持ちがいいです。

エ（　）弟の悪いところは、宿題をよくわすれます。

オ（○）妹のゆめは、お医者さんになることです。

3 次の文の――線の述語を、正しい形に直しましょう。

① わたしの好きなことは、本を読みます。（読むことです）

② なぜなら、本を読むことはおもしろいです。（おもしろいからです）

4 次の文が正しい述語になるように、□に合う言葉を書きましょう。

① わたしのゆめは、歌手になる（こと）です。

② なぜなら、わたしは歌うことが好きだ（から）です。

③ 歌のいいところは、楽しい気持ちになれる（ところ）です。

本は楽しむもの

5 文章を読んで、答えましょう。

わたしたちの住んでいるこの世界は、「ハリー・ポッター」の魔法の世界と変わらないぐらい、本当はふしぎなことだらけです。ほうきで空を飛ぶことはできないけれど、飛行機でどこへでも行けます。テレパシーがなくても、インターネットやけいたい電話で世界中と結ばれています。科学は、そのふしぎな世界の皮をむいて、ふしぎさをはっきりと見せてくれます。

「科学って何だろう。」と考えると、それは音楽とか物語とかえい画などと同じ、人間の作り上げてきた文化の一つだと思います。大人になると、この世界のことはあたりまえ、ふしぎなことなどどこにもないような気になってしまいます。でも、子どもには、いろいろなことにふしぎさを感じる力があります。そのふしぎさを楽しんだほうがいいと思います。科学の本は、人間が長い時間をかけて発見してきたいろいろな、好奇心をみたしてくれるふしぎなことを、分かりやすくとき明かして、楽しませてくれます。

米村　でんじろう「本は楽しむもの」より

(1) 「ふしぎなこと」について、答えましょう。

① 「ふしぎ」と反対の意味の言葉を、後のだん落から五字で書きぬきましょう。（あたりまえ）

② 「ふしぎなこと」の例を二つ、文章の言葉を使って書きましょう。

・（例 飛行機でどこにでも行けること。）

・（例 インターネットやけいたい電話で世界中と結ばれていること。）

(2) 「好奇心」とは、どんな心のことですか。「心」につながるように書きぬきましょう。

（いろいろなことにふしぎさを感じる）心

(3) この文章の筆者は、どんなことをのべていますか。一つに○をつけましょう。

ア（　）科学を学ぶことは、このふしぎな世界を、より進歩させていくことにつながる。

イ（○）科学の本は、この世界のふしぎなことをとき明かして、読む人を楽しませてくれる。

ウ（　）科学の本はおもしろくはないが、さまざまなふしぎなことを、とき明かしてくれる。

1 述語（じゅつご）は文の最後にあることが多く、「どうする」「どんなだ」という内容（よう）を表します。

2 イ述語には、主語の「目標」に合う「こと」という言葉が必要です。正しい形は、「わたしの目標は、朝早く起きることです。」となります。

ウ理由を説明するときは、述語に「から」を入れます。正しい形は、「なぜなら、朝早く起きると気持ちがいいからです。」となります。

エ主語に「ところ」という言葉があるので、述語にも「ところ」を入れます。正しい形は、「弟の悪いところは、宿題をよくわすれるところです。」となります。

3 ①主語の中に「こと」という言葉があるので、述語にも「こと」を入れます。

②「なぜなら」と理由を表していることから、述語には「から」を入れます。

5 (1)①後のだん落に注目しましょう。「あたりまえ」と「ふしぎなことなどどこにもない」とは同じ意味を表していることが分かります。

②すぐ後の部分に、ふしぎなことの例が書かれています。

(2)「好奇心（き）」とは、めずらしいことや知らないことについて知りたいと思う心のことです。文章では、世界にあるふしぎなことを気にかけなくなった大人と、ふしぎなことにきょう味をもつ子どもがくらべられています。子どもについて書かれている部分からさがすとよいでしょう。

(3)最後の一文に、「科学の本は……ふしぎなことを、分かりやすくとき明かして、楽しませてくれます。」とあることから考えましょう。

たしかめのテスト①　40～41ページ

広告を読みくらべよう ～ 本は楽しむもの

おうちのかたへ

「広告を読みくらべよう」の学習内容をもとに、身近にある広告を実際に読み比べてみるのもよいでしょう。

教科書の「広告を読みくらべよう」を読んで、答えましょう。　思考・判断・表現

教科書94～95ページ　【広告1】から
↓
教科書96～97ページ　【広告2】まで

1 【広告1】と、【広告2】は、どんな商品の広告ですか。広告から三字で書きぬきましょう。　10点

体温計

2 【広告1】と【広告2】は、ともにどんなことを目的として、作られたものですか。　一つ5点(10点)

広告を見た人に、「(①はかるくん)」という名前の商品を(②例 買いたい)と思ってもらうこと。

3 【広告1】と【広告2】の意図のちがいは、どんなところに表れていますか。正しくないもの一つに×をつけましょう。　10点

ア(×)商品名
イ(　)キャッチコピー
ウ(　)商品の特長の説明の内容
エ(　)取り上げた商品の特長のならべ方
オ(　)写真の使い方

4 【広告1】と【広告2】のどちらにも取り上げられている商品の特長として、正しくないもの一つに×をつけましょう。　10点

ア(　)検温がすばやくできること。
イ(×)お年よりでもかんたんに使えること。
ウ(　)つねに清けつさをたもつことができること。
エ(　)検温が終わったことが音と光で分かること。

5 【広告1】と【広告2】は、それぞれ商品のどんな特長を、最も強く取り上げていますか。(　)に合う言葉を、それぞれの広告から書きぬきましょう。　一つ5点(10点)

① 【広告1】…だれにでも(使いやすい)ところ。

② 【広告2】…体温を(すばやくはかれる)ところ。

6 広告の写真の意図や目的について、【広告1】に合うものには1、【広告2】に合うものには2を書きましょう。　一つ5点(20点)

ア(1)健康に生活しているときにも使える商品であることを印象づけている。
イ(2)きん急のときに役に立つ商品であることを印象づけている。
ウ(1)さまざまな年れいの人が使う商品であることを印象づけている。
エ(2)特定の年れいの人に特に役に立つ商品であることを印象づけている。

7 【広告1】と【広告2】は、それぞれどんな意図で作られていると考えられますか。(　)に合う言葉を、それぞれの広告から書きぬきましょう。　一つ5点(20点)

【広告1】は、(①高れい者)や子どものいる家庭に向けて、ふだんの(②健康チェック)に使えることを伝えて、商品を買ってもらおうとしている。

一方、【広告2】は、(③子ども)を持つ人に向けて、家族が(④(急な)発熱)をしたときなどに使えることを伝えて、商品を買ってもらおうとしている。

8 【広告1】と【広告2】をくらべてみることで、どんなことが分かりますか。　10点

同じ商品であっても、(例 その商品を売ろうとする相手)によって、広告の表現の仕方がちがってくるということ。

---

2 ①広告の中から具体的な商品名が書かれている部分をさがします。②広告は商品を買ってもらうために作られます。

3 広告1と広告2は同じ商品の広告なので、アに意図のちがいはありません。

4 「お年よりでもかんたんに使えること」は、広告1にしか書かれていません。

5 広告1では商品名のところに「どなたにも使いやすい」とあるのに対して、広告2では「すばやくはかれる」とあります。

6 広告1の写真には、元気そうに笑っている、さまざまな年れいの人が写っているのに対して、広告2の写真には、病気でつらそうにしている女の子が写っています。

7 キャッチコピーや写真などから、それぞれの広告がどんな人に向けられたものなのかを考えましょう。

8 二つの広告の表現のちがいは、だれに向けられているかによってちがっているということをおさえましょう。
例2どのような人に向けられているか

たしかめのテスト② 42~43ページ
広告を読みくらべよう ～ 本は楽しむもの

1 読みがなを書きましょう。（一つ2点〔20点〕）
① 必死（ひっし）で追いかける。
② 広大（こうだい）な世界。
③ 商品（しょうひん）を買う。
④ 仕様（しよう）が変わる。
⑤ 手紙を印刷（いんさつ）する。
⑥ 意図（いと）を読み取る。
⑦ 文章を要約（ようやく）する。
⑧ 本を選（えら）ぶ。
⑨ 大会に参加（さんか）する。
⑩ ちらしを刷（す）る。

2 □に漢字を、（ ）に漢字と送りがなを書きましょう。（一つ2点〔20点〕）
① 予想が［的中］する。
② ［写真］をとる。
③ ［選考］を受ける。
④ チームの［要］。
⑤ ［的］外れな意見。
⑥ ［矢］に注意する。
⑦ ［星印］をかく。
⑧ 荷物を（運ぶ）。
⑨ （必ず）守る。
⑩ 考えを（伝える）。

3 次の言葉を使って短い文を書きましょう。（一つ5点〔10点〕）
① できるだけ
（例 できるだけ早く宿題を終わらせよう。）
② ～であっても
（例 妹であっても、ゆるすことはできない。）

4 （ ）に合う言葉を、［ ］から選んで書きましょう。（一つ5点〔20点〕）
① ポスターが人々の目に（とまる）。
② 表現にさまざまなくふうを（こらす）。
③ 相手の申し出に（おうじる）。
④ 本を読んで好奇心を（みたす）。
［おうじる　みたす　こらす　とまる］

5 （ ）に合う言葉を、［ ］から選んで、記号を書きましょう。（一つ5点〔15点〕）
① わたしは、水族館に行き（イ）です。
② なぜなら、魚が好きだ（ウ）です。
③ 魚のいいところは、ゆったりと泳ぐ（ア）です。
［ア ところ　イ たい　ウ から］

6 次の文の述語を、正しい形に直して書きましょう。（一つ5点〔15点〕）
① わたしのゆめは、学校の先生になりたいです。
（わたしのゆめは、学校の先生になることです。）
② なぜなら、勉強が好きです。
（なぜなら、勉強が好きだからです。）
③ 勉強のいいところは、ちしきがふえます。
（勉強のいいところは、ちしきがふえるところです。）

じゅんび 44~45ページ
ふしぎ／よかったなあ

1 □に読みがなを書きましょう。
① 銀色（ぎんいろ）のテープ。
② 種（たね）を植える。
③ 連日（れんじつ）雨がふる。
④ 笑（わら）いがたえない。
⑤ 順調（じゅんちょう）に進む。
⑥ 大空を飛（と）ぶ。

2 □に漢字を、（ ）に漢字と送りがなを書きましょう。
① ［太陽］がまぶしい。
② ［雲］ひとつない青空。
③ 目が（覚める）。
④ （初めて）会う。

3 正しい意味に○をつけましょう。
① わたしはうれしくてたまらない。
ア（○）とてもうれしい。
イ（ ）あまりうれしくない。
② かぐわしいうめのかおり。
ア（○）かおりがとてもよいこと。
イ（ ）かおりがとても強いこと。
③ 問題点は数かぎりなくある。
ア（ ）かた手で数えられるくらい。
イ（○）数えられないほど多く。
④ めいめいに料理を取り分ける。
ア（○）ひとりひとりに。
イ（ ）みんなでいっせいに。

4 詩を読んで、答えましょう。

ふしぎ　金子 みすゞ

わたしはふしぎでたまらない、
黒い雲からふる雨が、
銀にひかっていることが。

わたしはふしぎでたまらない、
青いくわの葉たべている、
かいこが白くなることが。

わたしはふしぎでたまらない、
たれもいじらぬ夕顔が、
ひとりでぱらりと開くのが。

わたしはふしぎでたまらない、
たれにきいてもわらってて、
あたりまえだ、ということが。

「くわの葉」は、「かいこ」のえさになる植物です。「かいこ」は、ガの仲間で、よう虫はくわの葉を食べ、大きくなると糸を出してまゆを作ります。

(1) 詩の中で何度もくり返されている行を書きぬきましょう。
（わたしはふしぎでたまらない、）
(2) 「だれもいじらぬ夕顔が、／ひとりでぱらりと開くのが。」とありますが、どういうことですか。一つに○をつけましょう。
ア（ ）だれもさわらなければ、花がきれいにさくこと。
イ（ ）人が世話をしなければ、花がさかないこと。
ウ（○）人がふれていないのに、花が自然にさくこと。
(3) 「たれにきいてもわらってて、／あたりまえだ、ということが。」に表れている作者の思いに○をつけましょう。
ア（ ）まわりの人びとのやさしさを感じる。
イ（○）まわりの人びとに物足りなさを感じる。
ウ（ ）まわりの人びとに調子のよさを感じる。
(4) この詩はどのように音読すればよいですか。一つに○をつけましょう。
ア（ ）「かいこ」の気持ちが分かるように、大きな声で元気に読む。
イ（○）「わたし」の気持ちを考えながら、くり返しに気をつけて読む。
ウ（ ）場面のもり上がりが目にうかぶように、一気に続けて読む。

---

3 ①「できるだけ」は、かのうな限りという意味です。
例2 できるだけ大きなかばんを使う。
②「であっても」は「でも」と同じように、前の内容と後ろの内容が対立しているときに使います。
例2 雨であっても、し合は続く。

4 ①「目にとまる」は、注意がひかれるという意味です。
②「こらす」は、集中して一心に行うという意味を表します。
③「おうじる」は、相手の希望や動きに合うような反のうをすることです。
④このときの「みたす」は、満足するという意味で使われています。

5 ①希望を表すので、「たい」を使います。
②理由を表すので、「から」を使います。
③主語に「ところ」という言葉があるので、「ところ」を使います。

6 ①内容を表すので、「こと」を使います。
②理由を言うときの文末は、「から」「だから」を使います。
③いいところの内容を表すので、「ふえる」に「ところ」をつなげて「ふえるところ」にします。

3 ①「たまらない」とは、がまんできないほど度合いが大きいという意味です。「うれしい」のように良いことにも、「つらい」のような悪いことにも使います。

4 (1)四つの連のいちばん初めの行は、どれも同じ言葉になっていることに注目しましょう。
(2)人が何もしなくても夕顔が自然に花をさかせることが、「ふしぎ」だと言っています。
(3)「わたし」は、いろいろなことをふしぎに思っています。さらに、だれもがそれを当たり前だと言うことが、「ふしぎでたまらない」のです。
(4)「わたし」がふしぎに思っている様子が伝わるように読みます。

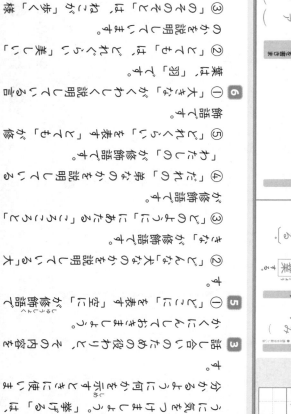

じゅんび　46〜47ページ
お願いやお礼の手紙を書こう／ことわざ・故事成語を使おう

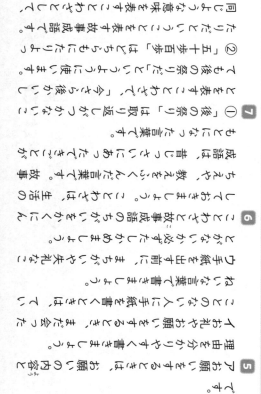

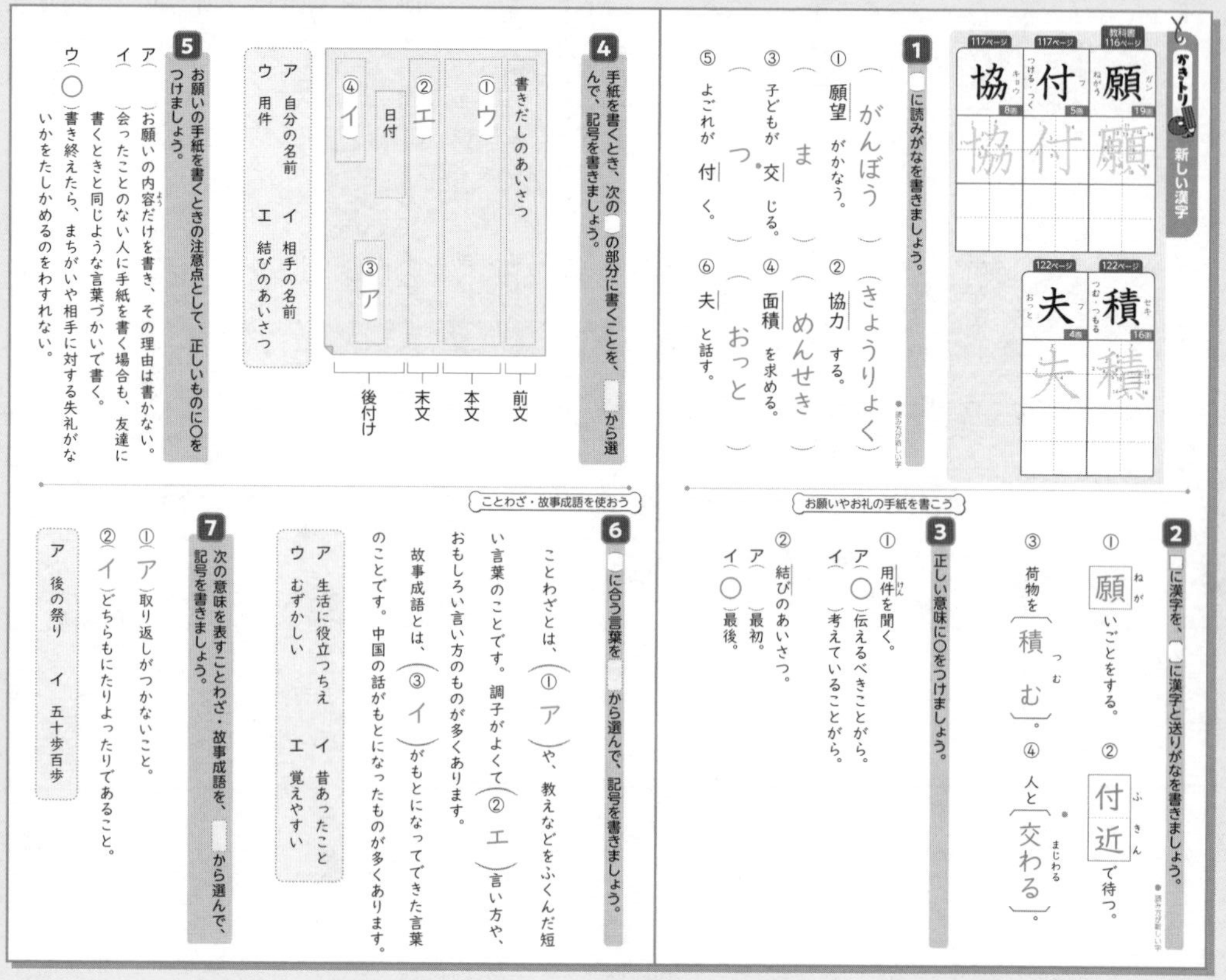
新しい漢字　願　付　協　積　夫

1 □に読みがなを書きましょう。
①願望（がんぼう）がかなう。　②協力（きょうりょく）する。　③子どもが交（ま）じる。　④面積（めんせき）を求める。　⑤よごれが付（つ）く。　⑥夫（おっと）と話す。

2 □に漢字を、□に漢字と送りがなを書きましょう。
①願いごとをする。　②付近で待つ。　③荷物を積む。　④人と交わる。

3 正しい意味に○をつけましょう。
①用件を聞く。　ア（○）伝えるべきことがら。　イ（　）考えていることがら。
②結びのあいさつ。　ア（　）最初。　イ（○）最後。

4 手紙を書くとき、次の□の部分に書くことを、□から選んで、記号を書きましょう。
前文　書きだしのあいさつ　①ウ
本文　②エ
末文　日付　③ア　④イ
後付け
ア 自分の名前　イ 相手の名前　ウ 用件　エ 結びのあいさつ

5 お願いの手紙を書くときの注意点として、正しいものに○をつけましょう。
ア（　）お願いの内容だけを書き、その理由は書かない。

イ（　）会ったことのない人に手紙を書く場合も、友達に書くときと同じような言葉づかいで書く。

ウ（○）書き終えたら、まちがいや相手に対する失礼がないかをたしかめるのをわすれない。

6 □に合う言葉を□から選んで、記号を書きましょう。
ことわざとは、（①ア）や、教えなどをふくんだ短い言葉のことです。調子がよくて（②エ）言い方や、おもしろい言い方のものが多くあります。

故事成語とは、（③イ）がもとになってできた言葉のことです。中国の話がもとになったものが多くあります。

ア 生活に役立つちえ　イ 昔あったこと　ウ むずかしい　エ 覚えやすい

7 次の意味を表すことわざ・故事成語を、□から選んで、記号を書きましょう。
①（ア）取り返しがつかないこと。
②（イ）どちらもにたりよったりであること。
ア 後の祭り　イ 五十歩百歩

4 ③④手紙のきほん的な書き方をおさえましょう。手紙では、左下に自分の名前、左上に相手の名前を書くのが決まりです。

5 アお願いをするときは、お願いの内容と理由を分かりやすく書きましょう。
イお礼やお願いをするとき、まだ会ったことのない人に手紙を書くときは、ていねいな言葉で書きましょう。

ウ手紙を出す前に、まちがいや失礼なことがないか必ずたしかめましょう。

6 ことわざと故事成語のちがいをかくにんしておきましょう。ことわざは、生活のちえや、教えをふくんだ言葉です。故事成語は、昔じっさいにあったできごとがもとになった言葉です。

7 ①「後の祭り」は取り返しがつかないことを表すことわざで、「今さら後かいしても後の祭りだ」というように使います。
②「五十歩百歩」はどちらもにたりよったりだということを表す故事成語です。同じような意味を表すことわざとして、「どんぐりのせいくらべ」があります。

じゅんび　48〜49ページ
クラスで話し合って決めよう／漢字を使おう５／文の組み立てと修飾語

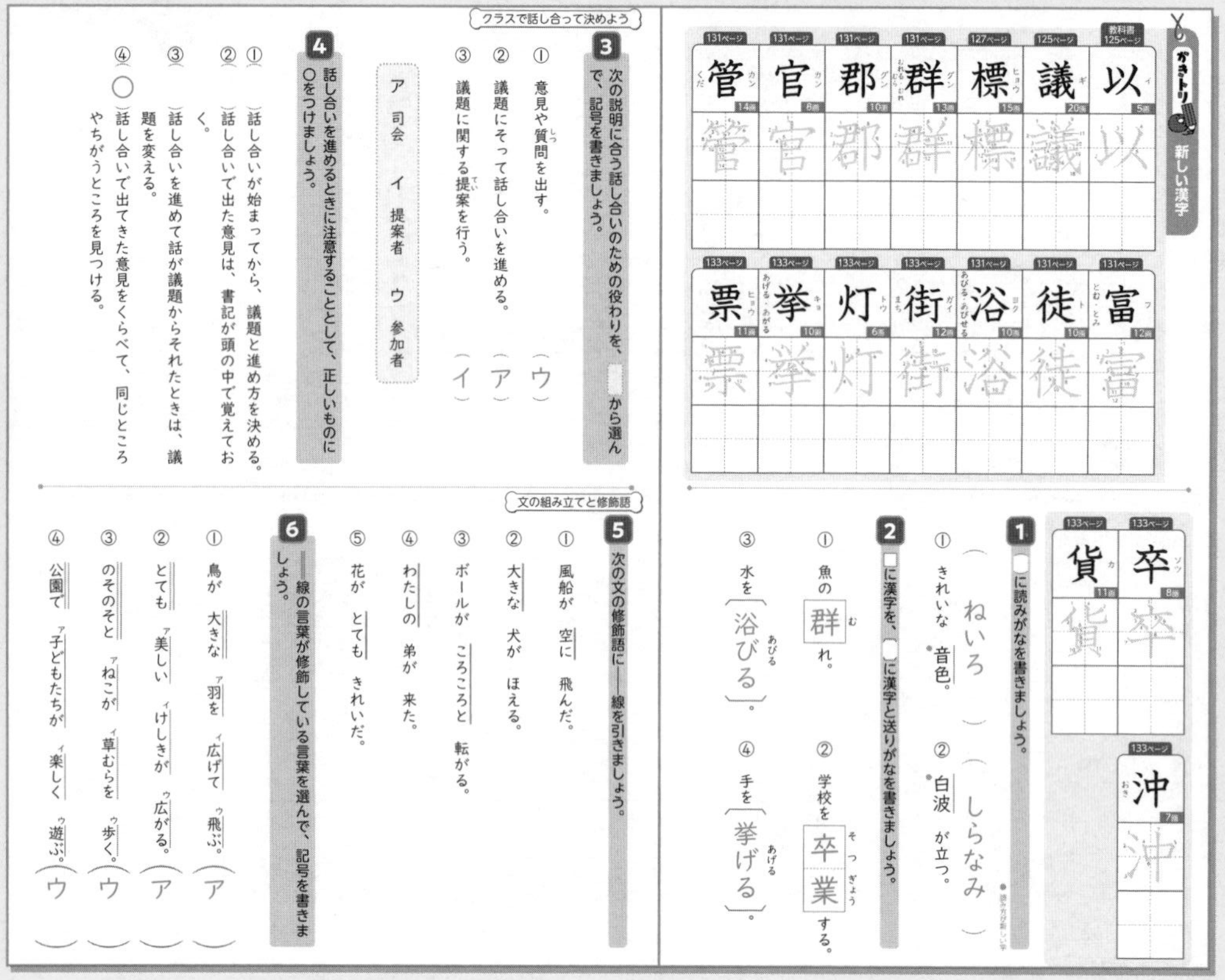
新しい漢字　以　議　標　群　郡　官　管　富　徒　浴　街　灯　挙　票　卒　貨　沖

1 □に読みがなを書きましょう。
①きれいな音色（ねいろ）。　②白波（しらなみ）が立つ。

2 □に漢字を、□に漢字と送りがなを書きましょう。
①魚の群れ。　②学校を卒業する。　③水を浴びる。　④手を挙げる。

3 次の説明に合う話し合いのための役わりを、□から選んで、記号を書きましょう。
①意見や質問を出す。（ウ）
②議題にそって話し合いを進める。（ア）
③議題に関する提案を行う。（イ）
ア 司会　イ 提案者　ウ 参加者

4 話し合いを進めるときに注意することとして、正しいものに○をつけましょう。
①（　）話し合いが始まってから、議題と進め方を決める。
②（　）話し合いで出た意見は、書記が頭の中で覚えておく。
③（　）話し合いを進めて話が議題からそれたときは、議題を変える。
④（○）話し合いで出てきた意見をくらべて、同じところやちがうところを見つける。

5 次の文の修飾語に――線を引きましょう。
①風船が 空に 飛んだ。　②大きな 犬が ほえる。　③ボールが ころころと 転がる。　④わたしの 弟が 来た。　⑤花が とても きれいだ。

6 ――線の言葉が修飾している言葉を選んで、記号を書きましょう。
①鳥が 大きな ア羽を イ広げて ウ飛ぶ。（ア）
②とても ア美しい イけしきが ウ広がる。（ア）
③のそのそと アねこが イ草むらを ウ歩く。（ウ）
④公園で ア子どもたちが イ楽しく ウ遊ぶ。（ウ）

2 ④「挙げる」を「上げる」と書かないように気をつけましょう。「挙げる」は、分かるように何かを示すときに使います。

3 話し合いのための役わりと、その内容をかくにんしておきましょう。

5 ①「どこに」を表す「空に」が修飾語です。
②「どんな」犬なのかを説明している「大きな」が修飾語です。
③「どのように」にあたる「ころころと」が修飾語です。
④「だれの」弟なのかを説明している「わたしの」が修飾語です。
⑤「どれくらい」を表す「とても」が修飾語です。

6 ①「大きな」がくわしく説明している言葉は、「羽」です。
②「とても」は、どれぐらい「美しい」のかを説明しています。
③「のそのそと」は、ねこが「歩く」様子を説明しています。
④「公園で」は、どこで「遊ぶ」のかを説明しています。

たしかめのテスト①

50～51ページ

ふしぎ ～ 文の組み立てと修飾語

おうちのかたへ

詩を読み取るには、反復や倒置などの表現技法に着目することも必要です。表現技法を理解することで、作者の思いを読み取りやすくなります。また、実際に音読してみると詩の持つリズムを体感し、表現技法にも気づきやすくなります。

詩を読んで、答えましょう。　思考・判断・表現

よかったなあ

まど・みちお

よかったなあ　草や木が
ぼくらの　まわりに　いてくれて
目のさめる　みどりの葉っぱ
美しいものの代表　花
かぐわしい実

よかったなあ　草や木が
何おく　何ちょう
もっと数かぎりなく　いてくれて
どの　ひとつひとつも
みんな　めいめいに違っていてくれて

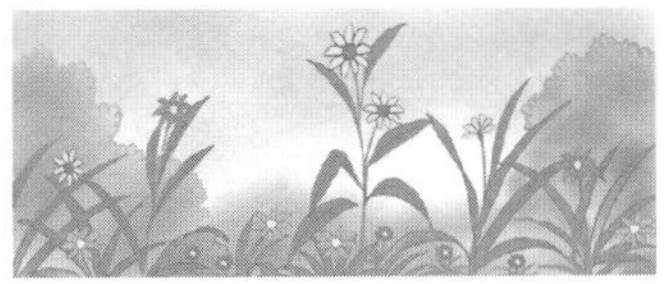

よかったなあ　草や木が
どんなところにも　いてくれて
鳥や　けものや　虫や　人
何が訪ねるのをでも
そこで動かないで　待っていてくれて

ああ　よかったなあ　草や木がいつも
雨に洗われ
風にみがかれ
太陽にかがやいて　きらきらと

よく出る

1 この詩はいくつの「連」に分かれていますか。漢数字で書きましょう。　15点

（四）連

2 「いてくれて」とありますが、作者のどんな気持ちがこめられていますか。一つに○をつけましょう。　15点

ア（　）なつかしく思う気持ち。
イ（　）ふしぎに思う気持ち。
ウ（○）ありがたく思う気持ち。

3 「待っていてくれて」とありますが、草や木は何を待っているのですか。四つ書きぬきましょう。　一つ5点（20点）

（鳥）（けもの）
（虫）（人）

できたらスゴイ！

4 「きらきらと」は、どんなようすを表していますか。一つに○をつけましょう。　15点

ア（○）植物が太陽の光をあびて、いきいきとしているようす。
イ（　）池や雨が太陽の光を反しゃして、かがやいているようす。
ウ（　）人間が太陽に照らされて、よろこび、感しゃしているようす。

5 次の文章は、「よかったなあ」の詩を読んだ原田さんの感想文です。①～③の正しいものに○をつけましょう。　一つ5点（15点）

この詩は、一つ目から三つ目までの連は、どれも①（ア 四　㋑ 五）行でできています。それぞれの連は、「よかったなあ」か、「ああ　よかったなあ」で②（㋐ 始まり　イ 終わり）、言葉のならび方もよくにているので、声に出して読んでみたら、③（㋐ リズム　イ 意味）が同じで気持ちよく感じました。

考えて書こう

6 この詩には、作者のどんな気持ちがこめられていますか。考えて書きましょう。　20点

〔例〕草や木がいつもあることへの感しゃと、その美しさに感動する気持ち。

---

1 「連」とは、詩の中で分かれたまとまりのことです。この詩は四つのまとまりに分かれています。

2 「くれて」という言葉に、作者のありがたく思う気持ちがこめられています。

3 同じ連の中に書かれています。答えの順番はちがっていても正かいです。

4 ア　19行めに「草や木が」とあります。「きらきらと」とは植物の様子を表しています。
イ　この連で、池は出てこないのでまちがいです。
ウ　太陽に照らされているのは、人間ではなく植物です。

5 「よかったなあ」という言葉がくり返されることで、この詩にリズムがうまれ、作者の感動がより強く伝わります。

6 この詩では「よかったなあ」という言葉がくり返されていますが、最後だけは「ああ　よかったなあ」となっています。草や木がいつもそばにあること、美しくかがやいている様子に感動するとともに、植物や自然にたいして深く感しゃしていることが分かります。

たしかめのテスト② 52~53ページ
ふしぎ ～ 文の組み立てと修飾語

1 読みがなを書きましょう。 一つ2点(20点)

① 十才 以上 の子ども。（いじょう） ② 県の 郡部 に住む。（ぐんぶ）
③ 票 を集める。（ひょう） ④ 海水浴 に出かける。（かいすいよく）
⑤ 沖 合いに船を出す。（おき） ⑥ 漁夫 の利を得る。（ぎょふ）
⑦ 貨物 列車が走る。（かもつ） ⑧ 大都会の 街 なみ。（まち）
⑨ 願 いをかなえる。（ねが） ⑩ 卒業 式に出る。（そつぎょう）

2 □に漢字を、（ ）に漢字と送りがなを書きましょう。 一つ2点(20点)

① 体内の［器官］。 ② 鳥の［大群］。
③ 水がほう［富］だ。 ④［標高］の高い山。
⑤［選挙］に出る。 ⑥［徒歩］で学校に行く。
⑦［協定］を結ぶ。 ⑧ 印を（付ける）。
⑨ 鳥がえさに（群がる）。 ⑩ 雪が（積もる）。

3 お礼の手紙を書くときの注意点として、正しいもの一つに○をつけましょう。 15点

ア（ ）前文でお礼の内容と書きだしのあいさつを書く。

イ（○）用件としてお礼の内容を具体的に書いて、お礼の気持ちを伝える。

ウ（ ）後付けで日付と自分の名前、相手の名前を書いてから、結びのあいさつを書く。

4 話し合いをするときのそれぞれの役わりとして正しいものに○をつけましょう。 一つ5点(15点)

・司会
ア（ ）自分が考えたことを発表する。

イ（○）議題から話がそれないように進める。
・提案者
ア（○）提案に対する質問に答える。

イ（ ）意見を整理してまとめる。
・参加者
ア（○）出てきた意見をくらべる。

イ（ ）出た意見を黒板にまとめる。

5 次の文から、修飾語を二つさがし、——線を引きましょう。 一つ3点(18点)

① 元気な 男の子が 校庭で 遊ぶ。
② 川の 水が ゆるやかに 流れる。
③ 母と 子が いっしょに 町を 歩く。

6 ——線の言葉が修飾している言葉を書きぬきましょう。 一つ3点(12点)

① 白い ふわふわした 雲が 大空に うかぶ。（雲が）
② 妹は 青い 目の 人形を 買った。（目の）
③ 広い 海に ヨットが ぽつんと うかぶ。（うかぶ）
④ きっと 明日の 朝には 雨は やむだろう。（朝には）

じゅんび 54~55ページ
一つの花／漢字を使おう６

新しい漢字

戦（セン・たたかう）13画 教科書136ページ	争（ソウ・あらそう）6画 136ページ	給（キュウ）12画 136ページ	飯（ハン・めし）12画 137ページ	帯（タイ・おびる・おび）10画 139ページ	泣（キュウ・なく）8画 139ページ	軍（グン）9画 139ページ
兵（ヘイ・ヒョウ）7画 140ページ	隊（タイ）12画 140ページ	輪（リン・わ）15画 141ページ	景（ケイ）12画 145ページ	浅（セン・あさい）9画 147ページ	底（テイ・そこ）8画 147ページ	散（サン・ちる・ちらかす）12画 147ページ
児（ジ）7画 147ページ						

1 □に読みがなを書きましょう。

① 頭 きんをかぶる。（ず） ② 青春 の日々を送る。（せいしゅん）
③ 物語の 後半。（こうはん） ④ 人形 で遊ぶ。（にんぎょう）

2 □に漢字を、（ ）に漢字と送りがなを書きましょう。

① ［戦争］に反対する。 ② 食べ物の［配給］。
③ 熱を（帯びる）。 ④ 部屋を（散らかす）。

3 正しい意味に○をつけましょう。（一つの花）

① 知らず知らずのうちに友達になった。
ア（○）自分でも気づかないうちに。

イ（ ）ゆっくりと時間をかけて。
② 朝はきまって早起きをする。
ア（ ）がんばって。

イ（○）いつもかならず。
③ 人ごみをかきわけて進む。
ア（○）多くの人が集まっているところ。

イ（ ）人々が大さわぎしているところ。
④ 外ではたえず雨音がしている。
ア（ ）止まったり続いたりして。

イ（○）とだえることなく。
⑤ あるいは雨がふるかもしれない。
ア（○）もしかすると。

イ（ ）ついに。

3分でワンポイント 物語の中のだいじな言葉に着目して、意味を考えよう。

★①～③の□に合う言葉を□の中から選んで、記号を書きましょう。

ゆみ子	「一つだけちょうだい。」	・おなかがすいている。・食べ物が（①イ）。
お母さん	「じゃあね、一つだけよ。」	・ゆみ子に食べ物を（②ア）。
お父さん	「一つだけのお花、だいじにするんだよう……。」	・ゆみ子に（③ウ）。

ア たくさんあげたい　イ たくさんほしい　ウ 幸せになってほしい

---

4 司会とは、議題にそって話し合いを進める役わりです。話し合いがうまく進むように、発言をうながしたり、発言した人の考えをたしかめたりします。提案者とは、議題に関する提案を行う役わりです。意見の提案だけでなく、参加者の質問に答えます。参加者は、司会の進行にそって発言をします。出てきた意見をくらべたり、質問したりしてよりよい意見はないか考えます。

5 ①「元気な」が「男の子が」を、「校庭で」が「遊ぶ」を修飾しています。
③「母と」と「子が」の二つが主語であることに注意しましょう。「いっしょに」と「町を」が、「歩く」を修飾しています。

6 ①「白い」ものとは何かを考えましょう。
②「青い」ものとは何かを考えましょう。
③「海に一うかぶ」というように、言葉をつなげてみて、意味が自然に通じるかどうかで、修飾しているかどうかをたしかめられます。
④「明日の」は「朝には」を修飾しています。

3 ①「知らず知らずのうちに」とは、知らないうちに、という意味です。
②「きまって」とは、いつも必ず、という意味です。「決定する」という意味ではないことに注意しましょう。
③「人ごみ」とは、多くの人が集まっているところ、という意味です。「人ごみ」の「ごみ」は、不要な物を表す「ごみ」ではなく、「こみあっている」という意味からきています。
④「たえず」とは、とだえることなく、いつも、という意味です。
⑤「あるいは」には、「または」という意味と、「もしかすると」という意味があります。文脈から考えるようにしましょう。

3分でワンポイント

「一つの花（今西祐行）」では、物語の中で、「一つだけ」という言葉がくり返し使われていることに注目しましょう。お父さんがゆみ子にわたした一つの花には、どのような思いがこめられているのかを考えてみましょう。

練習① 56~57ページ

一つの花

文章を読んで、答えましょう。

「一つだけちょうだい。」

これがゆみ子のはっきり覚えた、最初の言葉でした。まだ戦争のはげしかったころのことです。

そのころは、おまんじゅうだの、キャラメルだの、チョコレートだの、そんなものは、どこへ行ってもありませんでした。おやつどころではありませんでした。食べるものといえば、お米の代わりに配給される、おいもや、豆や、かぼちゃしかありませんでした。

毎日、てきの飛行機が飛んできて、ばくだんを落としていきました。

町は、次々に焼かれて、はいになっていきました。

ゆみ子はいつもおなかをすかしていたのでしょうか。ご飯のときでも、おやつのときでも、もっと、もっとと言って、いくらでもほしがるのでした。

すると、ゆみ子のお母さんは、

「じゃあね、一つだけよ。」

と言って、自分の分から一つ、ゆみ子に分けてくれるのでした。

「一つだけ……。一つだけ……。」

と、これが、お母さんの口ぐせになってしまいました。ゆみ子は知らず知らずのうちに、お母さんの、この口ぐせを覚えてしまったのです。

今西 祐行「一つの花」より

❶ 「ゆみ子のはっきり覚えた、最初の言葉」は、なんでしたか。九字で書きぬきましょう。（符号はふくまない。）

一つだけちょうだい

❷ 「そのころ」について、文章から書きぬいて答えましょう。

① 「そのころ」とは、どんなころですか。

（まだ戦争のはげしかったころ）

② 「そのころ」は、どんな食生活を送っていましたか。

（おやつ）などはなく、食べるものは、（お米）の代わりに配給される、（おいもや、豆や、かぼちゃ）しかないという、まずしい食生活。

③ 「そのころ」の町は、どんな様子になっていましたか。

毎日、（てきの飛行機）が（ばくだん）を落とし、町が次々に（はい）になっていった。

❸ 「自分の分から一つ、ゆみ子に分けてくれるのでした。」とありますが、お母さんはどんな気持ちからそうしたのですか。一つに○をつけましょう。

ア（ ）いくらでもほしがるゆみ子にあきれ、しかたがないから一つだけあげてあきらめさせようという気持ち。

イ（○）おなかをすかせたゆみ子がかわいそうで、自分の分をへらしてでも食べさせてあげたいという気持ち。

ウ（ ）ゆみ子はあまえているだけなので、一つ分けてあげればきっとまん足するだろうという気持ち。

ヒント いつもおなかをすかせていたゆみ子への気持ちを考えよう。

❹ 「これが、お母さんの口ぐせになってしまいました。」から、どんなことが分かりますか。一つに○をつけましょう。

ア（○）戦争のために、食べ物が足りないじょうたいが続いていたということ。

イ（ ）ゆみ子がますますわがままになって、何度言い聞かせても言うことを聞かなくなったということ。

ウ（ ）お母さんが物をおしむようになったということ。

ヒント 「これ」は、直前の「一つだけ……。」を指しているよ。

練習② 58~59ページ

一つの花

文章を読んで、答えましょう。

それから間もなく、あまりじょうぶでないゆみ子のお父さんも、戦争に行かなければならない日がやってきました。

お父さんが戦争に行く日、ゆみ子は、お母さんにおぶわれて、遠い汽車の駅まで送っていきました。頭には、お母さんの作ってくれた、綿（わた）入れの防空（ぼう）頭きんをかぶっていきました。

お母さんのかたにかかっているかばんには、包帯、お薬、配給のきっぷ、そして、だいじなお米で作った、おにぎりが入っていました。

ゆみ子は、おにぎりが入っているのをちゃあんと

知っていましたので、

「一つだけちょうだい。おじぎり一つだけちょうだい。」

と言って、駅に着くまでにみんな食べてしまいました。お母さんは、戦争に行くお父さんに、ゆみ子の泣き顔を見せたくなかったのでしょうか。

駅にはほかにも戦争に行く人があって、人ごみの中から、ときどき、ばんざいの声が起こりました。また、別の方からは、たえずいさましい軍歌が聞こえてきました。

ゆみ子とお母さんのほかに見送りのないお父さんは、プラットホームのはしの方で、ゆみ子をだいて、そんなばんざいや軍歌の声に合わせて、小さくばんざいをしていたり、歌を歌っていたりしていました。まるで戦争になんか行く人ではないかのように……。

今西 祐行「一つの花」より

❶ 「あまりじょうぶでないゆみ子のお父さんも、戦争に行かなければならない」とありますが、ここからどんなことが分かりますか。一つに○をつけましょう。

ア（ ）家族のために、お父さんが進んで兵隊になったということ。

イ（○）兵隊に向いてない人も、戦争にかりだされるようになったということ。

ウ（ ）じょうぶでないお父さんにとって、兵隊になるのは長年のゆめだったということ。

❷ 「みんな食べてしまいました。」とありますが、お母さんは、なぜおにぎりをみんな食べさせたのですか。（ ）に合う言葉を書きぬきましょう。

戦争に行くお父さんに、（ゆみ子の泣き顔）を見せたくなかったから。

❸ 駅にいた、戦争に行くほかの人や見送りの人たちと、お父さんの様子は、どのようにちがっていましたか。（ ）に合う言葉を、それぞれ書きぬきましょう。

ヒント すぐ後の文に注目しよう。

ほかの人たちの中からは、（ばんざいの声）が起こったり、（いさましい軍歌）が聞こえたりしてきたが、お父さんは、それらに合わせて（小さく）ばんざいをしたり、（歌を歌って）いたりした。

❹ お父さんは❸のとき、どんな気持ちだったと考えられますか。一つに○をつけましょう。

ア（○）別れがつらく、できることならゆみ子の成長を見守りつつ、家族でくらしたいという気持ち。

イ（ ）家族のほかに見送る人もいないのに、大声を出すのははずかしいという気持ち。

ウ（ ）ゆみ子をだいているので、大きなばんざいも、大声で歌うこともできなくてざんねんだという気持ち。

ヒント もう会えないかもしれない、別れのときだよ。

❺ お父さんの様子は、どのようにたとえられていますか。文章から一文でさがし、初めの六字を書きましょう。

まるで戦争に

練習①

❶ 直前の「これ」に着目して、それよりも前の部分から探します。

❷ ①いつの時代の話か、という物語の設定（せってい）を読み取りましょう。

②戦争のため、食べる物が十分に手に入らなかった様子を読み取ります。「おまんじゅうだの、キャラメルだの、チョコレートだの、そんなもの」は、「おやつ」と言いかえられています。「お米」の代わりに、「おいもや、豆や、かぼちゃ」が配給されると書かれています。

③「毎日、てきの飛行機が飛んできて、ばくだんを落としていきました。」「町は、次々に焼かれて、はいになっていきました。」とあることに注目しましょう。

❸ ゆみ子がおなかをすかせているのがかわいそうで、自分の分をへらしてまでも食べさせたいという、お母さんの愛情（じょう）を読み取りましょう。

❹ 戦争がなく、食べ物が十分に手に入れば、ゆみ子がおなかをすかせることも、お母さんが「一つだけ……。」と言うこともないはずです。

練習②

❶ 「行かなければならない」という言葉から、お父さんが進んで兵隊になったわけでも、兵隊になるのが長年のゆめだったわけでもないことが分かります。

❷ 直後に、お母さんの気持ちを思った文があります。「お父さんが戦争に行く日」であることに注意しましょう。

❸ 第五だん落に「駅にはほかにも戦争に行く人があって」と書かれていることに注目して、「戦争に行くほかの人や見送りの人たち」の様子を読み取りましょう。また第六だん落に書かれているお父さんの様子を読み取りましょう。

❹ お父さんは、ゆみ子をだいて、小さくばんざいをしたり、歌を歌ったりしていますが、「まるで戦争になんか行く人ではない」かのようなお父さんなのです。ここから、お父さんが家族とのいつものくらしを大切にしている様子が読み取れます。

❺ 最後の一文に、「まるで～かのように」とたとえを表す言葉があることに注目しましょう。

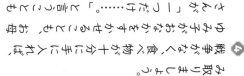

たしかめのテスト①　60〜61ページ

一つの花
漢字を使おう6

おうちのかたへ
時代背景が現代とは異なる物語を読む際は、人々の考え方や価値観も現代とは異なっていることに注意させましょう。

文章を読んで、答えましょう。　思考・判断・表現

　ところが、いよいよ汽車が入ってくるというときになって、またゆみ子の「一つだけちょうだい。」が始まったのです。

「みんなおやりよ、母さん。おにぎりを……。」

　お父さんが言いました。

「ええ、もう食べちゃったんですの……。ゆみちゃんいいわねえ、お父ちゃん兵隊ちゃんになるんだって、ばんざあいって……。」

　お母さんはそう言って、ゆみ子をあやしましたが、ゆみ子はとうとう泣きだしてしまいました。

「一つだけ、一つだけ。」

と言って。

　お母さんが、ゆみ子を一生けん命あやしているうちに、お父さんが、ぷいといなくなってしまいました。

　お父さんは、プラットホームのはしっぽの、ごみすて場のようなところに、わすれられたようにさいていた、コスモスの花を見つけたのです。あわてて帰ってきたお父さんの手には、一輪のコスモスの花がありました。

「ゆみ。さあ、一つだけあげよう。一つだけのお花、だいじにするんだよう……。」

　ゆみ子は、お父さんに花をもらうと、きゃっきゃっと、足をばたつかせてよろこびました。

　お父さんは、それを見て、にっこり笑うと、何も言わずに汽車に乗って行ってしまいました。ゆみ子のにぎっている一つの花を見つめながら……。

今西　祐行「一つの花」より

1　「みんなおやりよ、母さん。おにぎりを……。」とありますが、なぜお父さんはこのように言ったのですか。一つに○をつけましょう。　20点

ア（○）「一つだけ」としか言えないゆみ子に「みんな」食べさせ、よろこぶすがたを見たかったから。
イ（　）「一つだけ」でなく「みんな」食べさせないと、ゆみ子が泣きだしてお母さんをこまらせるから。
ウ（　）「一つだけ」あげても、ゆみ子はまたすぐに「一つだけ」とおねだりすることが分かっていたから。

よく出る
2　「ゆみちゃんいいわねえ、お父ちゃん兵隊ちゃんになるんだって、ばんざあいって……。」と言ったとき、お母さんはどんな気持ちでしたか。一つに○をつけましょう。　20点

ア（　）ゆみ子の「一つだけちょうだい。」が始まるとうるさいので、ゆみ子の気をまぎらわしたい。
イ（　）お父さんが兵隊になって戦争に行くことを、なんとかゆみ子に分からせたい。
ウ（○）最後の別れかもしれないときに、お父さんにゆみ子の泣き顔を見せたくない。

できたらスゴイ！
3　「お父さんが、ぷいといなくなってしまいました。」とありますが、お父さんはどうするために、何をしていたのですか。（　）に合う言葉を、それぞれ書きぬきましょう。　20点

（ゆみ子）にあげるために、（一輪のコスモスの花）をつんでいた。

よく出る
4　「お父さんは、それを見て、にっこり笑うと」とありますが、お父さんはなぜ笑ったのですか。一つに○をつけましょう。　20点

ア（　）たった一輪のコスモスの花で、ゆみ子をごまかせたことにほっとしたから。
イ（○）泣いていたゆみ子が、コスモスの花をもらって泣きやみ、よろこんだことに安心したから。
ウ（　）ゆみ子をなだめなければならないお母さんの苦労（ろう）をへらすことができて、うれしかったから。

考えを書こう
5　「ゆみ子のにぎっている、一つの花を見つめながら……。」とありますが、このときお父さんはどんなことを願っていたと思いますか。　20点

（例　一つだけの命をだいじにし、じょうぶに育ち、幸せになってほしいということ。）

1　お父さんは別れのときだからこそ、「一つだけ」とねだるゆみ子に「みんな」あげて、よろこぶすがたを目にやきつけたかったのでしょう。

2　——線の部分から、ゆみ子が泣きださないように、お母さんが必死になだめている様子がうかがえます。お母さんも、戦争に行くお父さんに、ゆみ子の泣き顔を見せたくなかったのです。

3　「あわてて帰ってきた……コスモスの花がありました。」に着目します。ごみすて場のようなところにコスモスの花を見つけたお父さんは、泣きだしたゆみ子につんであげようと、「ぷいといなくなった」のです。

4　「一つだけ」と言って、泣きだしてしまったゆみ子が、コスモスの花をもらって泣きやみ、よろこんだのです。別れのときに、ゆみ子のよろこぶすがたが見られたことに、お父さんは安心したのです。

5　この「一つの花」には、お父さんのいろいろな願いがこめられています。命をだいじにすること、じょうぶに育つこと、幸せになることなどです。ゆみ子に対するお父さんの思いが書けていれば正答です。
例2　戦争が終わって平和な世の中になり、ゆみ子に幸せに育ってほしいということ。

たしかめのテスト② 62~63ページ

一つの花／漢字を使おう６

1 読みがなを書きましょう。 一つ2点（20点）

① ものが 落下（らっか） する。
② 愛犬（あいけん） の世話をする。
③ 園児（えんじ） と遊ぶ。
④ 戦争（せんそう） の話を聞く。
⑤ にぎり 飯（めし） を食べる。
⑥ 青年（せいねん） に成長する。
⑦ 軍手（ぐんて） を使う。
⑧ 頭上（ずじょう） に注意する。
⑨ 自転車の 車輪（しゃりん）。
⑩ 海底（かいてい） にしずむ。

2 □に漢字を、（ ）に漢字と送りがなを書きましょう。 一つ2点（20点）

① 兵隊 が行進する。
② 指輪 をはめる。
③ くつの 底。
④ 給食 を作る。
⑤ ご飯 の時間。
⑥ きれいな 風景。
⑦ 妹が（泣く）。
⑧（浅い）川。
⑨ 力士が（戦う）。
⑩ 先を（争う）。

3 ――線の漢字の読み方を、音はかたかなで、訓はひらがなで書きましょう。 一つ2点（12点）

帯
① 包帯をまく。（タイ）
② 赤みを帯びた顔。（お）
③ 着物の帯。（おび）

散
① さくらの花が散る。（ち）
② 散歩に出かける。（サン）
③ 散らかった部屋。（ち）

4 次の言葉を使って短い文を書きましょう。 一つ6点（24点）

① 知らず知らずのうちに
（例 知らず知らずのうちにねむってしまっていた。）
② たえず
（例 鳥たちがたえずさえずっている。）
③ いよいよ
（例 いよいよ出発する日がやってきた。）
④ まるで～よう
（例 おこったときの母はまるでおにのようだ。）

5 正しい意味に○をつけましょう。 一つ4点（12点）

① 間もなくえい画が始まる。
ア（○）時間があまりたたないうちに。
イ（ ）時間がかなりたってから。
② じょうぶな体。
ア（ ）大きな。
イ（○）健康な。
③ 赤ちゃんをあやす。
ア（○）なだめる。
イ（ ）かわいがる。

6 （ ）に合う言葉を、□から選んで記号を書きましょう。 一つ4点（12点）

①（イ）いつになったら始まるのだろう。
②（ウ）約束に間に合わないかもしれない。
③ ふり続いていた雨が、（ア）やんだ。

ア やがて　イ いったい　ウ あるいは

じゅんび 64~65ページ

くらしの中の和と洋／観点を立ててくらべる

おきトリ 新しい漢字

教科書10ページ	10ページ	12ページ	13ページ	14ページ
衣（6画）	置（13画）	差（10画）	節（13画）	単（9画）

書き順に気をつけて書こう！

1 □に読みがなを書きましょう。

① 南米（なんべい） の国々。
② 衣食住（いしょくじゅう） を整える。
③ 交差点（こうさてん） をわたる。
④ 温度を 調節（ちょうせつ） する。

2 □に漢字を、〔 〕に漢字と送りがなを書きましょう。

① 単語 を覚える。
② 先頭との 差。
③ はでな 衣服。
④ 竹の 節。
⑤ 地面に〔置く〕。

3 正しい意味に○をつけましょう。（くらしの中の和と洋）

① 勉強はとく意な一方、スポーツは苦手だった。
ア（○）もう一つの方面については。
イ（ ）そればかりすること。
ウ（ ）一つの方法としては。
② 仕事の合間に、部屋でくつろぐ。
ア（ ）何もしないでじっとする。
イ（○）ゆったりとして楽になる。
ウ（ ）ひざをかかえて小さくなる。
③ テレビのニュースによると、今年の冬は寒いそうだ。
ア（ ）（あるものを）うたがってみること。
イ（○）（あるものを）参考にすること。
ウ（ ）（あるものを）引用すること。

4 物事をくらべるときに大切なこととして、正しいものには○、正しくないものには×をつけましょう。（観点を立ててくらべる）

ア（×）物事に共通していることを探す。
イ（○）いくつかの観点を立ててくらべる。
ウ（×）一つの観点で、時間をかけてくらべる。

3分でワンポイント（くらしの中の和と洋）
和と洋のちがいを読み取ろう。
★①～④の（ ）に合う言葉を□の中から選んで、記号を書きましょう。

和室	洋室

・①（ウ）の上にすわる。 ・正ざやあぐらなどいろいろなすわり方ができる。 ・人と人の間かくの調節や、③（ア）の調整ができる。 ・一部屋をいろいろな目的に使うことができる。	・②（エ）にすわる。 ・目的によっていすの種類を選べるので、つかれない。 ・すわったり、立ちあがったりしやすい。 ・何をする部屋かが決まっていて、目的に合った④（イ）が置かれている。

ア 人数　イ 家具　ウ たたみ　エ いす

---

4 ①「知らず知らずのうちに」は、自分でも気づかないうちに、という意味を表します。
例2 えい画をみていると、知らず知らずのうちになみだがあふれていた。
②「たえず」は、止まることなく、いつも、という意味を表します。
例2 道路をたえず車が行きかっている。
③「いよいよ」は、「ついに」と言いかえることもできます。
例2 明日はいよいよ結果発表だ。
④「まるで～よう」は、あるものを別のものにたとえるときに使う言葉です。
例2 わたしの友だちは、まるで太陽のように温かくて明るい人だ。

5 ①「間もなく」は、時間があまりたたないうちに、という意味です。
②「じょうぶな」は、健康な、しっかりした、という意味です。
③「あやす」は、きげんをとってなだめるという意味です。

6 ①「いつになったら」とあるので、ぎ問を表す「いったい」が当てはまります。
②「かもしれない」とあるので、もしかすると、という意味を持つ「あるいは」が当てはまります。
③続いていたものが止まる、という文脈から、「そのうち」という意味の「やがて」が当てはまります。

3 ①「一方」は、二つの物事の内容が反対であることを言いたいときに用います。
③「によると」は、情報の発信先を表す言葉です。

4 目的に合ったいくつかの観点を立て、それをもとにくらべて考えることが大切です。

3分でワンポイント
文章の内容を短くまとめることを「要約」といいます。元の文章の言葉を生かしながら、だいじな言葉をぬき出してつなぎ、時には自分の言葉や分かりやすい言葉に置きかえたり、言葉をおぎなったりしながら、目的に合わせて要約するようにしましょう。

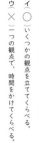

練習　くらしの中の和と洋　66~67ページ

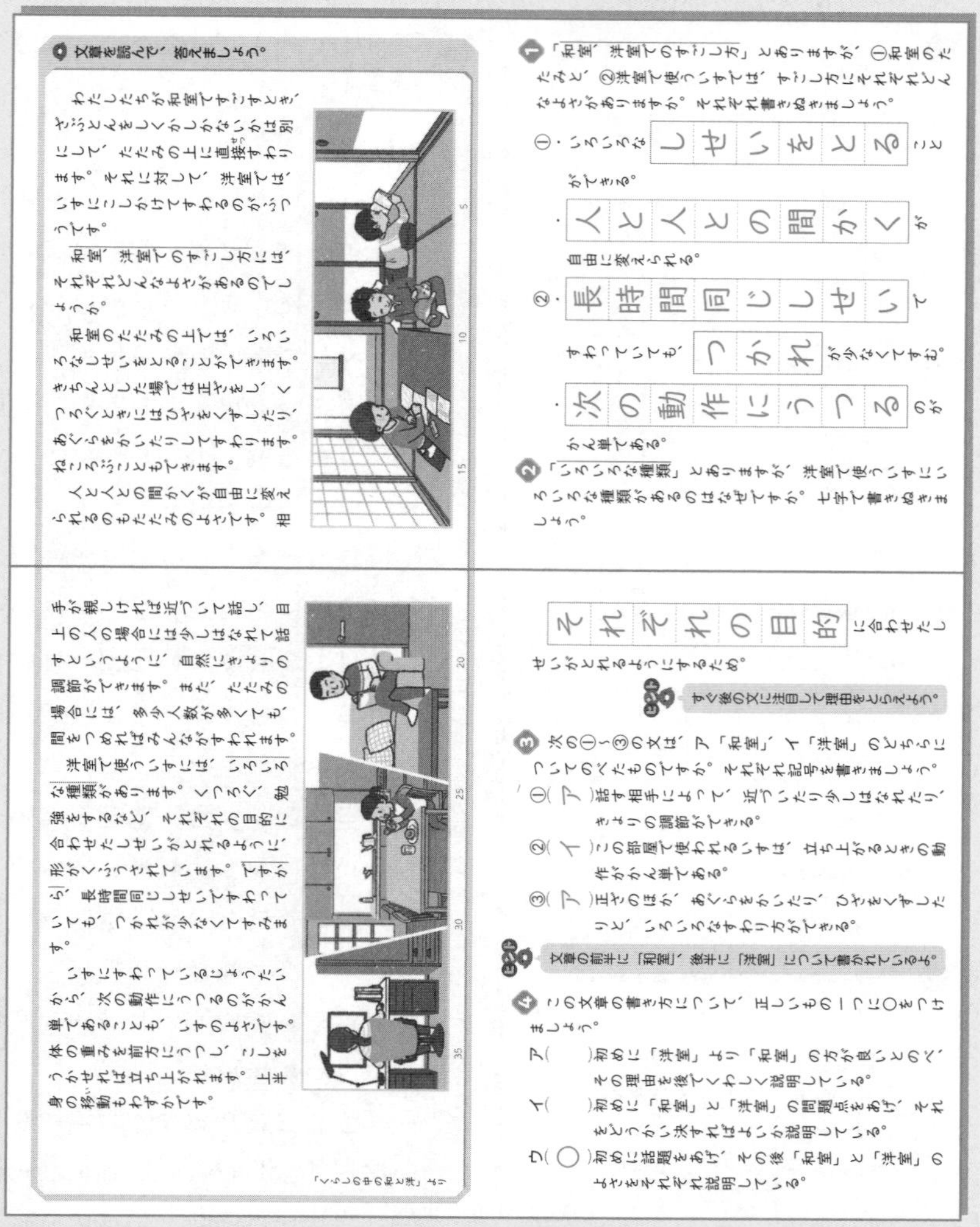

❶ ①「和室のたたみの……」の後で、和室のよさを説明しています。
②「洋室で使う……」の後で、洋室のよさを説明しています。

❷ 目的に合わせて、形がくふうされているのです。

❸ ①〜③の文と本文をよくくらべて、和室と洋室のどちらについての説明なのかをしっかりととらえましょう。
①本文の四だん落めに書かれています。「たたみ」のよさについての文章ですが、和室ではたたみの上ですごすことが、本文の一だん落めに書かれています。よって、本文の四だん落めは、和室についての文章といえるので、アが正かいです。
②本文の六だん落めに書かれています。「いす」は洋室で使う物ということが五だん落めで説明されているので、イが正かいです。

❹ それぞれどんなよさがあるのか、という問いかけがされています。その後で、まず「和室」について説明され、続いて「洋室」についての説明がのべられています。

じゅんび　「和と洋新聞」を作ろう／つなぐ言葉　68~69ページ

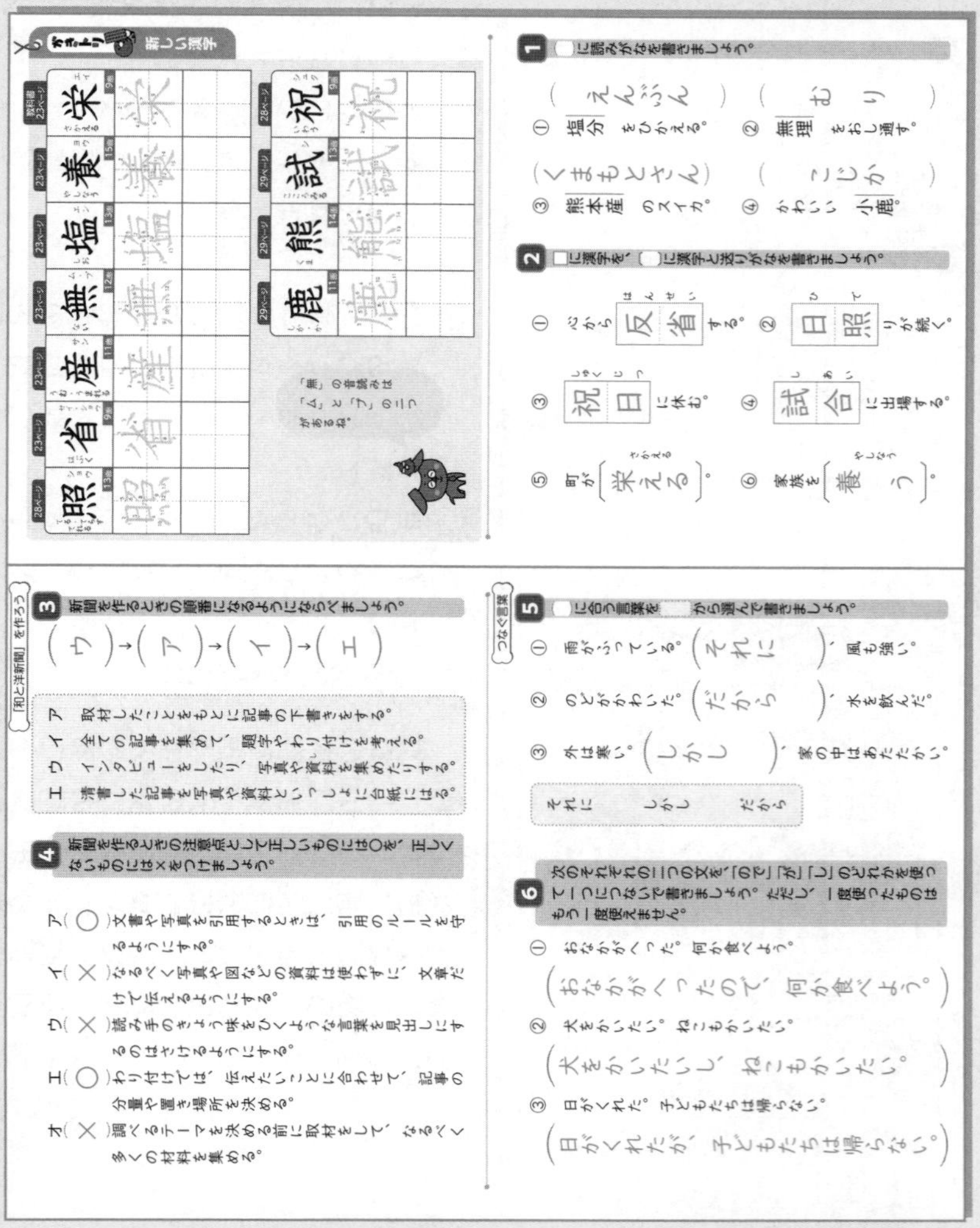

3 新聞は、インタビューをしたり写真や資料を集めたりして、取材をし、記事の下書き、わり付け、仕上げという順番で作ります。

4 イ 新聞では、写真や図などの資料は、記事を分かりやすくするために、むしろ必要なものといえます。
ウ「見出し」は記事の内容を短い言葉で表したもので、記事を読んでもらえるよう、なるべく読み手のきょう味を引くようなものを考えましょう。

5 ①前にのべたことに、後のことを付け加える「それに」が当てはまります。
②前にのべたことが、後のことの理由なので、「だから」が当てはまります。
③前と後にのべたことが対立するので、「しかし」が当てはまります。

6 ①前の文が、後の文の理由となっているので、「ので」を使ってつなぎます。
②前の文に、後の文を付け加えるので、「し」を使ってつなぎます。
③前の文と、後の文が対立するので、「が」を使ってつなぎます。

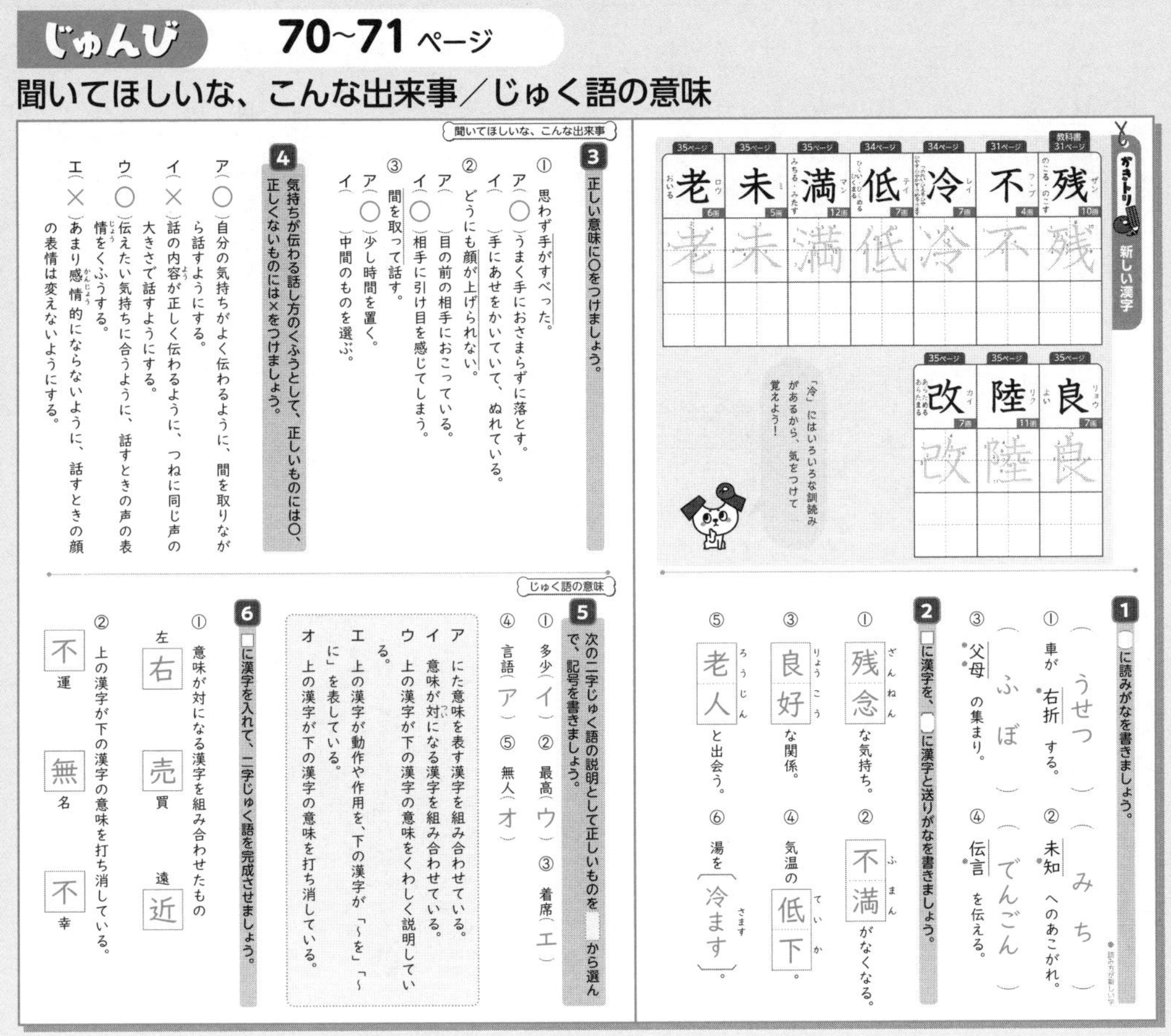

じゅんび 70~71ページ

聞いてほしいな、こんな出来事／じゅく語の意味

かきトリ 新しい漢字

残 不 冷 低 満 未 老

改 陸 良

「冷」にはいろいろな訓読みがあるから、気をつけて覚えよう！

1 □に読みがなを書きましょう。

① 車が右折する。（うせつ）
② 未知へのあこがれ。（みち）
③ 父母の集まり。（ふぼ）
④ 伝言を伝える。（でんごん）

2 □に漢字を、〇に漢字と送りがなを書きましょう。

① 残念な気持ち。
② 不満がなくなる。
③ 良好な関係。
④ 気温の低下。
⑤ 老人と出会う。
⑥ 湯を冷ます。

聞いてほしいな、こんな出来事

3 正しい意味に〇をつけましょう。

① 思わず手がすべった。
ア（〇）うまく手におさまらずに落とす。
イ（　）手にあせをかいていて、ぬれている。
② どうにも顔が上げられない。
ア（　）目の前の相手におこっている。
イ（〇）相手に引け目を感じてしまう。
③ 間を取って話す。
ア（〇）少し時間を置く。
イ（　）中間のものを選ぶ。

4 気持ちが伝わる話し方のくふうとして、正しいものには〇、正しくないものには×をつけましょう。

ア（〇）自分の気持ちがよく伝わるように、間を取りながら話すようにする。
イ（×）話の内容が正しく伝わるように、つねに同じ声の大きさで話すようにする。
ウ（〇）伝えたい気持ちに合うように、話すときの声の表情をくふうする。
エ（×）あまり感情的にならないように、話すときの顔の表情は変えないようにする。

じゅく語の意味

5 次の二字じゅく語の説明として正しいものを□から選んで、記号を書きましょう。

① 多少（イ）　② 最高（ウ）　③ 着席（エ）
④ 言語（ア）　⑤ 無人（オ）

ア　にた意味を表す漢字を組み合わせている。
イ　意味が対になる漢字を組み合わせている。
ウ　上の漢字が下の漢字の意味をくわしく説明している。
エ　上の漢字が動作や作用を、下の漢字が「～を」「～に」を表している。
オ　上の漢字が下の漢字の意味を打ち消している。

6 □に漢字を入れて、二字じゅく語を完成させましょう。

① 意味が対になる漢字を組み合わせたもの
左右　売買　遠近
② 上の漢字が下の漢字の意味を打ち消している。
不運　無名　不幸

4

ア ずっと同じ調子で話すよりも、ほどよく間を取って話す方が、気持ちをよりよく伝えることができるので、正しいといえます。

イ 声を大きくしたり小さくしたりして、メリハリをつけながら話すことも、気持ちを伝えるうえで大切なので、正しくはありません。

ウ 「声の表情」とは、声の調子のことです。気持ちによって声にさまざまな表情をつけて話すことも、気持ちを伝えるうえで大切なことです。

エ 言葉だけでなく、顔の表情や身ぶりといったものも、気持ちを伝えるうえでは大切なことです。

5

① 「多い」と「少ない」という、対になる意味の言葉が組み合わさっています。

② 「最も」という意味の上の漢字が、「高い」という意味の下の漢字をくわしく説明しています。

③ 「着席」は「席に着く」という意味です。上の「着」が動作を、下の「席」が「～に」を表しています。

④ 「言」も「語」もにた意味を表す漢字です。

⑤ 上の漢字の「無」が、下の漢字の「人」を打ち消しています。

たしかめのテスト①

72～73ページ

くらしの中の和と洋 ～ じゅく語の意味

おうちのかたへ
身近な話題についての説明文を読むときは、「この文章に書かれているようなものは、ほかにはないかな」と発問するのも良いでしょう。

文章を読んで、答えましょう。　思考・判断・表現

次に、部屋の使い方という点から、それぞれにどんなよさがあるか考えてみましょう。

初めてたずねた家の部屋であっても、それが洋室であれば、何に使う部屋かということは大体見当がつきます。それは、そこに置いてある家具で分かるのです。それぞれの部屋の家具は、その部屋をより使いやすくするために置かれます。例えば、食事をする、勉強をする、ねるといった目的に合わせて、テーブルやいす、勉強づくえ、ベッドが置かれます。洋室は、その部屋で何をするかがはっきりしていて、そのために使いやすくつくられているのです。

これに対して、和室は、一つの部屋をいろいろな目的に使うことができるというよさがあります。例えば、家にお客さんがやってきて、食事をし、とまっていくことになったという場合を考えてみましょう。洋室だけしかないとすると、少なくとも食事をする部屋、とまってもらう部屋が必要になります。しかし、和室が一部屋あれば、そこでざぶとんをしいて話をし、ざたくに料理をならべて食事をし、かたづけてふとんをしくことができます。

このように見てくると、和室と洋室には、それぞれよさがあることが分かります。わたしたちは、その両方のよさを取り入れてくらしているのです。

「くらしの中の和と洋」より

1 よく出る　この文章は和室と洋室の何をくらべたものですか。六字で書きぬきましょう。　10点

部屋の使い方

2 できるかなスゴイ!　「それが洋室であれば、何に使う部屋かということは大体見当がつきます。」とありますが、それはなぜですか。　15点

洋室に置いてある家具は、（何をするかという目的に合わせて置かれているから。）

3 次のような目的で洋室を使う場合、部屋にはどんな家具が置いてありますか。一つずつ書きぬきましょう。　一つ10点（20点）

① 勉強をする部屋（勉強づくえ）
② ねる部屋（ベッド）

4 家にお客さんが来たとき、洋室と和室は、どんな部屋の使い方をしますか。後のア・イから合うものを選んで、記号を書きましょう。　一つ10点（20点）

① 洋室（イ）　② 和室（ア）

ア　食事をしたり、ねむったりするのにも同じ一つの部屋を使う。
イ　食事をしたり、ねむったりするのに、それぞれちがう部屋を使う。

5 次の文は、洋室と和室、それぞれのよさについてまとめたものです。（　）に合う言葉をそれぞれ書きぬきましょう。　一つ5点（15点）

洋室は、部屋ごとの（①目的）に合わせて、（②家具）を置き、使いやすくつくられているのに対し、和室は（③一つの部屋）をいろいろな目的に使うことができる。

6 考える力　和室と洋室の使い方のちがいを考えることによって、どんなことが分かると筆者は考えていますか。　20点

例 和室と洋室には、それぞれ良さがあり、くらしの中で両方の良さを取り入れているということ。

---

1 最初の一文にある「部屋の使い方という点から」という言葉に注目しましょう。

2 直後の「それは……分かるのです。」に理由が書かれています。15行めからの「洋室は、……いるのです。」という文にも注目しましょう。

3 「例えば……置かれます。」の部分をよく読みましょう。例として、勉強づくえやベッドがあげられています。

4 和室と洋室の使い方のちがいを整理しましょう。
①洋室では、目的に合わせて、それぞれ必要な家具が置かれます。なので、食事をする部屋と、ねる部屋は別々に分かれています。
②和室は、目的に合わせて使うことができます。なので、食事をしたり、ねむったりするのにも同じ部屋を使うことができます。

5 洋室と和室の特ちょうを書きぬきましょう。

6 筆者の考えは、文章の最後にまとめとして書かれていることがあります。このだん落には、和室と洋室両方に良さがあること、くらしの中で和室と洋室両方の良さを取り入れていることの二つが書かれています。
例2 和室と洋室にはそれぞれの良さがあり、わたしたちは両方の良さを取り入れてくらしているということ。

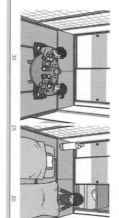

たしかめのテスト② 74~75ページ
くらしの中の和と洋 ～ じゅく語の意味

1 読みがなを書きましょう。（一つ2点〔20点〕）
① 照明をつける。（しょうめい）　② 省エネにつとめる。（しょう）
③ 単行本を買う。（たんこうぼん）　④ 竹の節。（ふし）
⑤ なべに塩を入れる。（しお）　⑥ 熊に注意する。（くま）
⑦ 老化が進む。（ろうか）　⑧ 自信に満ちた顔。（み）
⑨ 残り物ですませる。（のこ）　⑩ もう一度試みる。（こころ）

2 □に漢字を、（　）に漢字と送りがなを書きましょう。（一つ2点〔20点〕）
① 無いものねだり。　② 改良を加える。
③ 祝福の言葉。　④ 衣服を買う。
⑤ 大きく差をつける。　⑥ 栄養のある食品。
⑦ 位置につく。　⑧ むだを（省く）。
⑨ 空気が（冷える）。　⑩ 子どもが（産まれる）。

3 ――線の言葉の後に続く内容を考えて書きましょう。（一つ6点〔12点〕）
① 外国ではくつをはいたまま家に上がる。一方、
（例 日本ではくつをぬいで家に上がる。）
② 犬やねこは四本の足で歩く。これに対して、
（例 人間は二本の足で歩く。）

4 （　）に合う言葉をそれぞれ選んで、記号を書きましょう。（一つ4点〔16点〕）
① ひざを（ア）、くつろいだ。　ア くずして　イ ついて
② あぐらを（イ）、ゆかにすわる。　ア まいて　イ かいて
③ となりの人との間を（ア）。　ア つめる　イ しぼる
④ 立とうとして、こしを（イ）。　ア しずめる　イ うかせる

5 次のそれぞれの二つの文を一つの文にするとき、（　）に合う言葉を書きましょう。（一つ4点〔12点〕）
① わたしは海に行きたい。それに山にも行きたい。
→わたしは海に行きたい（し）、山にも行きたい。
② 弟がかぜをひいた。だから旅行は中止になった。
→弟がかぜをひいた（ので）、旅行は中止になった。
③ 寒くなってきた。しかし、だんぼうはつけない。
→寒くなってきた（が）、だんぼうはつけない。

6 次の二字じゅく語と組み立てが同じものに○をつけましょう。（一つ4点〔20点〕）
① 投票　ア（○）着地　イ（　）席順
② 無色　ア（　）有利　イ（○）未来
③ 休止　ア（　）軽量　イ（○）明白
④ 前後　ア（　）教育　イ（○）心身
⑤ 絵本　ア（○）高音　イ（　）急速

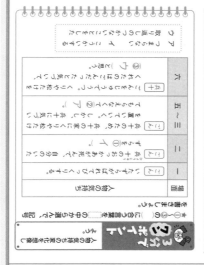

じゅんび 76~77ページ
ごんぎつね／漢字を使おう７

かきトリ 新しい漢字

城	辺	菜	井	松	側
教科書38ページ 9画	38ページ 5画	39ページ 11画	44ページ 4画	49ページ 8画	50ページ 11画

念	縄	固	賀
52ページ 8画	54ページ 15画	54ページ 8画	59ページ 12画

1 読みがなを書きましょう。
① 空き家をそうじする。（や）　② 不思議な出来事。（ふしぎ）
③ 答案用紙を配る。（とうあん）　④ 正直に答える。（しょうじき）
⑤ きれいな景色。（けしき）　⑥ 本日は晴天だ。（せいてん）

2 □に漢字を、（　）に漢字と送りがなを書きましょう。
① お城に住む。　② 野菜を食べる。
③ 縄とびをする。　④ （辺り）一面。

3 正しい意味に○をつけましょう。（ごんぎつね）
① 子犬は、ねむってばかりいた。
ア（○）それだけすること。　イ（　）ときどきそうすること。
② 生きのいい魚を手に入れた。
ア（○）新せんな。　イ（　）ねだんの高い。
③ いせいのいい魚屋の声がする。
ア（　）いばっている様子。　イ（○）活気がある様子。
④ 悪さをしたつぐないをする。
ア（○）めいわくをかけたうめ合わせをすること。　イ（　）めいわくをかけたことをごまかすこと。
⑤ だれのしわざなのか、分からない。
ア（○）したこと。　イ（　）とく意なこと。

3分でワンポイント 人物の気持ちの変化を想像しよう。

★①～③の（　）に合う言葉を［　］の中から選んで、記号を書きましょう。

場面	人物の気持ち
一	ごん　いたずらがばれてびっくりする。
二	ごん　兵十のおっかあが死んで、自分のいたずらを①（イ）。
五～三	ごん　兵十のため、兵十の家にくりや松たけを置いていく。しかし、兵十に気づいてもらえなくて②（ア）。
六	兵十　ごんをじゅうでうつ。くりや松たけをくれたのはごんだったと気づいて、③（ウ）と思う。

［ア つまらない　イ こうかいする　ウ 取り返しのつかないことをした］

---

3 ①②どちらも、前にのべたことと後にのべることをくらべるときの言い方です。何と何をくらべているのかを考えて、後に続く内容を書きましょう。

4 ①「ひざをくずす」とは「楽なしせいですわる」という意味です。
②「あぐら」は「かく」ものです。
③「間をしぼる」という言い方はしません。
④直前に「立とうとして」とあるので、「こしをあげる」という意味の「こしをうかせる」という言い方が当てはまります。

5 ①いくつかのことをならべる言い方です。
②理由を表す言葉を書きましょう。
③前とは反対のことが後にくるときの言い方をしましょう。

6 ①「投票」とは、「票を投げる」なので、上の漢字が動作を、下の漢字が「～を」を表しています。これと同じものは、「地に着く」の「着地」です。
②上の漢字が下の漢字を打ち消しているものを選びましょう。
③「休止」は、「休」と「止」という、にた意味を表す漢字を組み合わせています。
④「心」と「身（体）」という、意味が対になる漢字を組み合わせている「心身」が正かいです。

3 ①「ばかり」には、「終わって間もない」という意味もあります。
②「生きのいい」は、新せんな、という意味です。
③「いせいのいい」は、活気がある様子を表す言葉です。
④「つぐないをする」は、「つぐなう」といいかえることもできます。

3分でワンポイント
「ごんぎつね（新美南吉）」では、出来事に着目して、登場人物の気持ちの変化を想像しましょう。物語では、兵十のおっかあが死んだことをきっかけに、いたずら好きなごんの気持ちや行動が変化していきます。また、ごんとの関わりの中で、兵十の気持ちにも変化が生まれます。

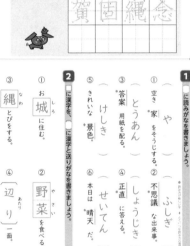

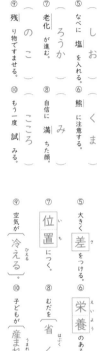

練習① 78~79ページ

ごんぎつね

文章を読んで、答えましょう。

しばらくすると、兵十は、はりきりあみのいちばん後ろの、ふくろのようになったところを水の中から持ち上げました。その中には、しばの根や、草の葉や、くさった木ぎれなどが、ごちゃごちゃ入っていましたが、でも、ところどころ、白いものがきらきら光っています。それは、太いうなぎのはらや、大きなきすのはらでした。兵十は、びくの中へ、そのうなぎやきすを、ごみといっしょにぶちこみました。そして、また、ふくろの口をしばって、水の中へ入れました。

兵十は、それから、びくを持って川から上がり、びくを土手に置いといて、何をさがしにか、川上の方へかけていきました。

兵十がいなくなると、ごんは、ぴょいと草の中から飛び出して、びくのそばへかけつけました。ちょいと、いたずらがしたくなったのです。ごんは、びくの中の魚をつかみ出しては、はりきりあみのかかっている所より下手の川の中を目がけて、ぽんぽん投げこみました。どの魚も、トボンと音を立てながら、にごった水の中へもぐりこみました。

いちばんしまいに、太いうなぎをつかみにかかりましたが、何しろ、ぬるぬるとすべりぬけるので、手ではつかめません。ごんは、じれったくなって、頭をびくの中につっこんで、うなぎの頭を口にくわえました。うなぎは、キュッといって、ごんの首へまき付きました。そのとたんに、兵十が、向こうから、

「うわあ、ぬすとぎつねめ。」

と、どなり立てました。ごんは、びっくりして、飛び上がりました。うなぎをふりすててにげようとしましたが、うなぎは、ごんの首にまき付いたままはなれません。ごんは、そのまま、横っ飛びに飛び出して、一生けん命に、にげていきました。

ほらあなの近くの、はんの木の下で、ふり返ってみましたが、兵十は追っかけてはきませんでした。

ごんはほっとして、うなぎの頭をかみくだき、やっと外して、あなの外の草の葉の上にのせておきました。

新美 南吉「ごんぎつね」より

1 「水の中から持ち上げました。」とありますが、兵十は何をとろうとしていたのですか。書きぬきましょう。

［うなぎ］や、［きす］をとろうとしていた。

2 「びくのそばへかけつけました。」とありますが、ごんがかけつけたのはなぜですか。四字で書きぬきましょう。

［いたずら］がしたくなったから。

3 「ぽんぽん投げこみました。」とありますが、このときのごんは、どんな気持ちですか。一つに○をつけましょう。

ア（　）魚をにがすことができて、うれしいなという気持ち。
イ（○）いたずらをするのは、楽しいなという気持ち。
ウ（　）兵十に仕返ししようと、おこっている気持ち。

ヒント ごんが何をしたかったのかを考えよう。

4 ごんが「じれったく」なったのはなぜですか。書きぬきましょう。

うなぎが［ぬるぬる］とすべりぬけ、［手］ではつかめなかったから。

5 兵十はごんのことを何とよびましたか。六字で書きぬきましょう。

［ぬすとぎつね］

ヒント 直前に書かれたうなぎの様子から考えよう。

6 「ごんはほっとして、」とありますが、ごんがほっとしたのはなぜですか。

兵十が（例 追っかけてこなかった）から。

7 この文章中で、ごんの気持ちはどのように変化しましたか。一つに○をつけましょう。

ア（　）楽しい→はらが立つ→こわい→はんせいした
イ（　）うれしい→不思議だ→びっくりした→こまった
ウ（○）おもしろい→いらいらする→おどろいた→安心した
エ（　）わくわくする→悲しい→ほっとする→つかれた

8 この文章から、ごんはどんなきつねだと分かりますか。一つに○をつけましょう。

ア（○）いたずらをするのが好きな、子どもっぽいきつね。
イ（　）知えを働かせて魚をとる、かしこいきつね。
ウ（　）相手がよろこぶことが好きな、心やさしいきつね。

練習② 80~81ページ

ごんぎつね

文章を読んで、答えましょう。

兵十が、赤い井戸の所で、麦をといでいました。

兵十は今まで、おっかあと二人きりで、まずしいくらしをしていたもので、おっかあが死んでしまっては、もうひとりぼっちでした。

「おれと同じ、ひとりぼっちの兵十か。」

こちらの物置の後ろから見ていたごんは、そう思いました。

ごんは、物置のそばをはなれて、向こうへ行きかけますと、どこかでいわしを売る声がします。

「いわしの安売りだあい。生きのいい、いわしだあい。」

ごんは、その、いせいのいい声のする方へ走っていきました。と、弥助のおかみさんが、うら戸口から、

「いわしをおくれ。」

と言いました。いわし売りは、いわしのかごを積んだ車を道ばたに置いて、ぴかぴか光るいわしを両手でつかんで、弥助のうちの中へ持って入りました。ごんは、そのすき間に、かごの中から、五、六ぴきのいわしをつかみ出して、もと来た方へかけだしました。そして、兵十のうちのうら口から、うちの中へいわしを投げこんで、あなへ向かってかけもどりました。とちゅうの坂の上でふり返ってみますと、兵十が、まだ、井戸の所で麦をといでいるのが小さく見えました。

ごんは、うなぎのつぐないに、まず一つ、いいことをしたと思いました。

次の日には、ごんは、山でくりをどっさり拾って、それをかかえて、兵十のうちへ行きました。うら口からのぞいてみますと、兵十は、昼飯を食べかけて、茶わんを持ったまま、ぼんやりと考えこんでいました。変なことには、兵十のほっぺたに、かすりきずがついています。どうしたんだろうと、ごんが思っていますと、兵十がひとり言を言いました。

「いったい、だれが、いわしなんかを、おれのうちへ放りこんでいったんだろう。おかげで、おれは、ぬす人と思われて、いわし屋のやつに、ひどい目にあわされた。」

と、ぶつぶつ言っています。

ごんは、「これはしまった。」と思いました。

「かわいそうに、兵十は、いわし屋にぶんなぐられて、あんなきずまでつけられたのか。」

ごんはこう思いながら、そっと物置の方へ回って、その入り口に、くりを置いて帰りました。

新美 南吉「ごんぎつね」より

1 「おれと同じ、ひとりぼっちの兵十か。」について、次の問題に答えましょう。

① 兵十がひとりぼっちになったのはなぜですか。

おっかあが（死んでしまった）から。

② ごんはどんな気持ちでこのように言っているのですか。一つに○をつけましょう。

ア（○）自分にも兵十のさびしさがよく分かるという気持ち。
イ（　）さびしそうな兵十を助けようと強く決心する気持ち。
ウ（　）兵十もひとりぼっちになって、うれしく思う気持ち。

2 「つぐない」のために、ごんは何をしましたか。二つに○をつけましょう。

ア（○）兵十のうちへいわしを投げこんだ。
イ（　）井戸の所で麦をといだ。
ウ（　）兵十の昼飯を作った。
エ（○）山で拾ったくりを持っていった。

3 「いいことをしたと思いました。」とありますが、ごんはどんな気持ちでしたか。一つに○をつけましょう。

ア（　）これで兵十にほめてもらえると期待する気持ち。
イ（　）兵十がよろこんでくれるかどうか心配する気持ち。
ウ（○）少しつぐないができたとうれしく思う気持ち。

4 「兵十のほっぺたに、かすりきずがついています。」とありますが、どんなことがあったのですか。

いわし屋に、（例 ぬす人と思われてぶんなぐられた）。

ヒント 後の兵十の言葉に注目しよう。

5 「これはしまった。」とありますが、このとき、ごんはどんな気持ちでしたか。一つに○をつけましょう。

ア（○）いいことをしたつもりだったのに、兵十をひどい目にあわせてしまい失敗したと思う気持ち。
イ（　）自分がいわしをぬすんだのに、兵十がいわし屋にひどい目にあわされたことにおどろく気持ち。
ウ（　）兵十はいわしをぬすんでいないのに、兵十をひどい目に合わせたいわし屋にはらが立つ気持ち。
エ（　）いわしを持っていったのは自分なのに、兵十が気づいてくれないことを残念に思う気持ち。

ヒント 後のごんの言葉に注目しよう。

---

1 ふくろの中は「白いものがきらきら光ってい」て、それは「太いうなぎのはらや、大きなきすのはら」だったと書かれています。

2 後に続く文に「ちょいと、いたずらがしたくなった」と書かれています。

3 ごんがいたずらをする理由は、兵十（ひょうじゅう）に仕返ししたいからだとは書かれていません。「ぽんぽん」という言葉から、ごんがいたずらにむちゅうになっている様子を想像（そう）しましょう。

4 その前に「ぬるぬるとすべりぬけるので、手ではつかめません」と書かれています。

5 「ぬすと」は、「ぬすむ人」のことです。

6 前の文に、理由が書かれています。ごんは、兵十にいたずらが見つかってしまったことから、「一生けん命に、にげていきました」が、ふり返ると「兵十は追っかけて」こないことが分かって「ほっと」したのです。

7 最初、ごんは、いたずらをおもしろがっていましたが、うなぎがうまくつかめずいらいらしていました。そして兵十に見つかり、びっくりしましたが、兵十が追っかけてこないことから安心しています。

8 ごんの行動に注目しましょう。いたずらにむちゅうになって楽しんでいると読み取れます。

1 ①兵十は「おっかあと二人きり」でくらしていましたが、「おっかあが死んでしまっ」たため、ひとりぼっちになったのです。

②「おれと同じ」には、気持ちがよく分かるという思いがこめられています。

2 「兵十の……うちの中へいわしを投げこんで」「山でくりをどっさり拾って……兵十のうちへ行きました」と書かれています。

4 兵十のひとり言に着目しましょう。

5 「しまった」には失敗した、申しわけないことをした、などの気持ちがこめられています。つぐないのためにうなぎやくりを持っていき、「いいことをした」と思っていたのに、兵十がいわし屋にひどい目にあわされたと知ったのです。

じゅんび 82~83ページ
人物のせいかくと行動を表す言葉／言葉の意味と使い方

新しい漢字
教科書60ページ 静（14画）　61ページ 周（8画）　63ページ 孫（10画）　65ページ 梅（10画）

1 □に読みがなを書きましょう。
① 静かな公園。（しず）　② 周辺を見る。（しゅうへん）　③ 孫と出かける。（まご）　④ 梅の実をとる。（うめ）　⑤ 人間関係をきずく。（かんけい）　⑥ 熱が冷める。（ねつ）

2 □に漢字を、□に漢字と送りがなを書きましょう。
① 子孫（しそん）を守る。　② 梅（うめ）の花がさく。　③ 波が静まる（しずまる）。　④ 池の周り（まわり）を歩く。

人物のせいかくと行動を表す言葉

3 □に合う言葉を□から選んで、記号を書きましょう。
① 妹は、いつもにこにこしていて（イ）なせいかくだ。
ア 勝ち気　イ 温和　ウ 短気　エ 負けずぎらい
② 父は、自分の考えを曲げない（エ）な人だ。
ア おく病　イ ひかえめ　ウ やさしい　エ がんこ

4 せいかくを表す言葉から考えられる行動として、当てはまるものに○をつけましょう。
① 小山さんは、真面目な人だ。そうじの時間には、
ア（○）ていねいにぞうきんがけをしている。

イ（　）すぐに友だちと話している。
② 田村さんは気まぐれな人だ。行きと帰りで
ア（○）話の中身がまったくちがう。

イ（　）言うことがまったく変わらない。
③ 西川さんは、しっかりした人だ。遠足の日には、
ア（○）わすれ物がないか、よくたしかめている。

イ（　）みんなと楽しそうに歩いている。
④ 山本さんは活発な人だ。昼休みにはいつも
ア（　）教室でしずかに読書をしている。

イ（○）校庭でドッジボールをしている。
⑤ 木村さんは、前向きな人だ。ゲームで負けた後、
ア（　）長い間落ちこんでいた。

イ（○）すぐに練習を始めていた。

言葉の意味と使い方

5 □に合う言葉を□から選んで、記号を書きましょう。
「テストで山をはる」というときの「山」は（①ア）という意味です。一方、「近くの山にのぼる」というときの「山」は（②ウ）を表します。また、「チケット売り場に人の山ができている」では、（③イ）が（④オ）という意味になります。
ア 予想する　イ 数や量　ウ 高い場所　エ 大切な　オ 多い　カ 少ない　キ 低い場所

6 次の文のうち、――線部の言葉が他とちがう意味で使われているものに○をつけましょう。
① ア（　）ご飯をつくるために野菜を買う。
イ（○）ご飯がたき上がるのを楽しみにする。

ウ（　）ご飯ができるまでに宿題をすませる。

エ（　）日曜日はレストランでご飯を食べる。
② ア（　）ゆめで犬においかけられる。
イ（　）昼ねをしているとゆめを見た。

ウ（○）しょう来のゆめを話す。

じゅんび 84~85ページ
百人一首に親しもう／ブックトークをしよう／漢字を使おう８

新しい漢字
教科書66ページ 季（8画）　70ページ 札（5画）　71ページ 唱（11画）　76ページ 岡（8画）　76ページ 府（8画）　76ページ 億（15画）　76ページ 兆（6画）　76ページ 令（5画）

「季」と「委」をまちがえないように気をつけよう！

1 □に読みがなを書きましょう。
① 雪合戦で遊ぶ。（ゆきがっせん）　② 夏休みに帰省する。（きせい）　③ 岡山県の代表。（おかやま）　④ 百兆円の予算。（ひゃくちょうえん）

2 □に漢字を、□に漢字と送りがなを書きましょう。
① 一億円（いちおくえん）を使う。　② 梅の季節（きせつ）。　③ 王様が命令（めいれい）する。　④ 京都府（きょうとふ）　⑤ 名札（なふだ）を外す。　⑥ 念仏を唱える（となえる）。

百人一首に親しもう

3 □に合う言葉を□から選んで、記号を書きましょう。
（①イ）は、五・七・五・七・七の（②ウ）音で表される短い詩で、昔から季節や自然、人生、人を思う心など、さまざまなことがよまれてきました。「（③オ）」は、その中でも有名な百首を集めたもので、（④カ）に使われることでも知られています。
ア 俳句　イ 短歌　ウ 三十一　エ 三十　オ 百人一首　カ かるた遊び

4 次の短歌を、五・七・五・七・七に分けて書きましょう。
春過ぎて夏来にけらし白妙の衣ほすてふ天の香具山　持統天皇
（春過ぎて）（夏来にけらし）（白妙の）（衣ほすてふ）（天の香具山）

5 次の短歌を上の句と下の句に分け、間に線を入れましょう。
① 久方の光のどけき春の日に／しづ心なく花の散るらむ　紀友則
② 人はいさ心も知らず古里は／花ぞ昔の香ににほひける　紀貫之
③ 奥山に紅葉踏み分け鳴く鹿の／声聞く時ぞ秋は悲しき　猿丸大夫
④ 嵐吹く三室の山のもみぢ葉は／龍田の川の錦なりけり　能因法師

ブックトークをしよう

6 人にすすめたいものの良さを伝えるうえで、正しくないもの一つに×をつけましょう。
ア（×）自分が何を伝えたいのかを、あらかじめ決めずに成り行きで話すとよい。

イ（　）具体的な事例をしめすことで、自分が伝えたいこととその理由を伝えるようにする。

ウ（　）事例や理由をのべるときは、それらをしめすときの決まった言い方を使うとよい。

エ（　）読む人をひきつけるために、どんな見せ方や言葉の使い方が良いのかをよく考える。

---

3 ①「温和」はおだやかでなかなかおこらないせいかくを表します。
②「がんこ」は行動や考えにこだわってなかなか変えないせいかくのことです。

4 ①「真面目」はふざけずに物事に取り組むせいかくを表します。
②「気まぐれ」は考えや行動がすぐに変わるせいかくです。
③「しっかりした」はたよりになる、という意味です。
④「活発」は体を動かすことが好きなせいかくを表します。
⑤「前向き」はつらいことがあってもめげずに次の目標に向かうせいかくです。

5 ①テストに出そうなところをねらいをつけて予想することです。
③④人がたくさん集まっている様子を表します。

6 ①ア・ウ・エは「食事」、イは「たいた米」を意味しています。
②ア・イは「ねている間に見る、まるで本当のことのように感じるもの」、ウは「これからの目標」という意味です。

3 「百人一首」とは、鎌倉時代の歌人・藤原定家が、百人のすぐれた歌人の短歌を一首ずつ選んだもので、今でもかるた遊びなどで親しまれています。昔の人は三十一音という短い中に、自然や人生などを思う心をよみ、伝えてきました。

4 五・七・五・七・七のリズムを意識すると、読みやすい歌になることが分かります。春がすぎて夏が来たらしい、真っ白な服をほすという天の香具山に、という内容の短歌です。

5 短歌では最初の「五・七・五」までを上の句、その後の「七・七」を下の句といいます。上の句と下の句の間で意味が区切れる歌もあれば、意味がそのままつながっている歌もあります。

6 最初に何を伝えたいのかを決めておかないと、どのように伝えればよいかも決まらず、うまく人に伝えることができません。話をわかりやすく伝えるためには、具体例を入れたり、つなぎ言葉を使ったりすることも役立ちます。

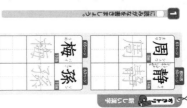

たしかめのテスト①　86〜87ページ

ごんぎつね 〜 漢字を使おう8

おうちのかたへ

物語を読んだ感想を、「悲しい」などの一言で済ませてしまわないように、「なぜそう思ったのかな」などと問いかけるとよいでしょう。その答えがあいまいだった時は、文章に立ち返り、出来事をしっかりと読み取りましょう。

文章を読んで、答えましょう。　思考・判断・表現

「さっきの話は、きっと、そりゃあ、神様のしわざだぞ。」

「えっ？」

と、兵十はびっくりして、加助（かすけ）の顔を見ました。

「おれはあれからずっと考えていたが、どうも、そりゃ、人間じゃない。神様だ。神様が、おまえがたった一人になったのをあわれに思わっしゃって、いろんなものをめぐんでくださるんだよ。」

「そうかなあ。」

「そうだとも。だから、毎日、神様にお礼を言うがいいよ。」

「うん。」

ごんは、「へえ、こいつはつまらないな。」と思いました。

「おれが、くりや松たけを持っていってやるのに、そのおれにはお礼を言わないで、神様にお礼を言うんじゃあ、おれは、引き合わないなあ。」

六

その明くる日も、ごんは、くりを持って、兵十のうちへ出かけました。兵十は、物置で縄をなっていました。

それで、ごんは、うちのうら口から、こっそり中へ入りました。

そのとき、兵十は、ふと顔を上げました。と、きつねがうちの中へ入ったではありませんか。こないだ、うなぎをぬすみやがったあのごんぎつねめが、またいたずらをしに来たな。

「ようし。」

兵十は立ち上がって、なやにかけてある火縄じゅうを取って、火薬をつめました。

そして、足音をしのばせて近よって、今、戸口を出ようとするごんを、ドンと、うちました。ごんは、ばたりとたおれました。兵十はかけよってきました。うちの中を見ると、土間に、くりが固めて置いてあるのが目につきました。

「おや。」

と、兵十は、びっくりして、ごんに目を落としました。

「ごん、おまえだったのか。いつも、くりをくれたのは。」

ごんは、ぐったりと目をつぶったまま、うなずきました。

兵十は、火縄じゅうをばたりと、取り落としました。青いけむりが、まだ、つつ口から細く出ていました。

新美 南吉「ごんぎつね」より

1 「こいつはつまらないな。」について、答えましょう。

① ごんがそう思ったのはなぜですか。一つに○をつけましょう。　15点

ア（○）せっかく自分がくりや松たけを持っていってやったのに、神様のしわざだと思われたから。

イ（　）神様が兵十のためを思っていろいろなものをめぐんでいるのには、かなわないと思ったから。

ウ（　）兵十と自分だけのひみつにしようと思っていたことを、兵十が加助に話してしまったから。

② 「つまらない」と同じような意味で用いられている言葉を、六字で書きぬきましょう。　10点

引き合わない

2 「ごんは、うちのうら口から、こっそり中へ入りました。」とありますが、それは何をするためですか。　15点

（例 兵十のうちへくりを置いてくるため。）

3 「ようし。」とありますが、このとき、兵十はどんなことを考えていますか。　10点

（例 ごんを火縄じゅうでうとう）

と考えている。

4 「びっくりして」とありますが、兵十がびっくりしたのはなぜですか。　15点

（例 いつもくりを持ってきてくれたのが、ごんだと分かったから。）

5 「ぐったりと目をつぶったまま、うなずきました。」とありますが、このときごんはどんな気持ちでしたか。一つに○をつけましょう。　15点

ア（　）くりを持ってきたせいでこんなことになってしまって、くやしい。

イ（○）くりを持ってきていたのが自分だと分かってもらえて、よかった。

ウ（　）良いことをしてもじゅうでうたれるなんて、やっぱり人間はしん用できない。

6 「火縄じゅうをばたりと、取り落としました。」とありますが、このときの兵十はどんな気持ちでしたか。続けて書きましょう。　20点

いろんなものをくれていたのがごんだったと知り、

（例 ごんをうってしまったことが悲しくて、取り返しのつかないことをしたと思う気持ち。）

---

1 ①後の、ごんの言葉をよく読みましょう。②ごんの言葉から、「つまらないな」と同じ意味合いの言葉をさがしましょう。

2 ごんがくりを持って出かけるのは、兵十のうちへ置いてくるためです。

3 その後の兵十の行動に注目しましょう。兵十は、「なやにかけてある火縄じゅうを取って、火薬をつめ」た後、「ごんを、ドンと」うっています。

4 後で兵十が、「『ごん、おまえだったのか。いつも、くりをくれたのは。』と言っています。土間にあったくりを見て、兵十は、いつもくりを持ってきていたのがごんだと分かったのです。

5 ごんは兵十に「ぬすときつね」だと思われたままではなく、くりをとどけていたのが自分だと最後に分かってもらえて、うれしかったのです。

6 大変なことをしてしまったという気持ちや、かわいそうなことをしてしまったという気持ちをまとめます。

例2 ごんをうってしまってかわいそうなことをしたと、こうかいする気持ち。

例3 ごんをうってしまって申しわけない、大変なことをしてしまったという気持ち。

たしかめのテスト② 88~89ページ

ごんぎつね ～ 漢字を使おう８

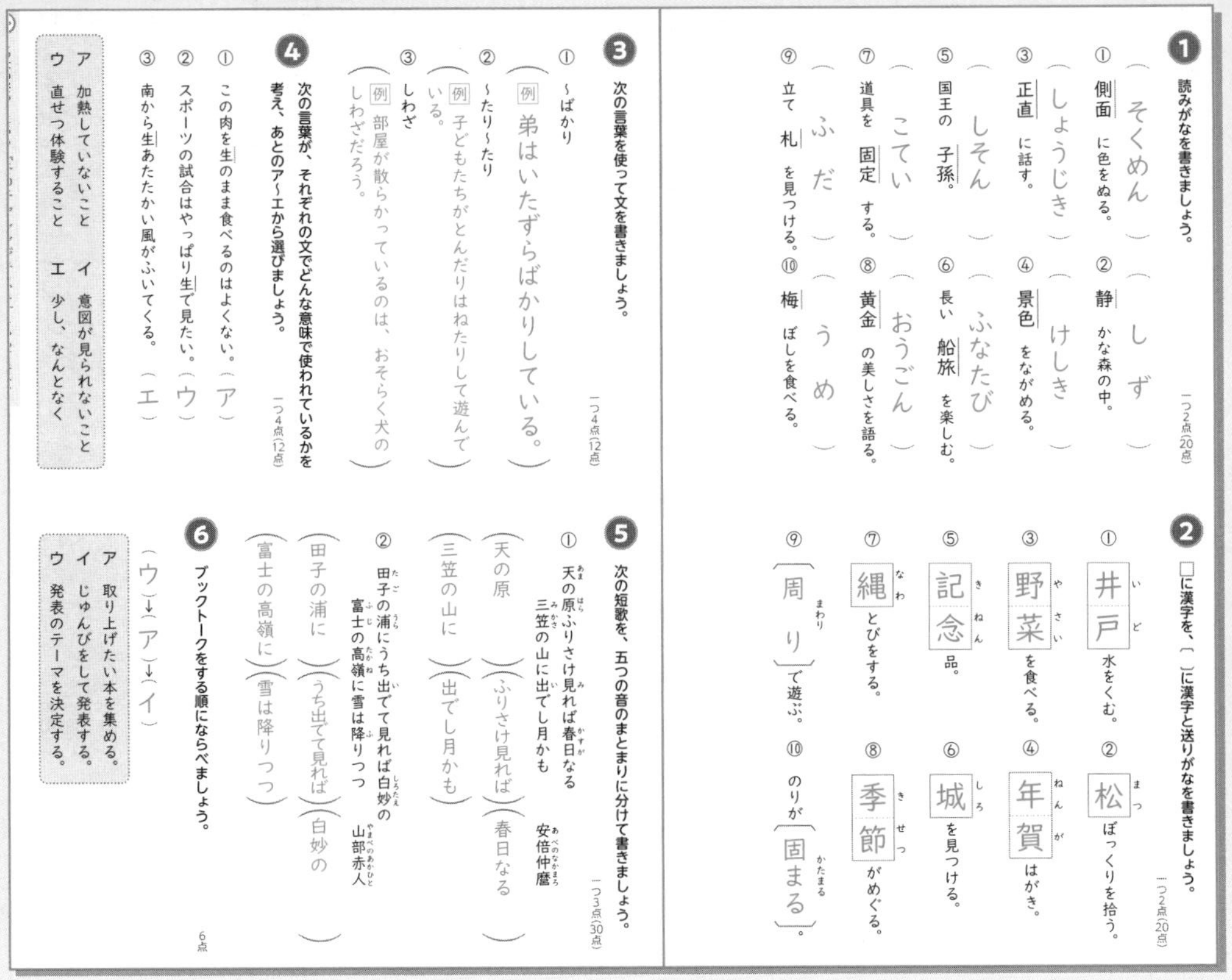

1 読みがなを書きましょう。 一つ2点（20点）

① 側面（そくめん）に色をぬる。 ② 静（しず）かな森の中。

③ 正直（しょうじき）に話す。 ④ 景色（けしき）をながめる。

⑤ 国王の子孫（しそん）。 ⑥ 長い船旅（ふなたび）を楽しむ。

⑦ 道具を固定（こてい）する。 ⑧ 黄金（おうごん）の美しさを語る。

⑨ 立て札（ふだ）を見つける。 ⑩ 梅（うめ）ぼしを食べる。

2 □に漢字を、〔 〕に漢字と送りがなを書きましょう。 一つ2点（20点）

① 井戸 水をくむ。 ② 松 ぼっくりを拾う。

③ 野菜 を食べる。 ④ 年賀 はがき。

⑤ 記念 品。 ⑥ 城 を見つける。

⑦ 縄 とびをする。 ⑧ 季節 がめぐる。

⑨〔周り〕で遊ぶ。 ⑩ のりが〔固まる〕。

3 次の言葉を使って文を書きましょう。 一つ4点（12点）

① ～ばかり（例 弟はいたずらばかりしている。）

② ～たり～たり（例 子どもたちがとんだりはねたりして遊んでいる。）

③ しわざ（例 部屋が散らかっているのは、おそらく犬のしわざだろう。）

4 次の言葉が、それぞれの文でどんな意味で使われているかを考え、あとのア～エから選びましょう。 一つ4点（12点）

① この肉を生のまま食べるのはよくない。（ア）

② スポーツの試合はやっぱり生で見たい。（ウ）

③ 南から生あたたかい風がふいてくる。（エ）

ア 加熱していないこと　イ 意図が見られないこと
ウ 直せつ体験すること　エ 少し、なんとなく

5 次の短歌を、五つの音のまとまりに分けて書きましょう。 一つ3点（30点）

① 天の原ふりさけ見れば春日なる三笠の山に出でし月かも　安倍仲麿
（天の原）（ふりさけ見れば）（春日なる）（三笠の山に）（出でし月かも）

② 田子の浦にうち出でて見れば白妙の富士の高嶺に雪は降りつつ　山部赤人
（田子の浦に）（うち出でて見れば）（白妙の）（富士の高嶺に）（雪は降りつつ）

6 ブックトークをする順にならべましょう。 6点

（ウ）→（ア）→（イ）

ア 取り上げたい本を集める。
イ じゅんびをして発表する。
ウ 発表のテーマを決定する。

3 ①「～だけ」という意味で「～ばかり」を使って文を作りましょう。

②「～たり～たり」は、「～や～などをする」という意味を表す言い方です。

4 ①食べ物に対して、加熱をしていないという意味です。

②直せつ見たり、聞いたりするという意味です。

③少し、なんとなくという意味です。

5 ①音数が「五・七・五・七・七」になるように分けます。文字の数ではなく音数を数える点に気をつけましょう。たとえば、「天の原」は「あ・ま・の・は・ら」の五音と数えます。

②短歌のきほんは「五・七・五・七・七」ですが、中にはそれよりも音数が多かったり、少なかったりするものもあります。この歌も、「田子の浦に」が五音ではなく六音、「うち出でて見れば」が七音ではなく八音です。

6 教科書の下72～73ページを読んで、本をすすめる方法について大切なことをおさえましょう。

じゅんび 90~91ページ

数え方を生み出そう／漢字を使おう９

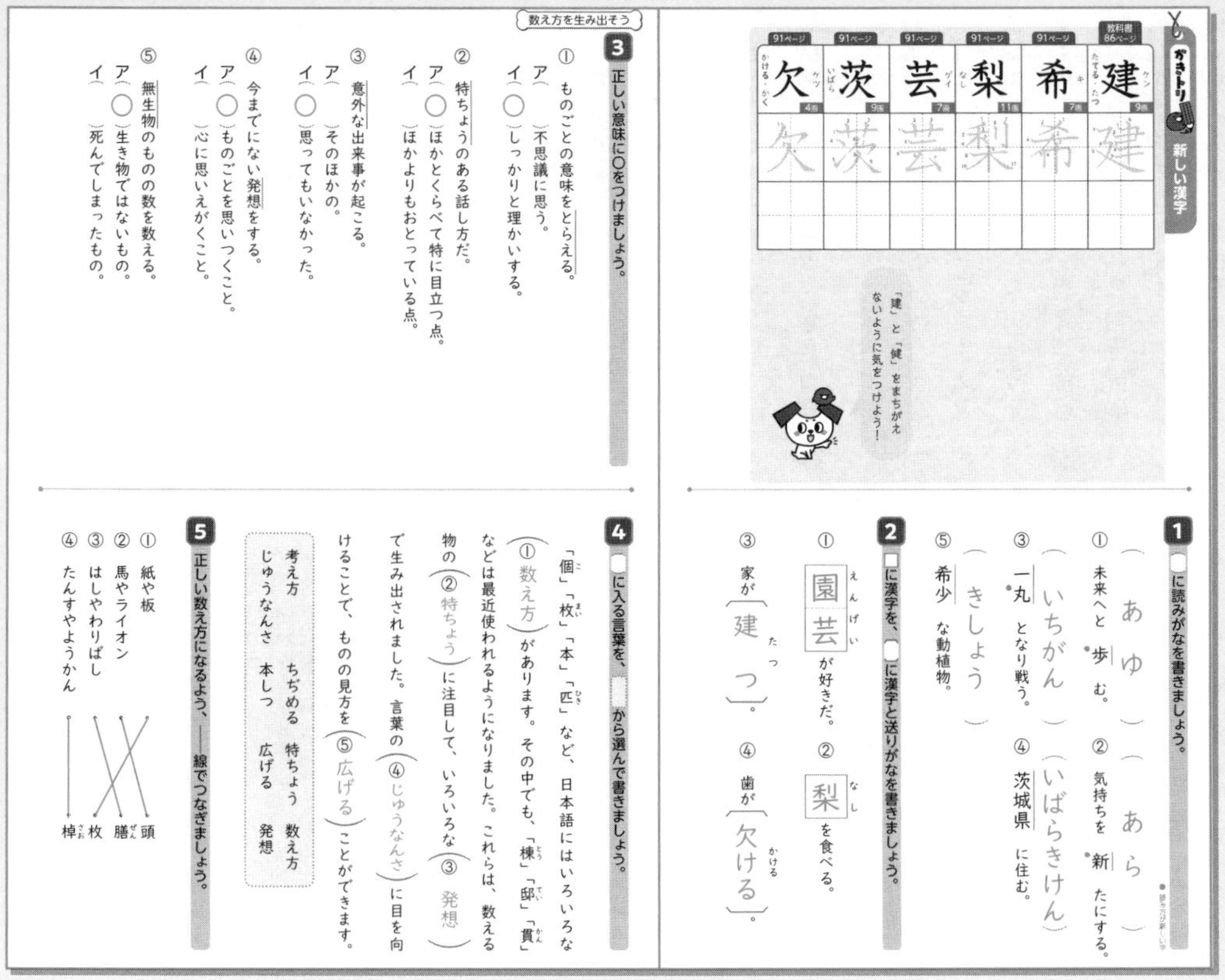

新しい漢字

建（ケン・たてる・たつ）9画　希（キ）7画　梨（なし）11画　芸（ゲイ）7画　茨（いばら）9画　欠（ケツ・かける・かく）4画

「建」と「健」をまちがえないように気をつけよう！

1 に読みがなを書きましょう。

① 未来へと歩（あゆ）む。 ② 気持ちを新（あら）たにする。

③ 一丸（いちがん）となり戦う。 ④ 茨城県（いばらきけん）に住む。

⑤ 希少（きしょう）な動植物。

2 □に漢字を、〔 〕に漢字と送りがなを書きましょう。

① 園芸 が好きだ。 ② 梨 を食べる。

③ 家が〔建つ〕。 ④ 歯が〔欠ける〕。

3 正しい意味に○をつけましょう。

① ものごとの意味をとらえる。
ア（ ）不思議に思う。
イ（○）しっかりと理かいする。

② 特ちょうのある話し方だ。
ア（○）ほかとくらべて特に目立つ点。
イ（ ）ほかよりもおとっている点。

③ 意外な出来事が起こる。
ア（ ）そのほか。
イ（○）思ってもいなかった。

④ 今までにない発想をする。
ア（○）ものごとを思いつくこと。
イ（ ）心に思いえがくこと。

⑤ 無生物のものの数を数える。
ア（○）生き物ではないもの。
イ（ ）死んでしまったもの。

4 □に入る言葉を、□から選んで書きましょう。

「個」「枚」「本」「匹」など、日本語にはいろいろな（①数え方）があります。その中でも、「棟」「邸」「貫」などは最近使われるようになりました。これらは、数える物の（②特ちょう）に注目して、いろいろな（③発想）で生み出されました。言葉の（④じゅうなんさ）に目を向けることで、ものの見方を（⑤広げる）ことができます。

考え方　ちぢめる　特ちょう　数え方　じゅうなんさ　本しつ　広げる　発想

5 正しい数え方になるよう、――線でつなぎましょう。

① 紙や板　② 馬やライオン　③ はしやわりばし　④ たんすやようかん

棹　枚　膳　頭

3 ①「とらえる」とは、「物事を理かいして自分のものにする」という意味です。

②「特ちょう」とは、他とはちがう目立った点のことです。

③「意外」とは、「予想もしなかったこと」「思いのほか」という意味です。アは「以外」と書き「そのほかの」という意味で、同じ読み方でちがう意味になります。

④「発想」は「思いつき」という意味です。

5 ①紙や板など平べったい形をしたものは、「枚」と数えます。

②ふつうは動物を「匹」と数えますが、人より大きな動物やきけんな動物は「頭」で数えます。

③食事をするときに使う二本一組のはしは「膳」と数えます。

④ようかん、ういろうなどのように細長い形をした和菓子や、たんすは「棹」と数えます。

練習　92~93ページ

数え方を生み出そう

文章を読んで、答えましょう。

　日本語では、物を数えるときに数だけを使うのではなく、数の後ろに「本」や「台」などの言葉を付けて表します。このような数え方をすることによって、それがどんな物であるのか、話し手はそれをどうとらえているのかということを、相手に伝えることができます。

　でも、なぜあなたはニンジンを見たとき、まずその細長さに注目したのでしょう。ニンジンには、細長いというだけでなく、かたくてオレンジ色をしているという特ちょうもあります。また、人によっては好ききらいがあるでしょう。日本語を使って生活しているわたしたちは、そういった細長さ以外の特ちょうや好ききらいには注目することなく、ニンジンを「一本」と数えているのです。

　これはあたりまえのように感じるかもしれません。しかし、日本語を外国語として勉強している人たちにとっては、大きなおどろきなのです。わたしはアメリカで、日本語を勉強している小学生に数え方を教えたことがあります。子どもたちは授業でしばらく日本語を学んできましたが、ふだんは外国語で生活しています。ある日、わたしはかれらにニンジンの数え方を聞いてみました。正しい答えは「一本」なので、それを期待していたのですが、上がった声は意外なものでした。子どもたちからは、

「ニンジンはかたくてガリガリかじらなくちゃいけないから『一ガリ、二ガリ』です。」

「ちがいます。オレンジ色をしているから、ニンジンは『一オレンジ、二オレンジ』だと思います。」

「ぼくはニンジンが好きだから『一好き、二好き』がいいと思う。」

と、びっくりするような新しい数え方が飛び出したのです。アメリカの子どもたちは、ニンジンを見たときに、細長いということだけでなく、ほかの特ちょうに注目したり、好きかきらいかということを考えたりして、自分たちで数え方を生み出していたのです。

飯田　朝子「数え方を生み出そう」より

❶「このような数え方」とは、どんな数え方ですか。それぞれ書きぬきましょう。

数の後ろ に「本」や「台」などの言葉を付けて表す数え方。

❷「相手に伝えることができます。」とありますが、どんなことを相手に伝えることができるのですか。一つに○をつけましょう。

ア（　）数えているものがいくつあるのか。

イ（○）数えている物はどんなものか。

ウ（　）どのような数え方をすればよいのか。

❸「細長さ以外の特ちょう」として、ニンジンにはどんな特ちょうがありますか。二つ書きましょう。

・（かたい）
・（オレンジ色をしている）
※順番はちがっていてもよい。

❹「大きなおどろきなのです。」とありますが、どんなことが「大きなおどろき」なのですか。一つに○をつけましょう。

ア（　）ニンジンには細長さ以外にもいろいろな特ちょうがあること。

イ（○）日本語では、細長さだけに注目して、ニンジンを「一本」と数えること。

ウ（　）ニンジンには「一本」以外にも数え方があること。

ヒント　前にある「これ」が指す内容を考えよう。

❺「びっくりするような新しい数え方」について、

① アメリカの子どもたちは、数の後ろにどんな言葉を付けていましたか。三つ書きぬきましょう。

（ガリ）（オレンジ）（好き）
※順番はちがっていてもよい。

② ニンジンの「新しい数え方」はどのように生み出されましたか。それぞれ七字で書きぬきましょう。

細長さ以外の ほかの特ちょう に気づいたり、好きかきらいか を考えたりしていた。

ヒント　直後の一文に注目しよう。

じゅんび　94~95ページ

理由をぎんみする／自分なら、どちらを選ぶか

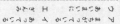

理由をぎんみする

1 正しい意味に○をつけましょう。

① じっくりと物事をぎんみする。
ア（○）物事を念入りに調べて選ぶこと。

イ（　）しばらくそのままにしておくこと。

② 説明を聞いてなっとくする。
ア（○）心から受け入れる。

イ（　）しぶしぶ受け入れる。

③ 話をほり下げて聞く。
ア（　）大まかな要点をおさえること。

イ（○）深く調べたり考えたりすること。

2 AさんとBさんの会話を読んで、□に合う言葉を□から選んで、記号で書きましょう。

【Aさん】朝ごはんはごはんよりもパンがいいと思うな。

【Bさん】そうかしら。わたしはごはんもいいと思うけど。

【Aさん】ぼくの家族は、みんなパンが好きだよ。だから、パンがいいと思うんだけど……。

【Bさん】でも、みんなが好きだとはかぎらないから、その理由は①（ア）と思うわ。

【Aさん】じゃあ、パンだと調理する時間も短くてすむから、朝の時間をゆっくりすごせる、だとどうかな？

【Bさん】いいわね！　それならなっとくできるわ。

【Aさん】同じ考えでも、理由によってなっとくされるかが変わるんだね。これからも、きちんとなっとくされる理由か②（エ）するよ。

ア　まちがっている　イ　あっている
ウ　あいまいに　エ　ぎんみ

自分なら、どちらを選ぶか

3 相手になっとくされやすい文に○をつけましょう。

①
ア（○）みんなサッカーが好きだから、昼休みはみんなでサッカーをしよう。

イ（　）ぼくはサッカーをしたいから、昼休みはみんなでサッカーをしよう。

②
ア（　）今日は自転車で行かない方がいい。なぜなら、自転車に乗らない方がいいからだ。

イ（○）今日は自転車で行かない方がいい。なぜなら、風が強くてあぶないからだ。

4 意見文を書くときの順番になるようにならべましょう。

（エ）→（イ）→（ア）→（ウ）

ア　読み手になっとくしてもらえるように、意見文の組み立てを考える。
イ　友だちと話し合いながらせっきょく的に人の意見を取り入れ、自分の考えを深めていく。
ウ　相手に考えと理由がわかりやすく伝わり、なっとくしてもらえるように文章を書く。
エ　自分が感じたことや気付いたことについて、いいと思える理由を書き出していく。

5 次のア～ウの文章は、「始め」「中」「終わり」のどれですか。□に「始め」「中」「終わり」のいずれかを書きましょう。

ア（中）なぜなら、犬は散歩に行く必要があるので、運動不足のかいしょうになるからです。また、番犬にもなるので、安心できます。

イ（始め）わたしは、ペットをかうなら、ねこよりも犬のほうがよいと思います。

ウ（終わり）以上のことから、わたしはペットをかうなら、ねこよりも犬のほうがよいと思います。

6 あなたは、自由研究でお世話になった人に、お礼の気持ちを電話か手紙で伝えることにしました。あなたなら、どちらを選びますか。意見と理由を書きましょう。

例　わたしは、お礼の気持ちは手紙で伝えた方がいいと思います。なぜなら、相手がいそがしい時に電話すると、かえってめいわくをかけてしまうかもしれないからです。また、手間ひまのかかる手紙の方が、よりていねいにかんしゃの気持ちを伝えられると思います。以上から、手紙の方がいいと考えます。

---

❶「このような数え方」のすぐ前にある文「数の後ろに『本』や『台』などの言葉を付けて表します」に注目しましょう。

❷「それがどんな物であるのか、話し手はそれをどうとらえているのかということ」を伝えることができるのだとあります。

❸ 少し前に「ニンジンには、細長い……という特ちょうもあります」とあります。

❹ 前のだん落にある、「日本語を使って生活しているわたしたちは、そういった細長さ以外の特ちょうや好ききらいには注目することなく、ニンジンを『一本』と数えている」ということについて、「大きなおどろき」なのだと言っています。

❺ ①「びっくりするような数え方」のすぐ前にある会話文に注目しましょう。
②アメリカの子どもたちは「ほかの特ちょうに注目したり、好きかきらいかということを考えたりして、自分たちで数え方を生み出していた」のです。

3 ①イは、自分がサッカーをしたいことが理由になっており、それでは他のことをしたい相手はなっとくできません。
②アは、自転車で行かない方がいい理由の説明になっていません。

4 意見文とは、自分なりの考えを、多くの人たちにうったえるために書く文章のことです。自分の考えになっとくしてもらえるよう、理由をぎんみしながら書きましょう。

5 意見を書いた文章は、自分の意見を始めに、次にそう考えた理由や例を、最後にまとめを書くことが多いです。アは、犬をかう理由を書いているので、「中」です。イは、自分の意見を書いているので、「始め」です。ウは、今までの内容をまとめているので、「終わり」です。

6 まずは電話と手紙のどちらがよいか自分の考えを書き、その考えと結びついた理由がしっかり書けていれば正かいです。

例2　わたしは、お礼の気持ちは電話で伝えた方がいいと思います。なぜなら、文章よりも直せつ話した方が、感しゃの気持ちを相手に伝えられると思うからです。以上から、電話の方がいいと思います。

じゅんび　96~97ページ

調べたことをほうこくしよう／漢字を使おう 10／同じ読み方の漢字

新しい漢字

仲　徳　径　鏡　牧　各　氏

労　極　昨　副　臣　課　械

1 □に読みがなを書きましょう。

① 口角（こうかく）を上げる。
② 牛肉（ぎゅうにく）を食べる。
③ 寺院（じいん）をたずねる。
④ 昨日（きのう）から大雨だ。
⑤ 仲（なか）のよい親子。
⑥ 鏡（かがみ）のような水面。
⑦ 各地（かくち）を旅行する。
⑧ 大臣（だいじん）を任命する。
⑨ 円の直径（ちょっけい）。
⑩ 副業（ふくぎょう）をする。

2 □に漢字を書きましょう。

① 徳島県（とくしまけん）に行く。
② 牧場（ぼくじょう）ではたらく。
③ 氏名（しめい）を書く。
④ 苦労（くろう）を重ねる。
⑤ 南極（なんきょく）に行く。
⑥ 放課後（ほうかご）になる。
⑦ 機械（きかい）を見る。

調べたことをほうこくしよう

3 正しい意味に○をつけましょう。

① 仕事の分たんを決める。
ア（　）多くの仕事を受け持つこと。

イ（○）いくつかに分けて受け持つこと。

② 標語をぼしゅうする。
ア（○）広くよびかけて人や物を集めること。

イ（　）特定の人や物に対しておねがいすること。

4 調べたことをほうこくするときに気をつけることとして、正しくないものはどれですか。一つに×をつけましょう。

ア（　）調べたいことについて、どんな質問をすればよいかを考えながらアンケートを作る。

イ（　）アンケートから分かったことは、わかりやすいように表やグラフにまとめる。

ウ（　）どのような順に話せば分かりやすくなるかを考えて、話の組み立てを決める。

エ（×）調べたことを発表するときは、聞いている人の様子を見ずに話すことに集中する。

同じ読み方の漢字

5 同じ読み方の漢字を書き分けましょう。

① 人口（じんこう）がふえる。／人工（じんこう）着色料。
② 社会に関心（かんしん）がある。／感心（かんしん）なふるまい。
③ 熱（あつ）いお茶。／暑（あつ）い夏。
④ 家に帰（かえ）る。／ひっくり返（かえ）る。

1 ⑩「副業」とは、本来の仕事とは別に働く仕事のことです。

3 ①「分たん」とは「仕事などを分けて受け持つこと」です。
②「ぼしゅう」とは「広くよびかけて人や物を集めること」です。

4 調べたことを発表するときは、聞いている人の様子を見て、きちんと伝わっているかをたしかめながら話すのがよいでしょう。

5 ①「人口」は人の数、「人工」は人が作ったものであることを意味します。
②「関心」は心をひかれること、「感心」はりっぱだと心を動かされることです。
③水温などが高い場合は「熱い」、気温などが高い場合は「暑い」と書きます。
④もといた場所にもどる場合は「帰る」、下のものが上になる場合は「返る」と書きます。

たしかめのテスト①　98〜99ページ

数え方を生み出そう〜同じ読み方の漢字

おうちのかたへ

説明文を読む際は、接続語に注目させるとよいでしょう。接続語とは「でも」「例えば」「このように」などの言葉です。

文章を読んで、答えましょう。　思考・判断・表現

改めて気づくのは、日本語の数え方には、色やにおい、かたさや手ざわり、温度、味、古さ、好ききらいなどを表すものがほとんどないということです。もし、こういった特ちょうを表す数え方が生まれたら、日本語はもっと便利で表情ゆたかになるかもしれません。数え方は、今あるものを正しく覚えて使うだけでなく、新しく生み出すことだってできるのです。そんなことができるのかと思うかもしれませんが、日本語の歩みの中では、めずらしいことではありません。

例えば、馬のように大きな動物を数える「一頭」は、明治時代に新しく生まれたものです。海外の本に書かれていた、動物を数える「ヘッド」という言葉を、日本の学者たちがヒントにしたのです。「ヘッド」は、英語で「頭」の意味で、動物の頭数を数えるときにせん門家たちが使っていました。それまでの日本語では、馬でもネコでも「一匹」と数えていたので、動物の大きさのちがいを数え方で区別するのは、新しい発想でした。

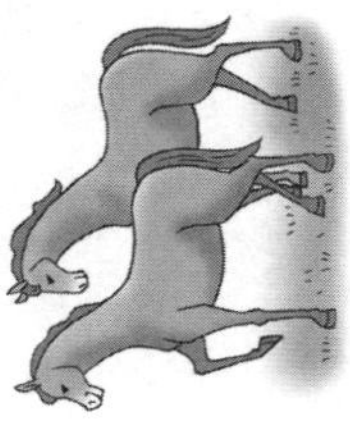

その後にも、数え方は生まれ続けています。家は「一軒」と数えますが、マンションなどの大型の集合住たくの場合には、「一棟」と数えることが多いようです。近年は広告などで、ごうかな建物を連想させる「一邸」という言葉も使われています。にぎりずしの「一貫」も、記録によると、江戸時代からあるのではなく、にぎりずしをおいしそうに数えるために、昭和時代の終わりに生まれたもののようです。

このように、数え方は、いろいろな発想を持って生み出すことができます。これまで受けつがれてきた言い方を正しく使っていくことは、もちろん大切ですが、一方で、新しいものを生み出せるという、言葉のじゅうなんさに目を向けることも大切です。

飯田　朝子「数え方を生み出そう」より

1 日本語の数え方にあるものはどれですか。一つに○をつけましょう。　10点

ア（　）においを表した数え方
イ（　）固さを表した数え方
ウ（○）形を表した数え方

2 よく出る　日本語の数え方について、答えましょう。

① 筆者は、数え方はどうすることができるとのべていますか。　10点

新しく（例 生み出すことができる）

② ①の例として正しいものを二つ選んで、○をつけましょう。　一つ10点（20点）

ア（　）馬を「一匹」と数える。
イ（○）馬を「一頭」と数える。
ウ（　）ネコを「一匹」と数える。
エ（　）家を「一軒」と数える。
オ（○）家を「一邸」と数える。

3 「『一頭』は、明治時代に新しく生まれたものです。」について、答えましょう。

① 「一頭」という数え方は、英語の何という言葉を元にして作られたのですか。書きぬきましょう。　10点

（ヘッド）

② できたらスゴイ！　「新しい発想」とは、どんなものですか。書きぬきましょう。　20点

（動物の大きさのちがいを数え方で区別する）というもの。

4 「にぎりずしの『一貫』」は、なぜこのような数え方をするようになったのですか。書きぬきましょう。　10点

（おいしそうに数える）ため。

5 考えるチカラ　筆者は、「言葉」についてどのように考えていますか。続けて書きましょう。　20点

これまで受けつがれてきた言い方を正しく使っていくだけでなく、例 新しいものを生み出せるという、言葉のじゅうなんさにも目を向けることが大切である。

---

1 「日本語の数え方には、色やにおい、かたさ……などを表すものがほとんどない」とあることに着目しましょう。

2 ①「一だん落めの「数え方は……新しく生み出すことだってできる」に注目しましょう。
②「大きな動物を数える『一頭』は、明治時代に新しく生まれたもの」とあります。また、「近年は……『一邸』という言葉も使われています」とあります。

3 ①「海外の本に書かれていた、動物を数える『ヘッド』という言葉を、日本の学者たちがヒントにした」とあります。
②直前の内容に着目しましょう。「一頭」という数え方が生まれたことは、「動物の大きさのちがいを数え方で区別する」ことにつながり、これが「新しい発想」だというのです。

4 直後の「〜ために」という理由を表す言葉に着目して考えましょう。

5 最後のだん落に着目しましょう。「数え方は、いろいろな発想をもって生み出す」ことができるというそれまでの内容をもとに、「新しいものを生み出せるという、言葉のじゅうなんさに目を向けることが大切です」と筆者はのべています。

例2 いろいろな発想で新しいものを生み出せる言葉のじゅうなんさに目を向けることも大切だ。

たしかめのテスト② 100~101ページ
数え方を生みだそう ～ 同じ読み方の漢字

1 読みがなを書きましょう。 一つ2点(20点)

① 梨を食べる。(なし)
② 工芸品を手にする。(こうげいひん)
③ 人徳のある人。(じんとく)
④ 薬には副作用がある。(ふくさよう)
⑤ 一丸となる。(いちがん)
⑥ 課題をこなす。(かだい)
⑦ 馬を放牧する。(ほうぼく)
⑧ 労力をおしむ。(ろうりょく)
⑨ 寺院の多い町。(じいん)
⑩ 口径の大きいレンズ。(こうけい)

2 □に漢字を、〔 〕に漢字と送りがなを書きましょう。 一つ2点(20点)

① 茨の道を歩む。
② 仲間を大事にする。
③ 望遠鏡
④ 昨夜は寒かった。
⑤ 建国記念の日。
⑥ 会議を欠席する。
⑦ 希望を持つ。
⑧ 君主の家臣。
⑨ 各国の代表。
⑩ 家を〔建てる〕。

3 二つの物から一つを選び、選んだ理由を書くときの順番として、正しい順にならべかえましょう。 10点

ア 読む人がなっとくする理由かどうかに注意しながら、書くことを整理する。
イ 組み立てメモをもとに、文章を書く。
ウ 二つの物のそれぞれの特ちょうや、くらべて気づいたことを書き出す。
エ 書く文章の組み立てが「始め」「中」「終わり」になるよう、組み立てメモをつくる。

(ウ)→(ア)→(エ)→(イ)

4 (　)に合う言葉を□から選んで、記号を書きましょう。 一つ5点(20点)

① しっかりと自分の役わりを(エ)。
② 公共のマナーを身に(ウ)。
③ 一方的な思いこみが、ものの見方を(ア)。
④ 小さな問題にもしっかりと目を(イ)。

ア せばめる　イ 向ける　ウ つける　エ 果たす

5 思考・判断・表現　次のアンケートの結果をまとめた表をしめしながら、アンケートの結果をほうこくする文を考えて書きましょう。 15点

スポーツは好きですか。

好き	20人
きらい	10人
どちらでもない	5人

例 スポーツが好きな人は二十人、きらいな人は十人、どちらでもない人は五人でした。

6 次の――線部は、コンピューターでまちがって変かんされてしまった言葉です。正しい漢字に直して書きましょう。 一つ5点(15点)

① 書類に住所と使命を書く。(氏名)
② うそをついて両親がいたむ。(良心)
③ 関係者意外は立ち入りきん止。(以外)

じゅんび 102~103ページ
世界一美しいぼくの村／漢字を使おう 11／十年後のわたしへ

かくにん 新しい漢字 教科書113ページ

香　民　勇　信　潟　岐　阜

栃　埼　奈　滋　阪　媛　佐

崎

1 □に読みがなを書きましょう。

① 果物を食べる。(くだもの)
② 宮城県の海産物。(みやぎ)
③ 滋賀県のびわ湖。(しが)
④ 富山県を旅行する。(とやま)

2 □に漢字を、(　)に漢字と送りがなを書きましょう。

① 町民の集まり。
② 話を信用する。
③ あまい(香り)。
④ (勇ましい)すがた。

世界一美しいぼくの村

3分でポイント 物語の終わり方について考えよう。

★①～③の□に合う言葉を□の中から選んで、記号を書きましょう。

物語のはじまり　アフガニスタンは、春は花がさきみだれ、夏は果物がゆたかに実る①ウがいっぱいの国。

ヤモ　「パグマンはいいな。世界一美しいぼくの村。」「ハルーン兄さん、早く帰っておいでよ。」
↓家族思いで、パグマンが②イ。

物語の終わり　冬、村は戦争ではかいされた。
↓ヤモにとって世界一美しい村であったパグマンが戦争ではかいされた③アが表れている。

ア 悲しみ　イ 大好き　ウ 美しい自然

十年後のわたしへ

3 タイムカプセルを作るときに注意することとして、正しいものに○をつけましょう。

ア(　)これまでに書いてきた文章は、読み返さずにタイムカプセルに入れる。
イ(○)タイムカプセルに入れる文章は、自分が決めた順番にならべて表紙をつけてとじる。
ウ(　)これまでに書いてきた文章や手紙以外のものは、タイムカプセルに入れないようにする。

4 「言葉のタイムカプセル」を作る順にならべましょう。

(ウ)→(イ)→(エ)→(ア)

ア 文集と手紙を箱やふうとうに入れてしっかりと包む。
イ 文章を好きな順にならべかえ、一さつの文集にとじる。
ウ 四年生になってから一年間に書いてきた文章を読み返す。
エ 学んできた「言葉の力」を生かして十年後の自分に手紙を書く。

一年間をふり返ってから、手紙を書くといいですね。

---

3 二つから一つを選んで自分の意見を書くときの流れを整理しましょう。また、理由を書くときは、自分の意見と理由があっているか、読む人になっとくしてもらえる理由かをぎんみして書きましょう。

4 ①「なしとげる」という意味の「果たす」が当てはまります。
②「知識や習慣を自分のものにする」という意味の「(身に)つける」が当てはまります。
③「せまくする」という意味の「せばめる」が当てはまります。
④「関心を向ける」という意味の「(目を)向ける」が当てはまります。

5 表から分かることを、具体的な数字をあげながら書きましょう。

6 ①「名前」という意味の「しめい」なので、「氏名」と書きます。
②「良心」とは「良いことを行おうとする心」という意味です。
③「～のほか」という意味の「以外」とするのが正しい書き方です。

1 ①②③④は、どれも特別な読み方です。覚えるようにしましょう。

3 タイムカプセルには、文章や手紙だけでなく、ノートや写真などの思い出の品などを入れてもいいですね。

4 「言葉のタイムカプセル」は、十年後の自分に向けてのものであることから考えましょう。

3分でワンポイント

「世界一美しいぼくの村(小林豊)」では、ヤモがパグマンのことをどう思っていたのかを読み取ります。その上で物語の最後の一文に注目しましょう。
ヤモのパグマンでの一日を通して、ヤモがパグマンのことを大好きで大切に思っていることが読み取れます。しかし、そんなパグマンの村がはかいされたという一文からは、強い悲しみを読み取ることができます。

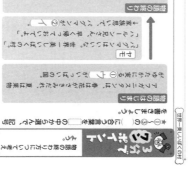

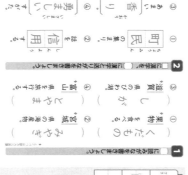

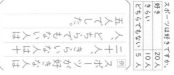

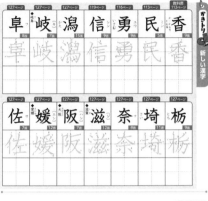

練習① 104~105ページ

世界一美しいぼくの村

文章を読んで、答えましょう。

アジアの真ん中にアフガニスタンという国があります。めったに雨がふらないので、かわいた土とすなばかりの国のように思われています。でも、万年雪をかぶった高い山が連なり、森や見わたすかぎりの大草原もあって、春になれば花がさきみだれ、夏になれば、果物がゆたかに実る美しい自然がいっぱいの国です。

小さな男の子、ヤモの住むパグマンの村でも、毎年、村人たちは家族そろって、あんずや、すももや、さくらんぼをもぎ取ります。取り入れは一年中でいちばん楽しいときです。

「あんず、なったか、すもも、なったか。真っ赤な頭のさくらんぼ。

取ったか、食べたか、食べずに死んだか……。」

ヤモも、兄さんのハルーンと競争でかごいっぱいのすもももやさくらんぼを取ります。村中があまい香りに包まれます。

でも、今年の夏、兄さんはいません。兵隊になって、戦いに行ったのです。アフガニスタンでは、もう何年も、民族どうしの戦争が続いています。戦争は国中に広がり、わか者は次々と戦いに出かけていきました。

あまいすももと真っ赤なさくらんぼが、ろばのポンパーのせなかで重そうにゆれています。今日、ヤモは初めてポンパーと、町へ果物を売りに行くことになりました。兄さんの代わりに、父さんの手伝いをするのです。

小林 豊「世界一美しいぼくの村」より

❶ 「アフガニスタン」はどこにありますか。書きぬきましょう。

（アジアの真ん中）

❷ 「かわいた土とすなばかりの国」とありますが、「アフガニスタン」がそう思われているのはなぜですか。六字で書きぬきましょう。

めったに 雨がふらない から。

❸ 「アフガニスタン」の春と夏の自然はどんな様子ですか。春と夏に分けてそれぞれ書きぬきましょう。

① 春…花 がさきみだれる。

② 夏…果物 がゆたかに実る。

❹ 作者は「アフガニスタン」をどんな国だとまとめていますか。五字で書きぬきましょう。

美しい自然 がいっぱいの国。

❺ 「取り入れ」の時期の村の様子が、においで表現されている一文を書きぬきましょう。

（村中があまい香りに包まれます。）

ヒント 「におい」と同じ意味の言葉に注目しよう。

❻ パグマンの村は、どんな村ですか。一つに○をつけましょう。

ア（　）一年中雪が積もっている村。

イ（○）いろいろな果物がなる自然にめぐまれた村。

ウ（　）高い山ばかりで、木や草もあまり生えていない村。

❼ 「兄さんの代わり」について、答えましょう。

① ヤモは、「兄さんの代わり」に何をすることになったのですか。八字で書きぬきましょう。

町へ 果物を売りに行く こと。

② なぜ、ヤモは「兄さんの代わり」をしなくてはならなくなったのですか。二字で書きぬきましょう。

兄さんが 兵隊 になって戦争に行ったから。

ヒント 「でも」で始まるだん落に、理由が書かれているよ。

練習② 106~107ページ

世界一美しいぼくの村

文章を読んで、答えましょう。

ヤモは、まだ半分以上も売れ残ったすもものの前にいる父さんの所へ行きました。

「父さん！　みんな売れちゃった！」

「そうか！　それじゃ、ひと休みして、ご飯を食べに行こうか。」

父さんは、となりのおじさんに店番をたのみました。おいしそうなにおいのするチャイハナ（食堂）で、ヤモは、父さんとおそい昼ご飯を食べながら、バザールであったことを話しました。

「戦争で足をなくしたおじさんも買ってくれたんだよ。パグマンのさくらんぼは、世界一だって。父さんと食

べようと思って取っといたんだ。」

ヤモは、ひとにぎりのさくらんぼを取り出しました。

「よく売れたようですな。」

となりで二人の話を聞いていたおじさんが、声をかけてきました。

「いやあ、このヤモのおかげですよ。何しろ、上のむすこが戦争に行ってましてね。」

「それは、心配ですな。南の方の戦いは、かなりひどいというし。」

「来年の春には帰ると言ってたんですがね。」

ヤモはお茶を飲みながら、父さんたちの話を聞いていました。ハルーン兄さんならだいじょうぶ、きっと春には元気に帰ってくると、ヤモは信じています。でも、何だかむねがいっぱいになってきました。

小林 豊「世界一美しいぼくの村」より

❶ 「父さんは、となりのおじさんに店番をたのみました。」とありますが、なぜですか。四字で書きぬきましょう。

ひと休み して、ご飯を食べに行くため。

❷ 「パグマンのさくらんぼは、世界一」とありますが、これはだれの言葉ですか。書きぬきましょう。

（戦争で足をなくしたおじさん）

ヒント ヤモが聞いた言葉であることに注意しよう。

❸ 「ひとにぎりのさくらんぼ」について、答えましょう。

① どのくらいの量ですか。一つに○をつけましょう。

ア（○）かた手でにぎれるほどの量。

イ（　）両手に山のように乗るほどの量。

ウ（　）かご一ぱい分の量。

② ヤモがさくらんぼを持っていたのはなぜですか。八字で書きぬきましょう。

父さんと食べよう と思って取っておいたから。

❹ 「来年の春には帰ると言ってたんですがね。」とありますが、このときの「父さん」はどんな気持ちですか。一つに○をつけましょう。

ヒント 直前のヤモの言葉に注目しよう。

ア（○）来年の春に、本当にハルーンが帰ってきてくれるかどうか心配する気持ち。

イ（　）ヤモがいるので、ハルーンが帰らなくてもだいじょうぶだと安心する気持ち。

ウ（　）来年の春にハルーンが帰ってきて、みんなでさくらんぼを売りに来るのが楽しみな気持ち。

❺ 「何だかむねがいっぱいになってきました。」とありますが、ヤモのむねがいっぱいになったのはなぜですか。一つに○をつけましょう。

ア（　）ハルーン兄さんが春にもどってくると思うと、うれしくてたまらないから。

イ（○）南の方の戦いがひどいと聞いて、ハルーン兄さんのことが心配でむねが苦しくなったから。

ウ（　）父さんがおじさんと話しこんでしまって、つまらない気持ちになったから。

エ（　）春が来るまで、今日のようにうまく売らなくてはときんちょうしたから。

---

❶ 最初の一文の説明を読み取りましょう。

❷ 直前に「めったに雨がふらないので」と書かれています。

❸ 「春になれば花がさきみだれ」「夏になれば、果物がゆたかに実る」と、それぞれ説明されています。

❺ においを表す言葉をさがしましょう。あんずやすもも、さくらんぼのとり入れについて書かれた後に、村がどんな香りに包まれるのかがのべられています。

❻ 第一だん落の内容は、アフガニスタンという国の説明であって、パグマンの村だけの説明ではないことに注意しましょう。第二だん落以降で、パグマンの村について書かれています。「あんずや、すももや、さくらんぼ」の取り入れをすると書かれています。

❼ ①後に「父さんの手伝いをする」と書かれています。「手伝い」とは、その前の「町へ果物を売りに行く」ことです。

②前のだん落に「今年の夏、兄さんはいません。兵隊になって、戦いに行ったのです。」と書かれていることに着目しましょう。

❶ 直前の父さんの言葉や、二人で出かけた場所から考えましょう。

❷ ヤモの言葉から、さくらんぼを買ってくれたおじさんが言ったと分かります。

❸ ①「ひとにぎり」とは、かた手でにぎれるほどの量のことで、ほんのわずかであることを表します。

②直前のヤモの言葉から、理由が読み取れます。

❹ となりのおじさんから「南の方の戦いは、かなりひどい」と聞いたことで、父さんがどんな気持ちになったかを考えましょう。

❺ 「むねがいっぱいになる」は、悲しさやうれしさなどの気持ちで、むねがつまることです。「ハルーン兄さんならだいじょうぶ、きっと春には元気に帰ってくると、ヤモは信じています。」と書かれた後に、「でも」とあることに注目しましょう。ハルーン兄さんは帰ってくると信じながらも、父さんたちの話を聞いて、心配になったのです。

たしかめのテスト①

108〜109ページ

世界一美しいぼくの村〜十年後のわたしへ

おうちのかたへ
作者のつたえたいことが分からない場合は、まずその物語を読んだ感想を整理させるとよいでしょう。

文章を読んで、答えましょう。　思考・判断・表現

広場のモスクから、おいのりの声が流れてきます。ヤモは、すももを売りながら、ずっと父さんの言ったことを考えていました。

ようやく、すももも全部売れました。

「さて、それじゃあ、びっくりする所に行くとするか。」

父さんは、まっすぐ広場を横切っていきます。

そこは羊の市場でした。父さんは、もうけたお金を全部使って、真っ白な子羊を一頭買いました。ヤモのうちの初めての羊。こんなきれいな羊は、村のだれも持っていません。

「さあポンパー、家へ帰ろう。羊を見たら、きっとみんなおどろくよ。」

ヤモは、大よろこびで村へもどってきました。たった一日いなかっただけなのに、とてもなつかしいにおいがします。

「パグマンはいいな。世界一美しいぼくの村。」

ヤモは、そっとつぶやきました。

「ハルーン兄さん、早く帰っておいでよ。うちの家族がふえたんだよ。」

ヤモは、父さんにたのんで、白い子羊に「バハール（春）」という名前をつけようと思いました。でも、春はまだ先です。

その年の冬、村は戦争ではかいされ、今はもうありません。

小林　豊「世界一美しいぼくの村」より

1 「びっくりする所」とはどこですか。書きぬきましょう。　10点

（羊の市場）

2 よく出る 「たった一日いなかっただけなのに、とてもなつかしいにおいがします。」には、ヤモのどんな気持ちがこめられていますか。一つに○をつけましょう。　15点

ア（　）にぎやかな町とちがい、村が古くさくて、がっかりする気持ち。
イ（　）村のことをすっかりわすれていて、申しわけなく思う気持ち。
ウ（○）自分の村が大好きで、その村に帰ってこられてうれしく思う気持ち。

3 ヤモは、自分の村のことをどう思っていますか。それが分かる部分を十字で書きぬきましょう。　15点

世界一美しいぼくの村

4 「そっとつぶやきました。」とありますが、このときのヤモはどんな様子ですか。一つに○をつけましょう。　15点

ア（　）だれかに伝えたくてたまらない様子。
イ（　）自分の気持ちに気づいてはずかしがる様子。
ウ（○）大切なものを心の中でたしかめる様子。

5 「ハルーン兄さん、早く帰っておいでよ。うちの家族がふえたんだよ。」について、答えましょう。

① 「うちの家族がふえた」とありますが、具体的にどんなことを言っていますか。　10点

（例 白い子羊がうちにやって来たこと。）

② できたらスゴイ！ この言葉から、ヤモのどんな気持ちが読み取れますか。　15点

（例 ハルーン兄さんに早く新しい家族を見せたいという気持ち。）

6 考えを書こう 最後の一文で、作者は何をうったえていますか。続けて書きましょう。　20点

ヤモにとって世界一美しい村であったパグマンが
（例 戦争ではかいされてしまった悲しみをうったえている。）

---

1 12行めに注目しましょう。
ヤモと父さんが行ったのは、羊の市場でした。

2 ——線のすぐ後のヤモの言葉には、村が大好きな気持ちがこめられています。
一日はなれていた村にもどって、ヤモの心が安らいでいることが分かります。

3 パグマンの村に帰ってきた後の、ヤモの言葉に注目しましょう。

4 「そっとつぶやきました」から、自分の心の中でたしかめている様子が分かります。
「そっと」は、静かにという意味もあるので、アは当てはまりません。ヤモがはずかしがっている様子は書かれていないので、イも当てはまりません。

5 ①文章の初めで、ヤモと父さんは白い子羊を買っています。
②ハルーン兄さんに早く帰ってきてほしい、そして早く羊を見せてあげたい、というヤモの気持ちが読み取れます。

6 五だん落めに書かれているように、ヤモはパグマンの村が大好きでした。しかし、最後の一文で戦争によってその村が失われたことが分かります。この一文で、作者は戦争で大切なものが失われる悲しみや残こくさをうったえていると分かります。
例2 はかいされてしまう、戦争の残こくさをうったえている。

たしかめのテスト② 110~111ページ
世界一美しいぼくの村 ～ 十年後のわたしへ

1 読みがなを書きましょう。（一つ2点〔20点〕）

① 栃木県に行く。（とちぎ）
② 花の香り。（かお）
③ 奈良の大ぶつ。（なら）
④ 岡山県の代表。（おかやま）
⑤ 大阪城を見物する。（おおさか）
⑥ 滋賀県の湖。（しが）
⑦ 愛媛県の島。（えひめ）
⑧ 九州の佐賀県。（さが）
⑨ 長崎を観光する。（ながさき）
⑩ 勇気をふりしぼる。（ゆうき）

2 □に漢字を、（ ）に漢字と送りがなを書きましょう。（一つ2点〔20点〕）

① 香水（こうすい）をつける。
② 新潟（にいがた）県のお米。
③ 国民（こくみん）の生活。
④ 埼玉（さいたま）県に向かう。
⑤ メールを送信（そうしん）する。
⑥ 岐阜（ぎふ）県の風景。
⑦ 千葉（ちば）県で遊ぶ。
⑧ 大分（おおいた）県の名産物。
⑨ 力士が（戦う）。
⑩（勇んで）大会に出る。

3 正しい意味に○をつけましょう。（一つ6点〔12点〕）

① 山のいただきは、万年雪をかぶっていた。
ア（○）いつまでも消えないで残っている雪。
イ（ ）二万年前にふった雪。

② りんごがゆたかに実る。
ア（○）実がなる。
イ（ ）実がとれる。

4 （ ）に合う言葉を、□から選んで書きましょう。（一つ3点〔12点〕）

① 花の香りが辺りを（包む）。
② 内戦が国中に（広がる）。
③ 町に野菜の市が（立つ）。
④ 見知らぬ人に声を（かける）。

広がる　かける　立つ　包む

5 思考・判断・表現
次の言葉を使って、文を作りましょう。（一つ8点〔24点〕）

① 見わたすかぎり
（例 見わたすかぎり山が広がっていた。）
② 飛ぶように
（例 店頭にならべたパンが、飛ぶように売れていった。）
③ 所せましと
（例 つくえの上に学用品が所せましと置かれている。）

6 （ ）に合う言葉を、□から選んで記号を書きましょう。（一つ3点〔12点〕）

① さばくには（ウ）雨がふることがない。
② （エ）勝負の時が来た。
③ もう夕方なのに弟は（イ）帰ってこない。
④ （ア）一日休んだだけで元気になった。

ア たった　イ まだ　ウ めったに　エ いよいよ

たしかめのテスト 112ページ
十年後のわたしへ

1 思考・判断・表現
次の文章は、四年生の田村絵里さんが、十年後の自分に向けて書いた手紙の一部です。読んで、答えましょう。

> 十さいのわたしは、動物についてのいろいろな文章を書きました。家でかっているねこのエバンが大好きなので、ねこと会話できる力を持った女の子の物語を書いたり、動物のひみつについて調べて、クラスのみんなで図かんにまとめたりしました。
> 十年後のわたしも、動物が好きでいてくれたらすてきだなと思います。ゆめに向かって、がんばってください。
>
> 田村 絵里「十年後のわたしへ」より

(1) 絵里さんは、四年生でのどんな経験を、十年後の自分に伝えようとしていますか。二つ書きましょう。（一つ15点〔30点〕）
・（例 ねこと会話できる力を持った女の子の物語を書いたこと。）
・（例 動物のひみつについて調べて、クラスのみんなで図かんにまとめたこと。）

(2) 絵里さんは、十年後の自分にどんな思いを伝えようとしていますか。二つ書きましょう。（一つ15点〔30点〕）
・（例 十年後のわたしも動物が好きでいてほしいという思い。）
・（例 ゆめに向かってがんばってほしいという思い。）

(3) 十年後の自分に向けた手紙に書くこととして、ほかにどんなことが考えられますか。二つに○をつけましょう。（一つ10点〔20点〕）
ア（○）十年後の自分について想像してみたこと。
イ（ ）十年前の自分がどうだったかということ。
ウ（○）今の自分が楽しいと感じていること。
エ（ ）来年はどんなことがしたいのかということ。

(4) あなたは十年後の自分に向けてどんなメッセージを送りますか。考えて書きましょう。（20点）
（例 十年後のわたしは、まんが家になるゆめをかなえましたか。たとえまだでも、ゆめをあきらめず、大好きなまんがに打ちこんでください。）

---

3 ①「万年」とは、いつもそのじょうたいであることを表す言葉です。
②「実る」は、実がなるという意味です。

4 ①「香りが広がる」という言い方をすることもありますが、ここでは「辺りを」に続く言葉なので、「包む」が当てはまります。
③「市が立つ」の「立つ」は、「はじまる」という意味を表します。「市」は「し」ではなく、「いち」と読むことに注意しましょう。
④「声をかける」という言い方を覚えておきましょう。

5 ①「見わたすかぎり」は、見えるはんい全て、という意味です。
例2 町は見わたすかぎり雪でおおわれている。
②「飛ぶように」は、いきおいがある様子をたとえた言葉です。
例2 新しく発売された商品が、飛ぶように売れているそうだ。
③「所せまし」は、場所がいかにもせまくてきゅうくつである、という意味です。
例2 お父さんの部屋には、所せましと本がならんでいる。

6 ①「めったに」は、後に「～ない」などの打ち消しの言葉をともなって、「ほとんど～ない」という意味を表します。
②「いよいよ」は、待ち望んでいた時が来たというときに使います。
④「たった～だけ」は、物の量や数が少ないことを意味します。

1 (1)田村（たむら）さんは、「ねこと会話できる力を持った女の子の物語を書いたり、動物のひみつについて調べて、クラスのみんなで図かんにまとめたりしました。」と書いています。
(2)十年後の自分に伝えたい思いを、後のだん落に書いて、全体を結んでいます。「動物が好きでいてくれたらすてきだな」「ゆめに向かって、がんばってください」と書いていることに注目します。
(4)十年後の自分が何をしているのか、どんなことにきょう味をもっているのかなどを想像（そう）して、メッセージを考えてみましょう。

夏のチャレンジテスト

教科書 上14～111ページ

名前　　月　日

時間 40分　思考・判断・表現 ／50　ごうかく80点 ／100

答え37ページ

1 読みがなを書きましょう。　一つ1点（10点）

① 毎日努力（どりょく）を続（つづ）ける。
② 楽器（がっき）を一つ選（えら）ぶ。
③ 順（じゅん）に説明（せつめい）する。
④ 必要（ひつよう）な量（りょう）を調べる。
⑤ 飛行（ひこう）機が好（す）きだ。

2 漢字を書きましょう。　一つ1点（8点）

① 植物の〔芽〕（め）を〔観察〕（かんさつ）する。
② 〔料理〕（りょうり）が〔上達〕（じょうたつ）する。
③ 〔英語〕（えいご）に〔関心〕（かんしん）がある。
④ 〔約束〕（やくそく）を〔果〕（は）たす。

3 漢字と送りがなを書きましょう。　一つ1点（2点）

① 列が〔連なる〕（つらなる）。
② 〔清い〕（きよい）心。

4 「漢」という字を漢字辞典でさがします。□に合う言葉や漢数字を、それぞれ書きましょう。　一つ3点（12点）

・部首さくいんの「①（氵）」の部のページを見て、②（十）画の漢字の中からさがす。
・総画さくいんの③（十三）画の漢字の中からさがす。
・音訓さくいんの「④（カン）」と読む漢字の中からさがす。

5 次の文の□に入る言葉を□から選んで、記号を書きましょう。　一つ2点（12点）

① 友達が転校するので、（ウ）。
② テストでよい点を取るために、（ア）。
③ とつぜんの大きな音に（エ）。
④ 飛行機がぶじに着りくして、（イ）。
⑤ よい知らせを聞いて、（カ）。
⑥ しあいに負けて、（オ）。

ア 努力する	イ 安心する	ウ さびしい
エ おどろく	オ くやしい	カ まい上がる

6 正しい述語の形になっている文三つに、○をつけましょう。　一つ2点（6点）

ア（○）兄のゆめは、しょうらいヨーロッパで働くことです。
イ（　）なぜなら、妹はトランペットをふくことが好きです。
ウ（○）わたしの好きなことは、バスケットボールをすることです。
エ（○）わたしのクラスのいいところは、みんながなかよしなところです。
オ（　）わたしの目ひょうは、次のマラソン大会で一位になります。

●うらにも問題があります。

7 文章を読んで、答えましょう。　思考・判断・表現

水道のじゃ口には、赤と青を使うことでお湯と水の区別がつきやすくなっているものがあります。これは、赤は熱い印象をあたえるのに対して、青はつめたい印象をあたえる色であるということを利用しています。

しかし、そうした色も、多く使いすぎたり、使うじょうずをあやまったりすると、かえってそれぞれの色が目立ちにくくなったり、全体の調和がそこなわれたりすることがあります。

例えば、かん板や広告などには目立つ色が多く使われますが、町なみの中に多くの色があふれるようになると、信号などの大切な色が目立ちにくくなったり、さわがしい感じがして落ち着きがなくなったりしてしまうことがあります。そのため、新しく町なみを作るときには、色どうしがうまく調和していることを考える必要があります。

近年、町なみの色さいを考えるときには、昔からの伝統的な町なみの色づかいが注目されています。昔からの家には木や土、石など、自然の素材による色が多く使われているため、落ち着いた印象をあたえます。また、やや強い色調の赤いかわらの屋根なども、周りの景色との調和が取れていれば、落ち着きが感じられるようになります。

そもそも、わたしたちは、自然の生み出す色さいの中でくらしてきました。草木のめぶきや、色とりどりの花。青い空や青い海に、夕焼けの色。あざやかなもみじや、白い雪。四季のうつり変わりをゆたかに見ることのできる日本では、自然の中にある多くの色さいを感じることができます。わたしたちは、自然のおりなす色さいの調和の中でくらしてきたといえるでしょう。

技術の進歩により、わたしたちが作り出すことのできる色はかくだんにふえました。自由に色を作り出すことができなかったころにくらべ、今では多くの色を自由に使うことができます。

しかし、それらの色をただ好きなように使ったのでは、色さいの持つ本当のゆたかさを感じ取ることはできません。自然の中にひそむ色さいや、昔から伝わる伝統的な色づかいにも目を向け、さまざまな色を上手に使うことで、わたしたちのくらしはいっそうゆたかなものになることでしょう。

平成27年度版 東京書籍「新編 新しい国語 四上」より「色さいとくらし」より

(1) 「水道のじゃ口には、赤と青を使う」のはなぜですか。□に合う言葉を書きぬきましょう。　一つ5点（10点）

（色）があたえる（印象）のちがいを利用して、お湯と水の区別をつきやすくするため。

(2) 「色どうしがうまく調和していることを考える」とありますが、このときに筆者が大切にしたいと考えているものを二つ、文章中から十一字と十四字で書きぬきましょう。　一つ5点（10点）

自然の中にひそむ色さい

昔から伝わる伝統的な色づかい

(3) 「自然の生み出す色さいの中でくらしてきました」とありますが、どういうことですか。□に合う言葉を書きぬきましょう。　一つ5点（10点）

（四季のうつり変わり）のある日本で（調和）の取れた色さいを感じてきた。

(4) 「いっそうゆたかなものになる」とありますが、どうすればわたしたちのくらしは「ゆたか」になると筆者はのべていますか。一つに○をつけましょう。　10点

ア（　）技術の進歩で生まれた目立つ色を、たくさん使う。
イ（　）自分の使いたい色を自由に使って、好きなものを表げんする。
ウ（○）さまざまな色を、色どうしの調和を考えて上手に使う。
エ（　）昔からあるように、自然にある素材の色だけを使う。

(5) この文章を読んで、あなたが生活の中で色を使うとき、具体的にどのようなことに気をつけるとよいと思いますか。あなたの考えを書きましょう。　10点

例 家具を選ぶときなどに、好きな色を使うのではなく、ほかの家具の色や部屋のふんいきに合わせること。

4 漢字辞典には三種類のさく引、「部首さく引」「総画さく引」「音訓さく引」がついています。それぞれのさく引の特徴をつかみ、場面に合わせて使い分けましょう。

5 人物の気持ちと行動を表す言葉を使った文を作ります。文の前半から、人物がどんな気持ちになるか、またはどんな行動をするか考えて書きましょう。

6 それぞれの文章の主語と述語を見て、述語が文に合った形になっているか確かめましょう。

イは「なぜなら」と理由を表す言葉があるため、「好きだからです」と「から」を入れると正しい述語の形になります。

オは「こと」という言葉を使い、「次のマラソン大会で一位になることです。」とすると文に合った述語の形になります。

7 (1)赤と青という色があたえる印象がちがうことを利用しているのです。

(2)色どうしをうまく調和させるための筆者の考えが、最後のだん落にまとめられています。ここから、筆者が「大切にしたい」と思っているものを二つ、字数をよく数えて書きぬきましょう。

(3)後に、どのようなことか説明しています。「日本」に「ある」のは何か、どのような「色さい」なのかを考えます。

(4)ア、イは「ただ好きなように……。」という文に合いません。エは「自然にある素材の色だけを使う」とは書かれていないのでちがいます。

(5)最後のだん落に注目しましょう。ただ好きな色を好きなように使うのではなく、「調和」を考えながら色を使うことの大切さを筆者はのべています。それをふまえて、生活の中でゆたかに色さいを使うための自分なりの考えが書かれていれば正解です。

おうちのかたへ

「色さいとくらし」という説明文が問題となっています。現在では技術の進歩によって多くの色を自由に使うことができるようになっていますが、わたしたちのくらしをいっそうゆたかなものにするためには、全体の調和を考えて上手に色を使うことが大切であると説明されています。

それぞれの段落に書かれている言葉や内容を読み取りましょう。

冬のチャレンジテスト

教科書 上112〜下65ページ

名前　　月　日

時間 40分

思考・判断・表現 /50

ごうかく80点 /100

答え 38ページ

1 読みがなを書きましょう。　一つ1点(10点)

① 栄養（えいよう）のある野菜（やさい）。

② 入り口の辺（あた）りにいすを置（お）く。

③ 静（しず）かに城内（じょうない）を見学する。

④ 縄（なわ）を固（かた）く結ぶ。

⑤ 協力（きょうりょく）して戦（たたか）う。

2 漢字を書きましょう。　一つ1点(8点)

① 〔冷〕たい〔井戸〕の水。

② 〔給食〕を〔残〕す。

③ 〔街灯〕が道を〔照〕らす。

④ 〔散歩〕は健康に〔良〕い。

3 漢字と送りがなを書きましょう。　一つ1点(2点)

① 心を〔改める〕。

② 〔浅い〕海。

4 □の言葉が修飾している言葉に——線を引きましょう。　一つ2点(8点)

① とても　大きな　犬が　いる。（大きな）

② やがて　ここにも　春が　来る。（来る）

③ 公園で　小さな　子どもたちが　遊ぶ。（遊ぶ）

④ みごとに　晴れた　空が　広がる。（晴れた）

5 次のそれぞれの二つの文を、（　）の言い方を使って一つの文にしましょう。　一つ3点(6点)

① 雨がふっていた。野球の練習をした。（〜が）

（雨がふっていたが、野球の練習をした。）

② 富士山は日本一高い。形も美しい。（〜し）

（富士山は日本一高いし、形も美しい。）

6 次のじゅく語の説明として合うものを、それぞれ□から選んで、記号を書きましょう。　一つ2点(10点)

① 出港（エ）　② 明暗（イ）

③ 親友（ウ）　④ 同等（ア）

⑤ 無人（オ）

ア　にた意味を表す漢字を組み合わせたもの
イ　意味が対になる漢字を組み合わせたもの
ウ　上の漢字が下の漢字をくわしく説明しているもの
エ　上の漢字が動作や作用を、下の漢字が「〜を」「〜に」を表すもの
オ　上の漢字が下の漢字を打ち消しているもの

7 話し合いをするときの注意点として合わないものを選んで、×を書きましょう。　6点

ア（　）司会は、出てきた意見をたしかめたり、人の発言をうながしたりする。

イ（○）司会は、議題からそれないように注意して、自分の意見を言う。

ウ（　）提案する人は、提案の内容を整理し、理由なども入れて話す。

エ（　）出席者は、ほかの人の意見もよく聞き、よりよいものにまとめようという気持ちを持つ。

うらにも問題があります。

8 文章を読んで、答えましょう。　思考・判断・表現

「なんてかわいそうな子でしょうね。一つだけちょうだいと言えば、何でももらえると思ってるのね。」

あるとき、お母さんが言いました。

すると、お父さんが、深いため息をついて言いました。

「この子は一生、みんなちょうだい、山ほどちょうだいと言って、両手を出すことを知らずにすごすかもしれないね。一つだけのいも、一つだけのにぎり飯、一つだけのかぼちゃのにつけ……。みんな一つだけ。一つだけのよろこびさ。いや、よろこびなんて、一つだってもらえないかもしれないんだね。いったい大きくなって、どんな子に育つだろう。」

そんなとき、お父さんはきまって、ゆみ子をめちゃくちゃに高い高いするのでした。

それから間もなく、あまりじょうぶでないゆみ子のお父さんも、戦争に行かなければならない日がやってきました。

お父さんが戦争に行く日、ゆみ子は、お母さんにおぶわれて、遠い汽車の駅まで送っていきました。頭には、お母さんの作ってくれた、綿入れの防空頭きんをかぶっていきました。

お母さんのかたにかかっているかばんには、包帯、お薬、配給のきっぷ、そして、だいじなお米で作った、おにぎりが入っていました。

ゆみ子は、おにぎりが入っているのをちゃあんと知っていましたので、

「一つだけちょうだい。おじぎり一つだけちょうだい。」

と言って、駅に着くまでにみんな食べてしまいました。お母さんは、戦争に行くお父さんに、ゆみ子の泣き顔を見せたくなかったのでしょうか。

駅にはほかにも戦争に行く人があって、人ごみの中から、ときどき、ばんざいの声が起こりました。また、別の方からは、たえずいさましい軍歌が聞こえてきました。

ゆみ子とお母さんのほかに見送りのないお父さんは、プラットホームのはしの方で、ゆみ子をだいて、そんなばんざいや軍歌の声に合わせて、小さくばんざいをしていたり、歌を歌っていたりしていました。まるで戦争になんか行く人ではないかのように……。

今西祐行「一つの花」より

(1) 「なんてかわいそうな子でしょうね。」について、答えましょう。

① だれのことを言っていますか。文章中から名前を書きぬきましょう。　5点

（ゆみ子）

② なぜ、「かわいそう」だと、お母さんは言っているのですか。（　）に合う言葉を書きぬきましょう。　5点

全部もらえることの（よろこび）を知らないから。

(2) 「ゆみ子をめちゃくちゃに高い高いするのでした。」とありますが、このときのお父さんはどのような気持ちですか。一つに○をつけましょう。　10点

ア（　）わがままばかりを言うゆみ子に対して、どうしてよいか分からない気持ち。

イ（○）かわいそうなゆみ子を、少しでも楽しませたいと思う気持ち。

ウ（　）これからは、平和な時代がくると思い、うれしくてたまらない気持ち。

エ（　）戦争に行かなければならない悲しみをごまかそうとする気持ち。

(3) 「ゆみ子は、お母さんにおぶわれて」とありますが、ここから後の部分で、ゆみ子が、まだおさないことが分かる言葉を文章中から四字で書きぬきましょう。　10点

（おじぎり）

(4) 「だいじなお米で作った、おにぎり」を、お母さんがゆみ子にみんな食べさせてしまったのは、なぜだと考えられますか。　10点

（例 おにぎりをもらえないとゆみ子が泣いてしまい、そのすがたをお父さんに見せたくないと思ったから。）

(5) 「まるで戦争になんか行く人ではないかのように……。」からは、お父さんのどのような様子が読み取れますか。あなたの考えを書きましょう。　10点

（例 戦争に行かなければならない悲しみをかくしながら、ふだんと変わらないように、おだやかにふるまう様子。）

5 ①前の文の内容から予想するのとはちがう内容が後の文に書かれています。

②前の文の内容に、後の文の内容を付け加えています。

6 ①上の「出」に対して、下の「港」が「〜を」に当たります。

②「明」と「暗」という意味が対になる漢字を組み合わせています。

③上の「親しい」が下の「友」をくわしく説明しています。

④「同じ」「等しい」というにた意味を表す漢字を組み合わせています。

⑤「無」は打ち消しの意味を表す漢字です。

7 司会の役わりは、人の意見をまとめたり、発言をうながしたりしながら、話題がそれないように話し合いを進行させることで、自分の意見を言うのは司会の役わりではありません。

8 (1)①登場人物は、お父さんとお母さん、おさないゆみ子の三人です。

②お母さんは、ゆみ子が「一つだけ」と言えば、どんなものでももらえると思っていることに対して「かわいそう」と言っています。

(2)おなかいっぱいにしてやれない代わりに、せめてゆみ子をよろこばせたい、ゆみ子のよろこぶ顔を見たいという気持ちが表れています。

(3)「おじぎり」とあります。まだはっきりと「おにぎり」と言えないところに、ゆみ子のおさなさが表れています。

(4)「お母さんは……」に続く文章に注目しましょう。おにぎりがもらえないと、ゆみ子が泣いてしまうかもしれないと思ったのです。

(5)前に書かれているお父さんの様子に注目します。まわりのにぎやかな様子とは反対に、おだやかなお父さんの様子が書かれています。ふだんと変わらない様子のうらには、これから戦争に行かなければならないという悲しみがかくされています。これらをとらえられていれば正解です。

おうちのかたへ

戦争時の家族を描いた物語「一つの花」より、お父さんが出征する場面からの出題です。ゆみ子の言葉をお父さんとお母さんがどのように捉えているのか、また、二人の言動がどのような気持ちによるものかを読み取りましょう。

春のチャレンジテスト

教科書 ㊦66～131ページ

名前　　月　日

時間 40分

思考・判断・表現　／50

ごうかく80点　／100

答え 39ページ

1 読みがなを書きましょう。　一つ1点(10点)

① 一兆（いっちょう）円分の 札束（さつたば）。

② 梨（なし）の 季節（きせつ）だ。

③ 家臣（かしん）への 命令（めいれい）。

④ 岐阜（ぎふ）県の 県民（けんみん）。

⑤ 勇（いさ）ましい 仲間（なかま）の声。

2 漢字を書きましょう。　一つ1点(8点)

① 京都 府（ふ）の 牧場（ぼくじょう）。

② 昨日（さくじつ）、副（ふく）部長と話をした。

③ 一億円（おくえん）で家を 建（た）てる。

④ 岡山（おかやま）県の 工芸（こうげい）品。

3 漢字と送りがなを書きましょう。　一つ1点(2点)

① 皿が 欠ける（かける）。

② 平和を 唱える（となえる）。

4 同じ読み方の漢字を書き分けましょう。　一つ2点(16点)

① きょうそう　百メートル 競走。　生ぞん 競争。

② がいとう　街頭 でえん説する。　街灯 がともる。

③ あける　ドアを 開 ける。　席を 空 ける。

④ さめる　目が 覚 める。　スープが 冷 める。

5 次のようなときに使われる言葉を、□から選んで、記号を書きましょう。　一つ3点(9点)

① 話題を変えるとき。（イ）

② 例を挙げるとき。（ウ）

③ 理由を表すとき。（ア）

ア ～からです。　イ ところで　ウ 例えば

6 クラスの人が和食と洋食のどちらが好きかについて調べ、発表しました。□に入る言葉を考えて書きましょう。　5点

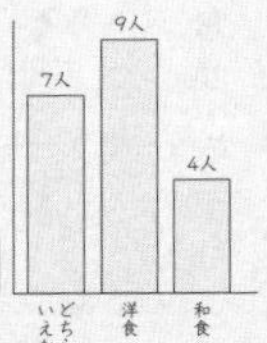

「和食が好きか、洋食が好きかについてアンケートを取りました。結果がこのグラフです。和食と答えた人は四人、洋食と答えた人は九人、どちらともいえないと答えた人は七人でした。」

「この結果から、□ことが分かりますね。」

例 洋食を好む人のほうが、和食を好む人よりも多い

※うらにも問題があります。

7 文章を読んで、答えましょう。　思考・判断・表現

今夜もサーカスが始まりました。テントの中はしいんと静かになりました。ミラドーが登場すると、ミラドーはたくさんの曲を、さまざまな音色でえんそうしました。そして、最後に、お父さんからもらった笛を取り出しました。ずっといっしょに旅をしてきた笛にはひびが入ってきています。

ミラドーはゆっくりと心をこめてふき始めました。

「ダラ　バ　ダラ　山から山へパグマンの風を君に送るよ。こがね色の畑をぬけてぼくのことを伝えてよ。何もできないぼくの代わりに。」

サーカスが次の町に着いたとき、ミラドーは団長さんに、長い間考えていたことを話しました。

「ぼく、パグマンに帰ります。」

「そうか。そうするか。」

団長さんはうなずいて、だまって海を見つめました。

その夜、サーカスのみんながミラドーのお別れパーティーを開いてくれました。団長さんは自分のマフラーを、ミラドーの首にまいてくれました。ミラドーは、自分の荷物の中に、町で買ってきた作物の種をいっぱいつめました。

そして、とうとう音が出なくなってしまったお父さんの笛を大切にしまいました。

次の日の朝早く、ミラドーは東へ向かう列車に乗りこみました。かたにかけた黒いかばんの中には、ヤモへのおみやげがつまっています。ヤモに会うときのことを思うと、心がうきうきしました。

列車からバスに乗りついで、小さな町に着きました。バスもこの町で終点です。ここから先は歩くしかありません。

村をすぎ、森をぬけ、おかをこえて歩きました。ミラドーは、雨がふり、風がふいても、歩き続けました。ヤモのことを思うと、自然に足が前に出ます。平原の真ん中にある町を通り、山へ向かう道を進みます。ミラドーは、ひたすら歩き続けました。そんなミラドーを見て、牛の世話をしている女の子がしぼりたてのミルクをくれました。羊かいの少年は、

「この先はあぶないよ。兵隊や山ぞくがいるし、暗くなるとオオカミも出るよ。気をつけてね。」

と言って、ミラドーに自分のつえをくれました。

小林豊「世界一美しい村へ帰る」より

(1) 「心をこめてふき始めました。」とありますが、ミラドーがふき始めたのは何ですか。（　）に合う言葉を書きぬきましょう。　5点

お父さんからもらった、（ずっといっしょに旅をしてきた）笛。

(2) 「長い間考えていたこと」とはどのようなことですか。　5点

（パグマンに帰ること。）

(3) 「団長さんはうなずいて、だまって海を見つめました。」とありますが、このときの団長さんはどのような気持ちですか。一つに○をつけましょう。　10点

ア（　）急にやめると言い出したミラドーに対して、はらを立て口もききたくない気持ち。

イ（　）ミラドーが急にやめると言い出した理由が分からず、不思議でしかたがない気持ち。

ウ（　）ミラドーがいなくなると知って、どうすればよいのか、とほうにくれる気持ち。

エ（○）ミラドーの気持ちを理かいして、とうとうこの日が来たのかと感じる気持ち。

(4) 「自然に足が前に出ます。」とありますが、このときのミラドーはどのような気持ちですか。一つに○をつけましょう。　10点

ア（　）サーカスから自由になれてうれしい気持ち。

イ（　）オオカミが出る前に帰ろうとあせる気持ち。

ウ（　）天気が悪くなってきて不安になる気持ち。

エ（○）ヤモに会えることを楽しみに思う気持ち。

(5) 「ひたすら歩き続けました。」とありますが、このときのミラドーの様子がよく分かる部分を文章中から二十字でさがして、初めと終わりの五字を書きぬきましょう。（句読点も一字とします。）　両方できて10点

雨がふり、 ～ けました。

(6) 「こがね色の畑をぬけて……ぼくの代わりに。」とありますが、この歌にこめられたミラドーの気持ちを想像して書きましょう。　10点

例 今は遠くはなれているけれど、パグマンのみんなにぼくは元気だよと伝えてほしいという気持ち。

---

4 同じ読みの言葉は、意味によって書き分けられるように覚えましょう。

④「冷」は「冷」と書いても正解です。

5 ①他に、「さて」などの言い方もあります。

②「たとえば」と読みます。

③「～ためです。」という言い方もあります。

6 しめされたグラフによると、好きな食べ物について、「洋食と答えた人は九人、どちらともいえないと答えた人は七人」という結果が出ています。この結果について、どうとらえるのか考えて書きましょう。

7 (1)笛のことを表す文をさがしましょう。

(2)後に続くミラドーの言葉に注目します。

(3)団長さんは、ミラドーの「パグマンに帰ります」という言葉を聞いても、おどろいたり、おこったりしていません。前から、ミラドーがふるさとへ帰りたがっていたことを知っていたからだと思われます。

(4)「心がうきうき」していることに注目します。ヤモに会えることを楽しみにしているミラドーの気持ちをとらえましょう。

(5)「ひたすら」は、そのことだけに打ちこんでいる様子を表します。

(6)ミラドーが、だれにどんなことを伝えたいと思っているのかを想像してみましょう。ふるさとのパグマンに住むみんなに今の自分のことを伝えたい、という内容が書かれていれば正解です。

おうちのかたへ

教科書で学習した「世界一美しいぼくの村」に続く物語である「世界一美しい村へ帰る」からの出題です。「世界一美しいぼくの村」の主人公であるヤモの友人、ミラドーが主人公となっています。シリーズを通して読み、「世界一美しいぼくの村」と「世界一美しい村へ帰る」の最後の一文を読み比べてみても良いでしょう。

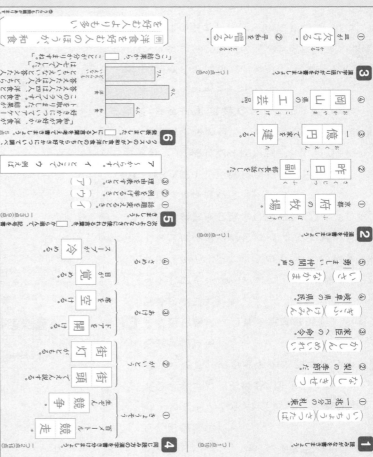

4年 国語のまとめ 学力しんだんテスト

名前　　月　日

時間 40分　ごうかく70点　／100

答え 40ページ

1 読みがなを書きましょう。　一つ1点(7点)

① 飛行場（ひこうじょう）へ案内（あんない）する。

② 楽器（がっき）を買うためにお金が必要（ひつよう）だ。

③ 戦争（せんそう）についての物語。

④ 別（べつ）の方法（ほうほう）をためす。

2 漢字を書きましょう。　一つ1点(8点)

① 目標（もくひょう）に向かって努力（どりょく）する。

② 材料（ざいりょう）を集めて完成（かんせい）させる。

③ 新聞を印刷（いんさつ）する。

④ 機械（きかい）を動かす。

⑤ 山の上は天候（てんこう）が変化（へんか）しやすい。

3 漢字と送りがなを書きましょう。　一つ1点(5点)

① 本を借りる（かりる）。　② 勇ましい（いさましい）歌。

③ 水が浅い（あさい）。　④ 寒天が固まる（かたまる）。

⑤ 初めて（はじめて）聞く。

4 次の文の修飾語をア〜ウからそれぞれ一つずつ選んで、記号を書きましょう。　一つ5点(20点)

① アきれいな　イ星が　ウかがやく。（ア）

② ア遠くの　イ山が　ウ見える。（ア）

③ アぼくは　イゆっくりと　ウ歩いた。（イ）

④ ア青い　イ海が　ウ広がる。（ア）

5 次は、島田さんたちが運動会について書いた学級新聞です。読んで、問題に答えましょう。

> **四年一組学級新聞**（9月15日号）
>
> **もうすぐ運動会！**
>
> 九月三十日（日）、青山小の運動会が①開らかれます。ゆうしょうを目指して、全員で力を合わせましょう！
>
> **★運動会までの流れについて★**
>
> ②ほうかご、りれえのれんしゅうをします。次のことは、必ず守ってください。
>
> ○運動場③意外の場所は、使用しないこと。
>
> ○午後三時から始めます。おくれないでください。

(1) この記事の見出しをぬき出しましょう。　2点

（もうすぐ運動会！）

(2) ——部①・③を、送りがなや漢字のまちがいを正して書き直しましょう。　一つ2点(4点)

①（開かれます）③（以外）

(3) ——部②を漢字やかたかなを使って、読みやすいように書き直しましょう。　2点

（放課後、リレーの練習をします。）

(4) 二つ目の○の内容を、一つ目の書き方に合わせて、一文にまとめて書きましょう。　2点

（例 午後三時から始めるので、おくれないこと。）

うらにも問題があります。

6 文章を読んで、答えましょう。　思考・判断・表現

日本では沖縄をはじめ、八重山諸島、奄美諸島の周辺の海で、よく見ることができましたが、一九六〇年を最後に、沖縄の海をのぞく日本のどの海域でもジュゴンのすがたは、見られなくなりました。

一九七五年には国の天然記念物に指定され、現在は、アラビア半島近海をのぞいた東側の分布域では、沖縄のジュゴンが、いちばん北に生息する、「北限のジュゴン」となりました。

【ジュゴンの分類】

ジュゴンは、一生を海ですごす海生哺乳類のなかの海牛類に属しています。海牛類は、ジュゴン科とマナティー科の二科に分けられ、さらにジュゴン科は、ジュゴン属とカイギュウ属に分かれています。しかしカイギュウ属はすでに絶滅し、ジュゴン属はジュゴン一種のみであるため、ジュゴンはジュゴン科でただ一種だけ、現在も生きているという、貴重な動物なのです。

【ジュゴンの祖先】

ジュゴンの祖先は、ゾウの祖先と同じような動物だと考えられています。こう聞くと、おどろく人もいるでしょう。ジュゴンはゾウのように鼻も長くないですし、からだの形もぜんぜんちがいます。その上、すんでいる場所も海と陸上で大きくちがっています。

地球が誕生したのは四六億年前。海のなかで生命が生まれたのは、三〇億年前といわれます。そののち、長い年月をかけて陸地にあがった動物の中で、進化をとげて生まれたのが、わたしたち人間をふくむ哺乳類です。

ところが、その哺乳類のなかには、ふたたび陸から海にもどって生活することになった動物たちがいたのです。それは、「海獣」とよばれる海にすむ哺乳類たちです。

海獣は、四つの仲間に分かれます。クジラやイルカなどのクジラ類、アシカ、アザラシ、セイウチなどの鰭脚類、ラッコ、カワウソなどの食肉類（イタチ科）、そしてジュゴン、マナティーなどの海牛類たちです。

クジラやイルカは、牛や馬のようなヒヅメをもった祖先から分かれて、海にもどったといわれますが、ジュゴンとマナティーは、ゾウやハイラックス（イワダヌキ）と共通の祖先から分かれて、海にもどったといわれています。海獣たちがなぜ海に帰ったのか、その理由はまだよくわかっていませんが、ジュゴンたち海牛類は、化石や地層から、約五五〇〇万年前ごろに、外敵からのがれるために海にもどったのではないかといわれています。

真鍋和子「ジュゴンはなぜ死ななければならなかったのか」より

(1) 沖縄のジュゴンの貴重さを次のようにまとめました。（　）に合う言葉を書きぬきましょう。　一つ5点(15点)

①（一九六〇）年より後は、日本では沖縄でしかジュゴンが見られない。

② 国の（天然記念物）に指定されている。

③ 現在、東側の分布域では、「（北限）のジュゴン」である。

(2) ジュゴンは、どの分類に属していますか。二つに○をつけましょう。　一つ3点(6点)

ア（　）カイギュウ属
イ（○）哺乳類
ウ（　）マナティー科
エ（○）海牛類
オ（　）食肉類

(3) ジュゴンやマナティーと共通の祖先をもつ動物を文章中から二つ、二字と六字で書きぬきましょう。　一つ5点(10点)

（ゾウ）（ハイラックス）

(4) 「ふたたび陸から海にもどって生活することになった」とありますが、ジュゴンの属する分類の海獣はいつごろ、なぜ海にもどったといわれていますか。「いつごろ」と「なぜ」に分けて書きましょう。　一つ5点(10点)

いつごろ（約五五〇〇万年前ごろ）

なぜ（外敵からのがれるため）

(5) ジュゴンについて考えたことや、感じたことを書きましょう。　9点

（例 ジュゴンがとても貴重な動物であることがわかり、絶滅しないよう、ほごすることが大切だと思いました。）

4 ①「どんな」星なのかを説明している「きれいな」が修飾語です。

②「どのくらい」なのかを説明している「遠くの」が修飾語です。

③「どのように」歩いたのかを説明している「ゆっくりと」が修飾語です。

④「どんな」海なのかを説明している「青い」が修飾語です。

5 (1)新聞の題名（四年一組学級新聞）ではなく、記事の見出しです。

(4)一つ目の「……こと。」という書き方に合わせて、「……おくれないこと。」とします。また、一文にまとめるために、つなぐ言葉を加えます。前の部分が後の部分の理由なので、「ので」「から」などをはさみます。

6 (1)①は第一だん落で説明されています。②・③は第二だん落で説明されています。

(2)第三だん落に、「ジュゴンは、一生を海ですごす海生哺乳類のなかの海牛類に属しています」とあります。

(3)最後のだん落に「ジュゴンとマナティーは、ゾウやハイラックス（イワダヌキ）と共通の祖先から分かれて、海にもどったといわれています」から読み取りましょう。

(5)この文章に書かれている事実からはずれない内容で、思ったことを必ず入れて書きましょう。「ジュゴンが生きられるかんきょうを守っていくべきだ」といった考えのほか、「ジュゴンがいなくなるのはさびしい」「ジュゴンがまだ生きているのはうれしい」などの感想でもよいでしょう。

おうちのかたへ

絶滅の危機に瀕しているジュゴンの保護を行う人々の活動と、鳥羽水族館の取り組みを通して、人と自然の共生を考えさせる文章からの出題です。各段落の中心となっている語をとらえましょう。

段落のキーワードを見つけることで、文章の内容を把握することができます。

A

付録 とりはずしてお使いください。

漢字せんもんドリル

4年生で習う漢字

テストによく出る問題をといてレベルアップしよう！

もくじ

4年 組

テストによくでる1位

1 あ行の漢字　愛・案・以・衣・位・茨・印・英・栄・媛・塩・岡・億
か行の漢字①　加・果・貨・課・芽・賀・改・械・害・街・各・覚・潟・完・官・管・関・観

/100

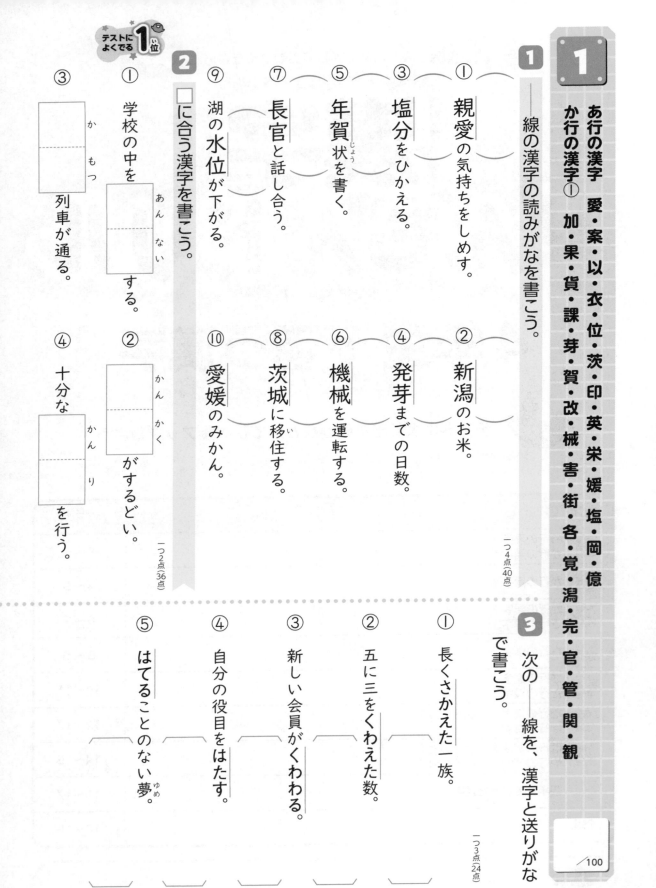

1 ――線の漢字の読みがなを書こう。　一つ4点（40点）

① 親愛の気持ちをしめす。（　　）

② 新潟のお米。（　　）

③ 塩分をひかえる。（　　）

④ 発芽までの日数。（　　）

⑤ 年賀状（じょう）を書く。（　　）

⑥ 機械を運転する。（　　）

⑦ 長官と話し合う。（　　）

⑧ 茨城に移（い）住する。（　　）

⑨ 湖の水位が下がる。（　　）

⑩ 愛媛のみかん。（　　）

2 □に合う漢字を書こう。　一つ2点（36点）

① 学校の中を［あん］［ない］する。

② ［かん］［かく］がするどい。

③ ［か］［もつ］列車が通る。

④ 十分な［かん］［り］を行う。

3 次の――線を、漢字と送りがなで書こう。　一つ3点（24点）

① 長くさかえた一族。（　　）

② 五に三をくわえた数。（　　）

③ 新しい会員がくわわる。（　　）

④ 自分の役目をはたす。（　　）

⑤ はてることのない夢（ゆめ）。（　　）

⑤ [しがいち]へと出かける。

⑥ [しおみず]をつくる。

テストによくでる2位

⑦ [いふく]を着がえる。

⑧ 朝の散歩が[にっか]だ。

⑨ [おかやま]で育つ。

⑩ [かんけい]がよくなる。

⑪ [えいご]で話す。

⑫ 名所を[かんこう]する。

テストによくでる3位

⑬ [いちおくにん]の声。

⑭ 家族[いがい]は知らない。

⑮ [めじるし]をつける。

⑯ [がいちゅう]を追いはらう。

⑰ [かくじ]で用意する。

⑱ [かんぜん]にやりとげる。

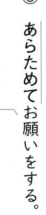

⑥ あらためてお願いをする。〔　　〕

⑦ 九九をおぼえる。〔　　〕

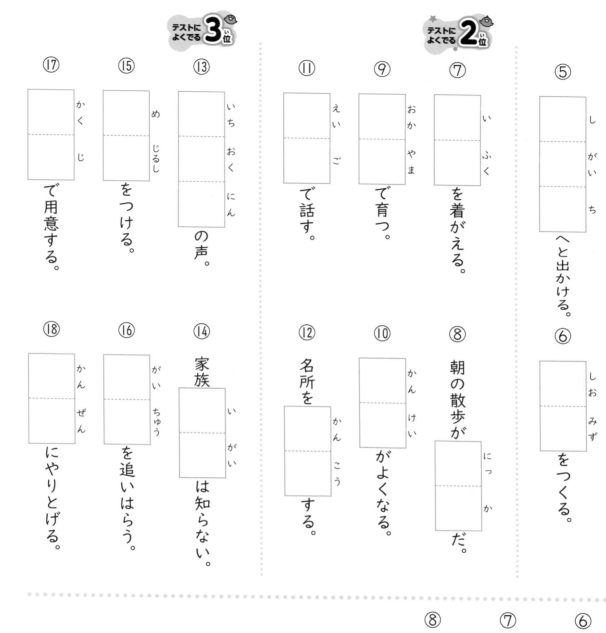

⑧ 分数にかかわる問題。〔　　〕

2 か行の漢字②

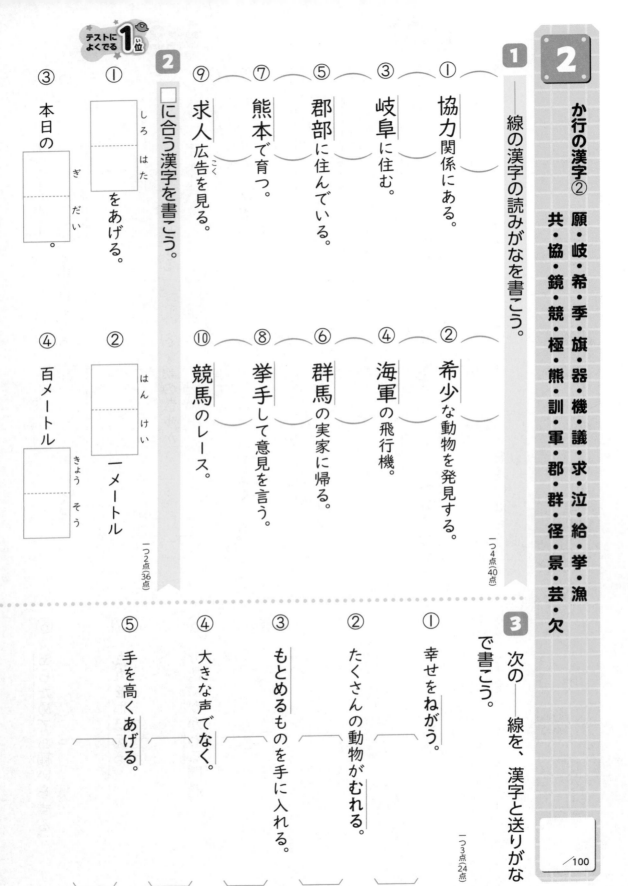

願・岐・希・季・旗・器・機・議・求・泣・給・挙・漁
共・協・鏡・競・極・熊・訓・軍・郡・群・径・景・芸・欠

／100

1 ――線の漢字の読みがなを書こう。 一つ4点（40点）

① 協力関係にある。（　　）
② 希少な動物を発見する。（　　）
③ 岐阜に住む。（　　）
④ 海軍の飛行機。（　　）
⑤ 郡部に住んでいる。（　　）
⑥ 群馬の実家に帰る。（　　）
⑦ 熊本で育つ。（　　）
⑧ 挙手して意見を言う。（　　）
⑨ 求人広告（こく）を見る。（　　）
⑩ 競馬のレース。（　　）

テストによくでる1位

2 □に合う漢字を書こう。 一つ2点（36点）

① □□（しろはた）をあげる。
② □□（はんけい）一メートル
③ 本日の□□（ぎだい）。
④ 百メートル□□（きょうそう）

3 次の――線を、漢字と送りがなで書こう。 一つ3点（24点）

① 幸せをねがう。（　　）
② たくさんの動物がむれる。（　　）
③ もとめるものを手に入れる。（　　）
④ 大きな声でなく。（　　）
⑤ 手を高くあげる。（　　）

⑤ 大きな［くま］に出くわす。

⑥ 試合を［けつじょう］する。

テストによくでる2位

⑦ ［しき］のうつりかわり。

⑧ ［きゅうしょく］の時間。

⑨ 魚が［たいぐん］で泳ぐ。

⑩ ［ぎょぎょう］をいとなむ。

⑪ ［がっき］を演奏（えんそう）する。

⑫ ［てかがみ］をのぞきこむ。

テストによくでる3位

⑬ 話す［きかい］をうかがう。

⑭ ［なんきょく］を探検（たんけん）する。

⑮ ［きょうくん］を次に生かす。

⑯ 美しい［こうけい］に見入る。

⑰ ［きょうどう］で所有する。

⑱ ガラス［こうげい］を習う。

⑥ 真剣（けん）さに<u>かける</u>。（　　）

⑦ リーダーを<u>かく</u>。（　　）

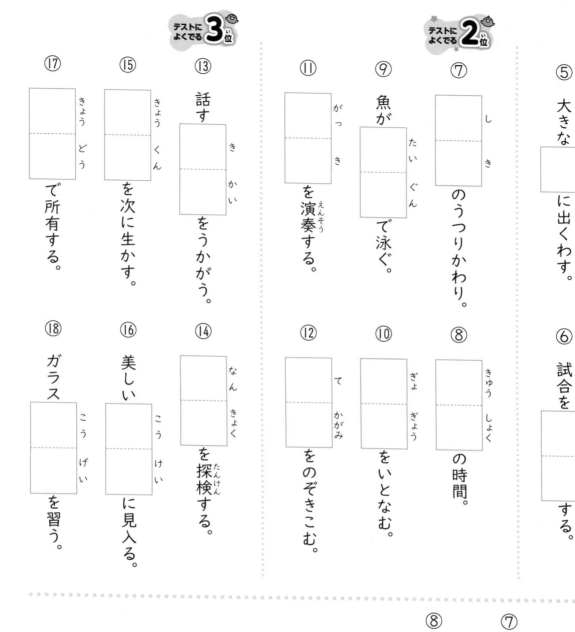

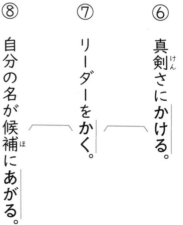

⑧ 自分の名が候補（ほ）に<u>あがる</u>。（　　）

3 か行の漢字③ さ行の漢字①

結・建・健・験・固・功・好・香・候・康

佐・差・菜・最・埼・材・崎・昨・札・刷・察・参・産・散・残・氏・司

/100

1 ――線の漢字の読みがなを書こう。 一つ4点(40点)

① チャレンジが成功する。（　　）

② 花の香りがする。（　　）

③ うなぎは父の好物だ。（　　）

④ 佐賀で遊ぶ。（　　）

⑤ 材木を集める。（　　）

⑥ 青菜に塩。（　　）

⑦ 昨年から待っていた。（　　）

⑧ 建国記念日（　　）

⑨ 埼玉から通う。（　　）

⑩ 長崎へ旅行する。（　　）

テストによくでる1位

2 □に合う漢字を書こう。 一つ2点(36点)

① 自分で□□（じっけん）してみる。

② □□（さいこう）の記録が出る。

③ あたたかい□□（きこう）。

④ 手紙を□□（いんさつ）する。

3 次の――線を、漢字と送りがなで書こう。 一つ3点(24点)

① ぎゅっと口をむすぶ。（　　）

② 小学校をたてる。（　　）

③ 油をかためる。（　　）

④ からいものをこのむ。（　　）

⑤ かさをさす。（　　）

⑤ [けんこう]な体になる。

⑥ ゆっくり[さんぽ]する。

テストによくでる2位

⑦ [けっか]を発表する。

⑧ あさがおの[かんさつ]。

⑨ 昔のおもかげが[のこ]る。

⑩ 大会の[さんかしゃ]。

⑪ [かがわ]県へ出かける。

⑫ 馬の[しゅっさん]に立ち会う。

テストによくでる3位

⑬ [やさい]を買いに行く。

⑭ [しかい]をつとめる。

⑮ [にゅうさつ]する。

⑯ 以前と[たいさ]ない。

⑰ 水が[こたい]になる。

⑱ [しめい]を紙に書く。

⑥ もっとも近くにいる。（　　）

⑦ 国語のプリントをする。（　　）

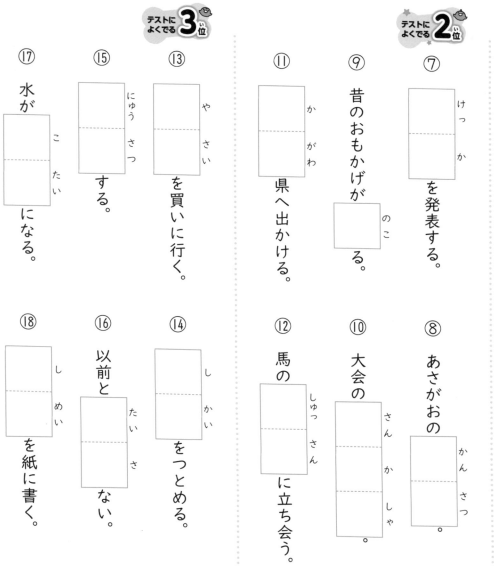

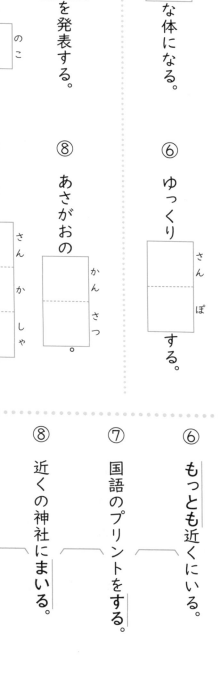

⑧ 近くの神社にまいる。（　　）

4 さ行の漢字②

試・児・治・滋・辞・鹿・失・借・種・周・祝・順・初・松・笑・唱
焼・照・城・縄・臣・信・井・成・省・清・静・席・積・折・節

/100

テストによくでる1位

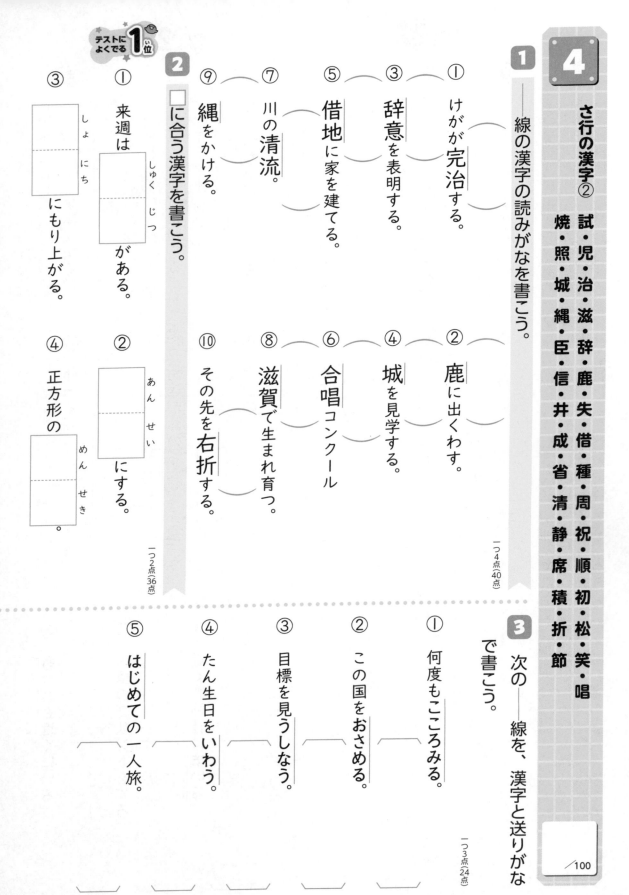

1 ――線の漢字の読みがなを書こう。 一つ4点(40点)

① けがが完治する。( )
② 鹿に出くわす。( )
③ 辞意を表明する。( )
④ 城を見学する。( )
⑤ 借地に家を建てる。( )
⑥ 合唱コンクール( )
⑦ 川の清流。( )
⑧ 滋賀で生まれ育つ。( )
⑨ 縄をかける。( )
⑩ その先を右折する。( )

2 □に合う漢字を書こう。 一つ2点(36点)

① 来週は□□(しゅくじつ)がある。
② □□(あんせい)にする。
③ □□(しょにち)にもり上がる。
④ 正方形の□□(めんせき)。

3 次の――線を、漢字と送りがなで書こう。 一つ3点(24点)

① 何度もこころみる。( )
② この国をおさめる。( )
③ 目標を見うしなう。( )
④ たん生日をいわう。( )
⑤ はじめての一人旅。( )

テストによくでる2位

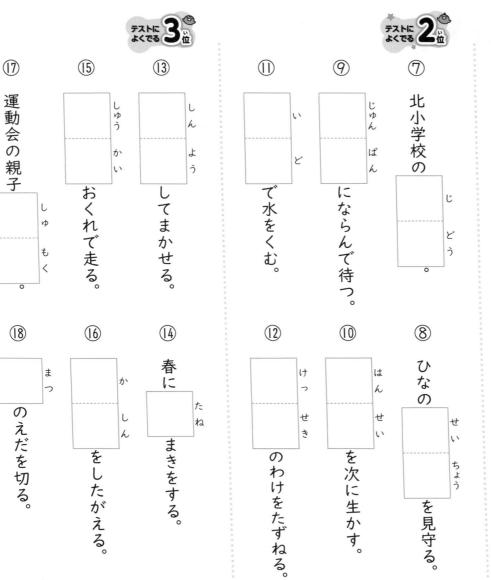

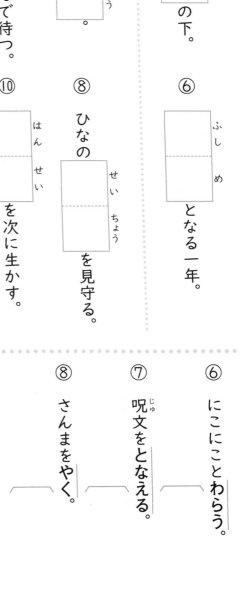

⑤ まぶしい［しょうめい］の下。

⑥ ［ふしめ］となる一年。

⑦ 北小学校の［じどう］。

⑧ ひなの［せいちょう］を見守る。

⑨ ［じゅんばん］にならんで待つ。

⑩ ［はんせい］を次に生かす。

⑪ ［いど］で水をくむ。

⑫ ［けっせき］のわけをたずねる。

テストによくでる3位

⑬ ［しんよう］してまかせる。

⑭ 春に［たね］まきをする。

⑮ ［しゅうかい］おくれで走る。

⑯ ［かしん］をしたがえる。

⑰ 運動会の親子［しゅもく］。

⑱ ［まつ］のえだを切る。

---

⑥ にこにこと<u>わらう</u>。（　　）

⑦ 呪（じゅ）文を<u>となえる</u>。（　　）

⑧ さんまを<u>やく</u>。（　　）

テストによくでる1位

5 さ行の漢字③ た行の漢字①

説・浅・戦・選・然・争・倉・巣・束・側・続・卒・孫
帯・隊・達・単・置・仲・沖・兆・低・底・的・典・伝

/100

1 ——線の漢字の読みがなを書こう。 一つ4点(40点)

① 他国との競争に勝つ。( )

② 沖縄で泳ぐ。( )

③ クラスの結束が強い。( )

④ 伝記を読む。( )

⑤ 後続のランナーが見える。( )

⑥ 仲のよい友だち。( )

⑦ 天然の温泉(せん)。( )

⑧ 予想が的中する。( )

⑨ 自然が多い地方。( )

⑩ 辞典で意味を調べる。( )

2 □に合う漢字を書こう。 一つ2点(36点)

① 市長を決める□□(せんきょ)。

② □□(そうこ)に荷物を入れる。

③ 工業がさかんな□□(ちたい)。

④ けん玉の□□(たつじん)。

3 次の——線を、漢字と送りがなで書こう。 一つ3点(24点)

① 生まれて日があさい。( )

② 正しい方をえらぶ。( )

③ 兄弟であらそう。( )

④ 道がどこまでもつづく。( )

⑤ 緑色をおびた目。( )

⑤ 道路の［みぎがわ］を歩く。

⑥ ［まと］に命中する。

テストによくでる2位

⑦ ていねいに［せつめい］する。

⑧ 自分の［いち］をたしかめる。

⑨ ［いっかいせん］で負ける。

⑩ 体力が［ていか］する。

⑪ 六年生が［そつぎょう］する。

⑫ 大きな［こめぐら］。

テストによくでる3位

⑬ ［たいちょう］の指示（じ）にしたがう。

⑭ 多くの［しそん］を残す。

⑮ 鳥の［すばこ］を作る。

⑯ ［ふなぞこ］にあながあく。

⑰ 長さの［たんい］を学習する。

⑱ ［にちょうえん］の予算。

---

⑥ 高いところに**おく**。（　　）

⑦ **ひくい**木に登る。（　　）

⑧ 手から手へ**つたわる**。（　　）

6 た行の漢字② 徒・努・灯・働・特・徳・栃　な行の漢字 奈・梨・熱・念　は行の漢字① 敗・梅・博・阪・飯・飛・必・票・標・不・夫・付・府・阜・富・副・兵・別・辺

／100

1 ――線の漢字の読みがなを書こう。 一つ4点（40点）

① 部屋の電灯をつける。（　　）
② 必死の思いで走る。（　　）
③ 奈良の大仏（ぶつ）。（　　）
④ 栃木の小学校を調べる。（　　）
⑤ 実働時間が長い。（　　）
⑥ 分別のつく年ごろ。（　　）
⑦ 地方の特色を生かす。（　　）
⑧ 水辺の生き物たち。（　　）
⑨ 戦いに敗北する。（　　）
⑩ 大阪府にある会社。（　　）

2 □に合う漢字を書こう。 一つ2点（36点）　テストによくでる1位

① □□（せいと）が校庭に集まる。
② □□（はくがく）で知られる人。
③ たゆまぬ□□（どりょく）を続ける。
④ □□□（ひこうき）のチケット。

3 次の――線を、漢字と送りがなで書こう。 一つ3点（24点）

① わすれないようつとめる。（　　）
② あついお茶を入れる。（　　）
③ 決勝戦でやぶれる。（　　）
④ 鳥が高くとぶ。（　　）
⑤ かならず帰ってくる。（　　）

テストによくでる2位

⑤ □(どうとく)の勉強をする。

⑥ 公正に□(とうひょう)を行う。

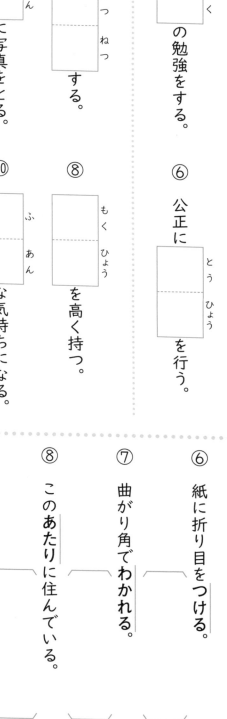

⑦ かぜで□(はつねつ)する。

⑧ □(もくひょう)を高く持つ。

⑨ □(きねん)に写真をとる。

⑩ □(ふあん)な気持ちになる。

⑪ 外で□(ひるめし)を食べる。

⑫ □(ぎふ)に生まれる。

テストによくでる3位

⑬ ばく大な□(とみ)を持つ。

⑭ □(うめ)の花がさく。

⑮ □(やまなし)のりんご。

⑯ 家で□(ふくぎょう)をする。

⑰ キュリー□(ふじん)の伝記。

⑱ □(へいたい)が整列する。

⑥ 紙に折り目をつける。（　　　）

⑦ 曲がり角でわかれる。（　　　）

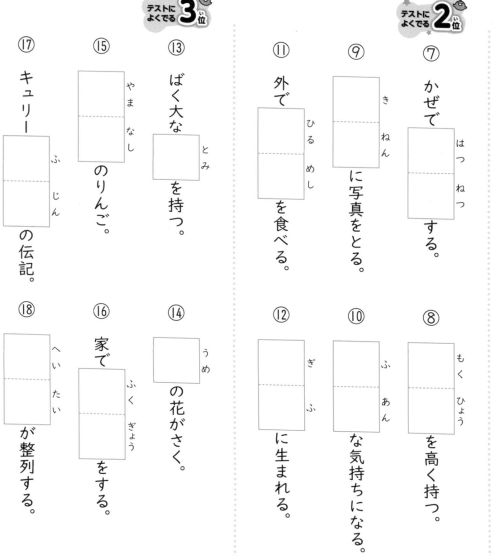

⑧ このあたりに住んでいる。（　　　）

7 は行の漢字② 変・便・包・法・望・牧 ま行の漢字 末・満・未・民・無
や行の漢字 約・勇・要・養・浴
ら行の漢字 利・陸・良・料・量・輪・類・令・冷・例・連・老・労・録

/100

テストによくでる1位

1 ――線の漢字の読みがなを書こう。
一つ4点(40点)

① きずに包帯をまく。(　　)
② 勇気を出す。(　　)
③ 未完の大作。(　　)
④ 陸地にすむ生き物。(　　)
⑤ 無事に目的地に着く。(　　)
⑥ 外の冷気が流れこむ。(　　)
⑦ 便利な道具がある。(　　)
⑧ 約束をきちんと守る。(　　)
⑨ 自転車の後輪。(　　)
⑩ 例文を参考にする。(　　)

2 □に合う漢字を書こう。
一つ2点(36点)

① 色の［へんか］を観察する。
② 歌声を［ろくおん］する。
③ ［ぶんまつ］に注意して読む。
④ ［きぼう］を持ち続ける。

3 次の――線を、漢字と送りがなで書こう。
一つ3点(24点)

① 父からのたよりを受け取る。(　　)
② 箱をふろしきにつつむ。(　　)
③ 何でものぞみをかなえる。(　　)
④ 月がみちる。(　　)
⑤ いさみ足に終わる。(　　)

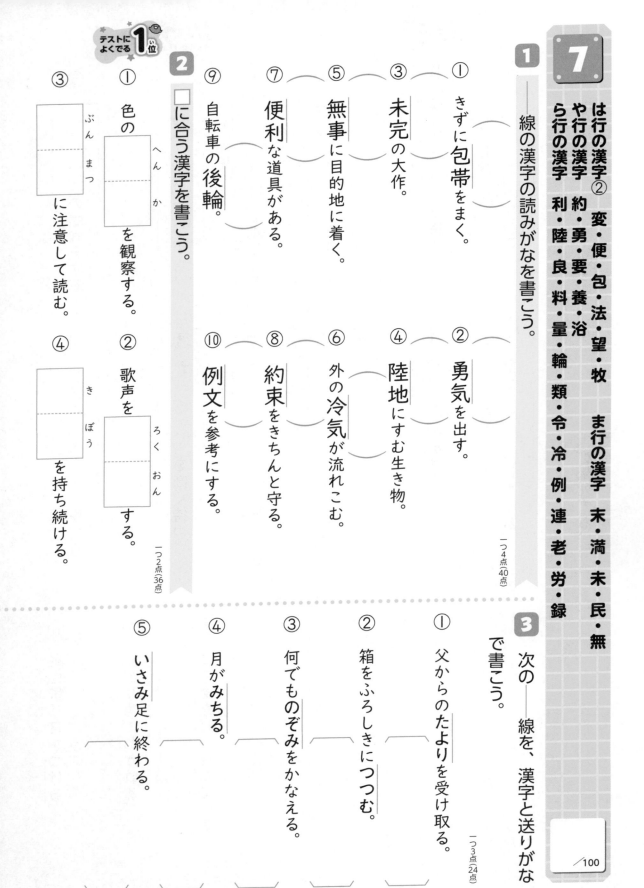

テストによくでる2位

⑤ 多くの［しゅるい］がある花。

⑥ ゆっくり［にゅうよく］する。

⑦ 別の［ほうほう］を考える。

⑧ 得意な［りょうり］はカレーだ。

⑨ 今夜はきれいな［まんげつ］だ。

⑩ 塩の［ぶんりょう］をまちがう。

⑪ ［ひつよう］なものを用意する。

⑫ 商品を［かいりょう］する。

テストによくでる3位

⑬ 日本の［みんわ］を集める。

⑭ ［れんぞく］してジャンプする。

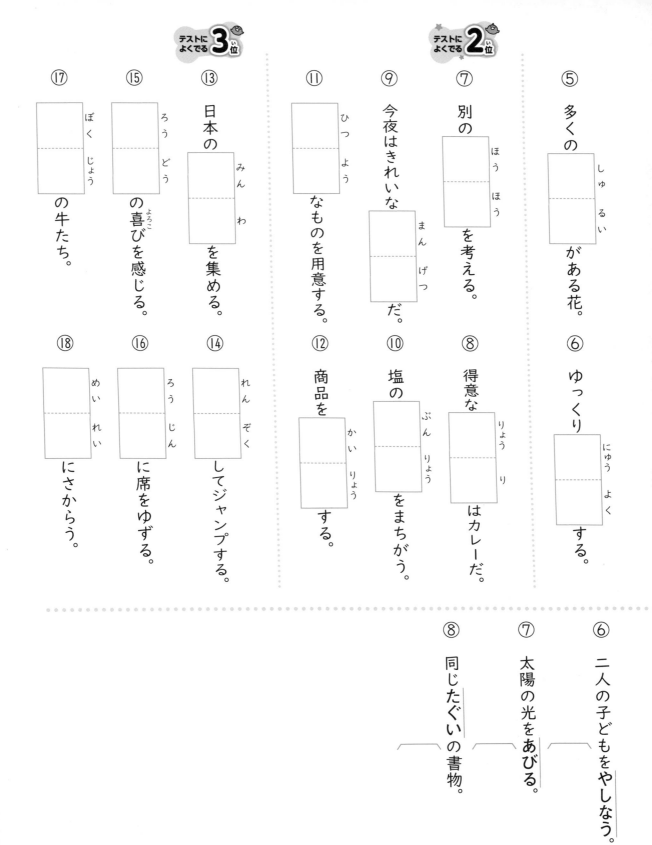

⑮ ［ろうどう］の喜（よろこ）びを感じる。

⑯ ［ろうじん］に席をゆずる。

⑰ ［ぼくじょう］の牛たち。

⑱ ［めいれい］にさからう。

⑥ 二人の子どもを<u>やしなう</u>。（　　）

⑦ 太陽の光を<u>あびる</u>。（　　）

⑧ 同じ<u>たぐい</u>の書物。（　　）

8 四年生で習った漢字

/100

1 ――線の漢字の読みがなを書こう。 一つ2点(16点)

① 成功をおさめる。（　　）

② 最高の記録が出る。（　　）

③ 祝日は友達と遊ぶ。（　　）

④ 安静にしてください。（　　）

⑤ 白旗をあげる。（　　）

⑥ 四季のうつり変わり。（　　）

⑦ 美しい光景。（　　）

⑧ 衣服をせんたくする。（　　）

2 □に合う漢字を書こう。 一つ3点(24点)

① □□（しん・あい）の気持ちを手紙にする。

② □□（えん・ぶん）が多い。

4 次の都道府県の読みを書こう。 一つ4点(40点)

① 茨城（　　）

② 栃木（　　）

③ 愛媛（　　）

④ 滋賀（　　）

③ [　　]（はつが）まで時間がかかる。

④ [　　]（きかい）を運転する。

⑤ [　　]（きしょう）な石を発見する。

⑥ [　　]（けいば）のレース。

⑦ [　　]（さくねん）の出来事を思い出す。

⑧ [　　]（がっしょう）コンクールに出場する。

3 次の熟語（じゅくご）と同じ組み合わせの熟語に○をつけよう。

一つ5点（20点）

① 絵画（かいが）
- ア（　）遠近
- イ（　）道路
- ウ（　）雨水

② 強弱
- ア（　）帰国
- イ（　）清流
- ウ（　）高低

③ 曲線
- ア（　）乗馬
- イ（　）国立
- ウ（　）走者

④ 登山
- ア（　）読書
- イ（　）多数
- ウ（　）売買

⑤ 新潟（　　）

⑥ 鹿児島（　　）

⑦ 群馬（　　）

⑧ 熊本（　　）

⑨ 岐阜（　　）

⑩ 沖縄（　　）

答え

1 （2・3ページ）

1
①しんあい ②にいがた ③えんぶん ④はつが ⑤ねんが ⑥きかい ⑦ちょうかん ⑧いばらき ⑨すいい ⑩えひめ

2
①案内 ②感覚 ③貨物 ④管理 ⑤市街地 ⑥塩水 ⑦衣服 ⑧日課 ⑨岡山 ⑩関係 ⑪英語 ⑫観光 ⑬一億人 ⑭以外 ⑮目印 ⑯害虫 ⑰各自 ⑱完全

3
①栄えた ②加えた ③加わる ④果たす ⑤果てる ⑥改めて ⑦覚える ⑧関わる

2 （4・5ページ）

1
①きょうりょく ②きしょう ③ぎふ ④かいぐん ⑤ぐんぶ ⑥ぐんま ⑦くまもと ⑧きょしゅ ⑨きゅうじん ⑩けいば

2
①白旗 ②半径 ③議題 ④競走 ⑤熊 ⑥欠場 ⑦四季 ⑧給食 ⑨大群 ⑩漁業 ⑪楽器 ⑫手鏡 ⑬機会 ⑭南極 ⑮教訓 ⑯光景 ⑰共同 ⑱工芸

3
①願う ②群れる ③求める ④泣く ⑤挙げる ⑥欠ける ⑦欠く ⑧挙がる

3 （6・7ページ）

1
①せいこう ②かお ③こうぶつ ④さが ⑤ざいもく ⑥あおな ⑦さくねん ⑧けんこく ⑨さいたま ⑩ながさき

2
①実験 ②最高 ③気候 ④印刷 ⑤健康 ⑥散歩 ⑦結果 ⑧観察 ⑨残 ⑩参加者 ⑪香川 ⑫出産 ⑬野菜 ⑭司会 ⑮入札 ⑯大差 ⑰固体 ⑱氏名

3
①結ぶ ②建てる ③固める ④好む ⑤差す ⑥最も ⑦刷る ⑧参る

4 （8・9ページ）

1
①かんち ②しか ③じい ④しろ ⑤しゃくち ⑥がっしょう ⑦せいりゅう ⑧しが ⑨なわ ⑩うせつ

2
①祝日 ②安静 ③初日 ④面積 ⑤照明 ⑥節目 ⑦児童 ⑧成長 ⑨順番 ⑩反省 ⑪井戸 ⑫欠席 ⑬信用 ⑭種 ⑮周回 ⑯家臣 ⑰種目 ⑱松

3
①試みる ②治める ③失う ④祝う ⑤初めて ⑥笑う ⑦唱える ⑧焼く

5 （10・11ページ）

1
①きょうそう ②おきなわ ③けっそく ④でんき ⑤こうぞく ⑥なか ⑦てんねん ⑧てきちゅう ⑨しぜん ⑩じてん

2
①選挙 ②倉庫 ③地帯 ④達人 ⑤右側 ⑥的 ⑦説明 ⑧位置 ⑨一回戦 ⑩低下 ⑪卒業 ⑫米倉 ⑬隊長 ⑭子孫 ⑮巣箱 ⑯船底 ⑰単位 ⑱二兆円

3
①浅い ②選ぶ ③争う ④続く

⑤帯びた　⑥置く　⑦低い　⑧伝わる

6　12・13ページ

1
①でんとう　②ひっし
③なら　④とちぎ
⑤じつどう　⑥ふんべつ
⑦とくしょく　⑧みずべ
⑨はいぼく　⑩おおさかふ

2
①生徒　②博学　③努力　④飛行機
⑤道徳　⑥投票　⑦発熱　⑧目標
⑨記念　⑩不安　⑪昼飯　⑫岐阜
⑬富　⑭梅　⑮山梨　⑯副業
⑰夫人　⑱兵隊

3
①努める　②熱い　③敗れる　④飛ぶ
⑤必ず　⑥付ける　⑦別れる　⑧辺り

7　14・15ページ

1
①ほうたい　②ゆうき
③みかん　④りくち
⑤ぶじ　⑥れいき
⑦べんり　⑧やくそく
⑨こうりん　⑩れいぶん

2
①変化　②録音　③文末　④希望
⑤種類　⑥入浴　⑦方法　⑧料理
⑨満月　⑩分量　⑪必要　⑫改良
⑬民話　⑭連続　⑮労働　⑯老人
⑰牧場　⑱命令

3
①便り　②包む　③望み　④満ちる
⑤勇み　⑥養う　⑦浴びる　⑧類い

8　16・17ページ

1
①せいこう　②さいこう
③しゅくじつ　④あんせい
⑤しろはた　⑥しき
⑦こうけい　⑧いふく

2
①親愛　②塩分　③発芽　④機械
⑤希少　⑥競馬　⑦昨年　⑧合唱

3
①イ　②ウ　③ウ　④ア

4
①いばらき　②とちぎ
③えひめ　④しが
⑤にいがた　⑥かごしま
⑦ぐんま　⑧くまもと
⑨ぎふ　⑩おきなわ